丛书主编 杨振斌 张希

白〉求〉恩〉精〉神〉研〉究〉丛〉书

主编 华树成 佟成涛

寻根

白求恩

吉林大学出版社（长春）

图书在版编目（CIP）数据

寻根白求恩 / 华树成, 佟成涛主编.—长春 : 吉
林大学出版社, 2019.9
（白求恩精神研究丛书 / 杨振斌，张希总主编）
ISBN 978-7-5692-5537-9

Ⅰ. ①寻… Ⅱ. ①华… ②佟… Ⅲ. ①白求恩(
Bethune, Norman 1890-1939)—人物研究 Ⅳ.
①K837.116.2

中国版本图书馆CIP数据核字(2019)第190963号

书　　名：白求恩精神研究丛书：寻根白求恩
BAIQIU'EN JINGSHEN YANJIU CONGSHU: XUNGEN BAIQIU'EN

作　　者：华树成　　佟成涛　主编
策划编辑：陶　冉
责任编辑：安　斌
责任校对：陶　冉
装帧设计：刘　瑜
出版发行：吉林大学出版社
社　　址：长春市人民大街4059号
邮政编码：130021
发行电话：0431-89580028/29/21
网　　址：http://www.jlup.com.cn
电子邮箱：jdcbs@jlu.edu.cn
印　　刷：哈尔滨市石桥印务有限公司
开　　本：787mm × 1092mm　　1/16
印　　张：16.75
字　　数：310千字
版　　次：2019年9月　第1版
印　　次：2019年9月　第1次
书　　号：ISBN 978-7-5692-5537-9
定　　价：201.00元

《白求恩精神研究丛书》编委会

主 编
杨振斌　张　希

副主编
李　凡

编 委
（姓氏笔画为序）

于双成　王　飞　石　瑛　刘信君　华树成
佟成涛　张学文　陈　立　屈英和　赵　伟
赵国庆　席海涛　高继成

总序1

今年是伟大的国际共产主义战士亨利·诺尔曼·白求恩逝世80周年，也是毛泽东主席发表《纪念白求恩》80周年，同时是白求恩卫生学校（现在的吉林大学白求恩医学部、中国人民解放军陆军军医大学白求恩医务士官学校、中国人民解放军白求恩国际和平医院）成立80周年。值此三个重要80周年纪念日即将来临之际，吉林大学白求恩精神研究中心成立以来的首批科研成果——"白求恩精神研究丛书"即将出版。

80年前，毛泽东主席指出，白求恩精神就是国际主义精神、共产主义精神，他的毫不利己、专门利人的精神，具体表现为对工作的极端负责、对同志对人民的极端热忱、对技术的精益求精。它虽然诞生于救死扶伤的烽火前线，但时至今日它仍是中国乃至全世界卫生工作者的宝贵精神财富，是我们一代又一代的医务工作者应该努力学习和践行的优秀品质。特别是中国特色社会主义进入了新时代，如何学习、传承、弘扬无私利人的白求恩精神，使它在新时代医疗卫生教育战线乃至全国各行各业发挥不可替代的作用，更好地推动社会主义核心价值观的发展，推动人类命运共同体的建设，是一个重大的课题。

2016—2018年暑期，中国白求恩精神研究会参加了吉林大学师生"重走白求恩路"的活动，很受感动，倍受鼓舞。以杨振斌书记为首的吉林大学非常重视挖掘白求恩精神这一宝贵资源，积极传承和弘扬白求恩精神，把白求恩精神嵌入到校园文化中，成为吉大文化的重要组成部分，这对于新时代医学人才培养有着重要意义。我们也欣喜地看到了白求恩精神在吉林大学的青年学子中生根发芽，并结出了累累硕果，白求恩志愿者被评为全国最美志愿者，更是被李克强总理誉为"世界因为你们而精彩"。

2017年，吉林大学依托丰富的学科优势和雄厚的学术力量在全国高校率先成立了"吉林大学白求恩精神研究中心"，"中心"的成立既填补了我国高校在这一领域研究的空白，也是对高等医学教育事业和高校思想政治工作进行的有益探索和积极实践，具有很强的政治性与针对性。我们携手并肩大力推进"白求恩精神"研究的理论创新和实践创新，开创"白求恩精神"研究新局面。"中心"的首批研究成果——《寻根白求恩》《践行白求恩》《志愿白求恩》《文化白求恩》《育人白求恩》《凝练白求恩》系列丛书的出版，必将从不同维度、多个角度诠释一个可信、可敬、可学的不曾远去的国际主义英雄战士以及展示老白校的传人们传承、践行、弘扬白求恩精神的优秀事迹，从而让注入新时代内涵的白求恩精神成为实现健康中国建设的重要力量，成为中华民族伟大复兴的中国梦的重要组成部分。

袁永林

中国白求恩精神研究会会长

2019年6月

总序2

诺尔曼·白求恩是伟大的国际主义战士，中国人民永远的朋友。在那片烽火硝烟的战场上，他留下了一个个感人的故事，那段英雄逝去的记忆里，他的精神不灭、永留人间。1939年12月21日，毛泽东同志在延安杨家岭的窑洞里撰写了《纪念白求恩》一文，高度赞扬了白求恩的国际主义精神、共产主义精神、革命的人道主义精神、毫不利己专门利人的精神和对伤员满腔热情对工作精益求精的精神，从而让中国人民铭记住了这位加拿大人的名字，更继承了这份宝贵的精神财富。八十年过去了，白求恩精神跨越时代、历久弥新，依然深深镌刻在中国人民的记忆中。

白求恩，一个外国人，却在中国现代史、中国革命史中产生了深远的影响，我们今人每一次向历史的回眸，都是一次思想的启迪、精神的洗礼。人们追忆白求恩，展现在眼前的总是一个忙碌的医生形象。为了纪念这位伟大的医者，中国人民用他的名字命名了他亲自参与创建和从事教学工作的学校，这就是于1939年在河北省唐县牛眼沟村成立的晋察冀军区卫生学校（白求恩医科大学前身）。这所创建于抗日烽火中的学校，几经迁址，数度更名，不变的是白求恩精神的传承，为国家培养了大批医学人才，造就了许多著名的医学专家，取得了丰硕的科研成果。2000年，白求恩医科大学与原吉林大学、吉林工业大学、长春地质学院、长春邮电学院合并组建成新吉林大学，2004年中国人民解放军军需大学并入吉林大学。原吉林大学前身，是抗日战争胜利后，为培养建立巩固的东北革命根据地和迎接新中国诞生所需的革命干部和专业人才而组建的东北行政学院；吉林工业大学前身，是为适应东北工业发展和长春第一汽车制造厂兴建对专门人才的需要而组建的长春汽车拖拉机学院；长春地质学院前身，是中华人民共和国成立之初，为适应国家大规模经济建设需要，培养地质技术干部而建立。长春邮电学院前身，是为支援解放战争，加速恢复与建设东北解放区邮电通信而组建的东北邮电学校。中国人民解放军军需大学是由中国人民解放军兽医大学几经改建而来，其办学历史可追溯到清朝末期开办的北洋马医学堂。至此，六所具有光荣历史的高等学府，文脉相融增色，合并共建生辉。

新吉林大学在老六校光荣的历史积淀和丰富的文化底蕴中，传承了深厚的人文内涵，涵养了独特的精神品质，白求恩精神在这里升华出了新的时代意义，当代白

求恩精神熠熠生辉，继续闪烁着真理的光芒。七十多年的办学历史，学校根植于东北沃土，传承赓续了"'红白黄'三源色精神"的血脉。红，是不忘初心、牢记使命的红色革命精神；白，是毛泽东同志概括总结的白求恩精神；黄，是习近平总书记对黄大年同志先进事迹重要指示强调的"心有大我、至诚报国"的黄大年精神。这三种颜色所代表的是吉大精神的源泉和动力，它们凝结着两代领导人的殷切期望，汇聚交融，一脉相承。教育部部长陈宝生在视察吉林大学时强调："学习黄大年同志先进事迹、学习习近平总书记重要指示要和学习白求恩精神结合起来。这两大典型、两面旗帜构成了吉林大学的精神支柱和办学灵魂，也是吉林大学的宝贵财富。"这份财富属于吉林大学，也属于整个中华民族，既体现了吉大师生为天地立心、为生民立命、为往圣继绝学、为万世开太平的精神坐标，也承载了吉林大学立德树人、培养德智体美劳全面发展的社会主义建设者和接班人的使命担当。

战火硝烟中挺立不屈的灵魂，是树立信仰、信念、信心最好的精神食粮。2017年学校成立了吉林大学白求恩精神研究中心，着手创作白求恩精神研究系列丛书六部，分别是《寻根白求恩》《践行白求恩》《志愿白求恩》《文化白求恩》《育人白求恩》和《凝练白求恩》。两年多的时间里，丛书的编者们通过文献研究、人物访谈、实地采风等多种形式，对白求恩同志的事迹和白求恩精神做了系统的整理、研究和编撰。河北太行山、山西五台山、陕西延安、湖北武汉、加拿大的格雷文赫斯特市，丛书的编者们沿着白求恩生活、工作、战斗走过的足迹，收集白求恩的故事、感受其精神的伟大。相信这套丛书的出版，能还原一位真实可信的白求恩，凝练一位真诚高尚的白求恩，为新时代的医学学子、医疗卫生工作者乃至全国各行各业的劳动者树立一个可爱、可信、可学、能学的精神榜样和灯塔。

"一个人的能力有大小，但只要有这点精神，就是一个高尚的人，一个纯粹的人，一个有道德的人，一个脱离了低级趣味的人，一个有益于人民的人。"白求恩是这样的人，黄大年是这样的人，实现中华民族伟大复兴的中国梦需要千千万万这样的人。每一代人有每一代人的长征路，每一代人都要走好自己的长征路。不同的年代，同样的激情，作为当代中国人，我们是幸运的，我们有机会在新时代的历史方位中大展宏图、实现梦想，这是历史赋予我们的神圣使命，更是时代交予我们的责任担当。或许我们手中没有白求恩的手术刀，也没有黄大年的地质锤，但我们的心中同样涌动着奋斗的热血，这热血铸就了中华民族的魂，扎实了中华民族的根，这热血将在一代代中华儿女的血管中奔流不息、汇聚磅礴之力、创造美好未来！

吉林大学党委书记

2019年2月

序

2018年6月11日下午，我在北京的白求恩精神研究会小会议室，接待了由于双成教授率领的来自吉林大学第一医院《白求恩精神研究丛书》分册《寻根白求恩》编写组的同志们。近一个下午的交流中，在我向大家详细介绍了白求恩生平事迹和已有相关研究情况后，大伙儿与我展开了热烈的互动。我被这些年轻人的热情与执着深深感动。自此，通过微信、电话等，我一直关注着他们去河北的唐县、石家庄，湖北的武汉，山西的五台县，乃至加拿大的调研行程，关注着他们每到一站所写的大量调研日志，关注着他们一路走来的收获与感悟，我期待着他们的调研成果早日成书。

一个外国人，已经故去80年了，人们依然念兹在兹，无以忘怀，不尽追忆，反复研究，倾心学习，纷纷效仿，古今中外，实属罕见！

或许，有人会问：白求恩究竟给中国人民带来了什么？白求恩到底是如何感动了无数中国人的？

在抗日战争最艰难的岁月，在中国军民最需要帮助的时刻，白求恩辞别了故乡和亲人，放弃了优越的工作生活环境和优厚的待遇，他来了，来到了战火纷飞的抗日前线，以他那渊博的学识、精湛的医术和满腔热忱的情怀、坚韧不拔的意志，乃至他的热血、健康和生命，给中国人民带来了希望、带来了力量、带来了必胜的信念。然而，白求恩走了，他没有带走任何东西，却给中国人民留下了伟大而永恒的白求恩精神。

或许有人又会问：白求恩为什么会这么做？为什么做得这么好？这正是于双成教授率领的这伙肩负着"寻根白求恩"使命的年轻人所要探寻的问题。

经过将近一年的艰辛努力，他们已经找到了满意的答案。在此书即将付梓的时候，我有幸成为这部书稿的最早读者，从而领略了作者们为此付出的心血，品尝了这一新鲜硕果的美味。

此书不同于一般传记作品以记述传主生平事迹为主的写法，而是在回顾人物成长环境的同时，揭示人物的思想成因；在挖掘人物人生经历，特别是人生关键环节的同时，理清人物的心理演化轨迹；在梳理人物生平主要事迹及言论的同时，提炼

1

人物精神的本质内涵。从而，展示了白求恩从一个传教士的儿子成长为一名极具传奇色彩的英雄，从一位满怀质朴爱心的外科医生发展为一个伟大国际主义战士的演化过程。他们以科学的研究态度、充分的事实根据、严谨的文字表述，再现出白求恩的光辉风范和不朽精神，回答了一些人的某种质疑。

我曾在解放军白求恩军医学院（现白求恩医务士官学校）工作20多年，又在白求恩精神研究会连续10年担任常务副会长兼秘书长，在研究白求恩方面做了一些努力。今天，看到于双成教授以及他率领的这个年轻团队取得的扎实研究成果，而深感欣慰以至折服。

事实证明，白求恩是中国人民心目中的一座永不磨灭的丰碑，是一面永不褪色的旗帜，是一个永不降准的标杆！

白求恩精神永放光芒！

2019年4月

（栗龙池，曾任白求恩军医学院政委、解放军总医院政治部副主任，现任白求恩精神研究会常务副会长兼秘书长）

目　录

CONTENTS

绪　　论

　　白求恩，我们多么熟悉的名字；白求恩，中国人民不能忘怀的名字；白求恩，印刻在中华民族近代解放史上的一位国际共产主义战士的名字。虽然过去了好多年，中国和世界都发生了深刻的变化，但白求恩的名字依然在中国人民的心中，他依然受到中国人民的尊敬和爱戴，他依然被中国人民深深地怀念着。

　　在中国抗日战争最为艰难的岁月，在中国军民最渴望帮助的时刻，作为国际共产主义战士的白求恩来了，来到中国抗战前线，来到中国军民身边，来到那血与火交织的艰难岁月。他用674个日夜创造了一个革命战士的永恒人生、他用674个日夜在中国这片土地上树立了一座丰碑、他用674个日夜给中国人民留下了永远的怀念……

　　80年弹指一挥间，昔日那个饱受列强凌辱的中国，早已屹立在世界的东方，中华民族正在走向民族复兴的新时代。每一个时代的前行，必定有引领这个时代的时代精神。以社会主义核心价值观为统领，凝练、弘扬新时代的精神，是这个伟大时代赋予的神圣使命。在这样的时代背景下，吉林大学启动了《白求恩精神研究丛书》的编写工作——从医学的使命和医学教育的目标出发，以寻根白求恩为切入点，以挖掘白求恩精神的实质及时代内涵为核心，以弘扬和践行白求恩精神为目的的系统工程。

　　寻根白求恩，作为丛书之首册的书名，短短五个字，蕴含着一系列的追问：我们为什么要追忆白求恩，白求恩是一个什么样的人，白求恩的成长路径和生活轨迹如何，白求恩为中国人民做出了什么，白求恩为中国和世界留下了什么，白求恩精神的内涵是什么，白求恩精神是如何形成的，白求恩精神的时代意义是什么，我们应该如何走近白求恩、感知白求恩、书写白求恩……

　　罗曼·罗兰说过："所谓天才，一半就因为他能把周围的伟大都吸收过来而使自己更伟大。"为了解读这一系列的追问，就需要学习、需要借鉴、需要思考，这就是整套丛书贯穿"研究"二字的用意所在。充满"探寻"意蕴的"研究"二字，意在强调如下几个要义：一是始于问题的导向性，二是方法与路径的科学性，三是研究结果的可信性及其价值性。

一、寻根白求恩的缘由

自20世纪90年代启动教育教学改革以来，我国的高等教育已经进入以切实提高培养质量为核心的高教改革第三次浪潮。2012年11月，教育部和卫生部联合颁发《关于实施卓越医生教育培养计划的意见》，推进以提升质量为核心的医学教育改革。此中的"卓越"强调了两个方面：一是强化以动手操作能力和临床思维能力为标志的临床实践技能；二是以医学精神的涵养为标志的医德素养之形成，这是新时期、新时代对医学教育提出的更高的要求。

自中华人民共和国成立后启动的医疗服务和医疗保障体系建设，至改革开放以来的医疗卫生事业的改革与发展，都紧紧围绕一个中心——维护和增进广大人民群众的健康。2016年中共中央、国务院印发的《"健康中国2030"规划纲要》中明确强调："健康是促进人的全面发展的必然要求，是经济社会发展的基础条件。实现国民健康长寿，是国家富强、民族振兴的重要标志，也是全国各族人民的共同愿望。"健康需要呵护、生命需要关照，问题是由谁来呵护人民的健康、由谁来关照大众的生命。这一终极追问的答案明晰而确定：是由广大的医德高尚、医技精湛的医务人员来承担这一医学使命。人类社会的一切问题，归根结底是人的问题。所以，医疗卫生事业的改革与发展，归根结底有赖于广大医务人员能力素养的不断提升。这同样是新时期、新时代对医疗卫生事业提出的更高的要求。

当我们聚焦这"更高的要求"5个字的时候，不难看出其真正的意蕴所在：不仅在于形而下的医学能力，更在于形而上的医学精神。当今时代，是一个由思想、观念、文化等引领的精神的时代。精神，既可以成为促进科学发展、社会进步的积极因素，又可以成为影响社会发展与进步的诸多问题的根源。就医学领域而言，医学知识可以通过传授而获得，临床技能可以通过培训而形成，而医学精神的铸就则需要涵养、需要一种崇高精神之引领、需要一种榜样力量之感召……习近平同志明确指出："人类社会每一次重大跃进，人类文明每一次重大发展，都离不开哲学社会科学的知识变革和思想先导。"[①]医学的目的是具有人文意蕴的社会性，医学的对象是具有社会属性的人文特征，对医学的期待更是具有人文情怀的社会性。因此，仅限于医学专业、医疗卫生领域，或许难以解读上述命题，因其超越了医学的范畴，有赖于汲取人文社会科学，尤其是哲学的智慧。

为此，本着从我做起、从当下做起的使命意识，吉林大学杨振斌书记带领白求恩医学部的师生，自2015年起连续三年赴河北唐县等地，开启"重走白求恩路，传承白求恩精神"主题活动。杨振斌书记强调："白求恩精神不但是吉林大学白求恩医学部的精神起源，也是吉林大学宝贵的精神遗产，不但是吉林大学医学稳步发展的不竭动力，也是每一个吉大医学人执着坚守的信念。"是啊，吉林大学白求恩医

---

① 习近平. 在哲学社会科学工作座谈会上的讲话[J]. 新华文摘, 2016 (12)：1-11.

学部的前身是白求恩医科大学，而后者的前身之前身的最初，正是当年的晋察冀军区卫生学校——白求恩曾经为之付出过热情、心血和学术智慧的一所简易却不失医学意蕴的学校；是那所白求恩逝世后，由聂荣臻司令员亲自宣布将其命名为"白求恩学校"以永驻感恩情怀的学校；更是那所白求恩当年的同事、学生，以白求恩的精神和白求恩的事迹，涵养教育一届届医学学子，后者又成为白求恩精神新的传递者和践行者，从战争年代走到和平岁月，从改革开放走到今天的新时代……一代一代的白医人心中那所极具崇高"圣地"意义的医学学校。

科学研究始于问题，而科研选题之首要原则是需要性原则——即从社会需要和科学本身发展的需要出发。实现中华民族伟大复兴的中国梦，有赖中国人民的努力奋斗，而这是需要以中国人的健康为前提啊！实现健康中国的医学梦，有赖于无数的"卓越"医学人的成长，而其培养同样是以重铸中国医学魂为前提啊！这就是寻根白求恩、凝练白求恩精神之缘由。弘扬白求恩精神、践行白求恩精神，是社会的需要、是时代的呼唤。"时代呼唤白求恩精神"，已然成为近年来许许多多文章的题目，许许多多文章的一级标题，许许多多文章的段首句。然而，什么是白求恩精神、白求恩精神的内涵是什么、白求恩精神是如何形成与发展的、白求恩精神的时代意义是什么、如何能够有效发挥白求恩精神在医学教育和医疗卫生领域之铸魂育人的作用，这一系列的追问，既是医学教育和医疗卫生事业改革与发展中的实践问题，又是重大理论问题，更是医学人文学科、医学思政教育乃至整个医学领域亟待解析的学术命题，亦就自然成为白求恩的传人——白医人责无旁贷的学术使命。

大学，不仅要助推社会的前行，更要引领时代发展。身为新时代的大学，不能没有情怀、不能没有思想、不能没有追求，更不能没有传承。

二、寻根白求恩的路径

遵循科学研究的一般程序，排在首位的是选题，即确定做什么、明确目标。紧接着，或伴随在选题思路行进过程中的，是要形成一个清晰而明确的，既有科学性、又具可行性的科研设计方案，即解决问题的方法与路径。毛主席曾说："我们不但要提出任务，而且要解决完成任务的方法问题。我们的任务是过河，但是没有桥或没有船就不能过。不解决桥或船的问题，过河就是一句空话。"[①]这句话生动而形象地揭示了方法、手段、方向、路径等对于完成任务、抵达目标之重要性。

本书旨在寻存在之根、寻已有之源，即白求恩的成长过程、生活经历、情感世界、职业生涯、学术成就、来华经历、奋斗历程和奉献情怀，那些原本而真实的情形、状态、活动、过程、缘由、心绪，乃至发生这一切的原本而真实的时代背景、社会环境。寻白求恩理想信念形成之渊源、究白求恩思想品质铸就之根基。而这一切，有赖于知晓那个时代、知晓那段历史、知晓那个时代背景下的白求恩和白求恩

① 毛泽东.关心群众生活，注意工作方法[M]//毛泽东选集（第一卷）.1991：138、140-141.

所做的一切。马克思说过"研究必须充分地占有材料，分析它的各种发展形式，探求这些形式的内在联系"①。因此，排在首位的，就是充分获取与占有相关历史资料，这是上述"知晓"之前提，更是整个研究工作的重中之重的基础。历史，不仅指过去的经历和事实，而且包括记录这些经历和事实的记载。从历史研究的角度而言，有关白求恩的史料，不仅在于他的经历和事实，更在于对他生平事迹的各种各样的记述和阐释。

当我们登录"中国知网"等数据库，以"白求恩"为检索词做主题检索，可见数以千计的文献记录。通过各种数据库和网络，乃至于通过去兄弟单位的调研，发现有关白求恩的书籍近百种。这就引发出第二个问题，我们如何选择与利用这些含有相关史料的文献资料，如何理解与认识这些文献资料中所呈现的相关史料。这些文献资料，丰富而多彩，每一本书有其特定的主题范围与写作背景，更有其特定的内容及其内在的逻辑。每一篇文章有其特定的写作目的和切入点，更有其特定的素材与论证或阐述的表达方式。然而，若要解读前面所提出的那一系列追问和一系列命题的时候，这众多的文献资料却略显分散而凌乱。恩格斯曾说过："每一时代的理论思维，从而我们时代的理论思维，都是一种历史的产物，在不同的时代具有非常不同的形式，并因而具有非常不同的内容。"②上述追问和命题，是在新时代背景下的思考，自然决定了要以新的问题、新的视角、新的思考，去把握史料和运用史料。作为研究者，不能创造过去的历史，更不能改写过去的过去发生的事情。但是，可以书写历史，可以阐释过去发生的事情，写出我们这一代人眼中的白求恩，我们这一代人心目中的白求恩精神。

就我们这些新中国成立后、改革开放后，甚至80后出生的研究者而言，要写出我们眼中的白求恩、我们心中的白求恩精神。人们会问：你们熟悉白求恩吗？你们经历过那个年代吗？你们知晓白求恩精神吗？答案肯定是否定的。我们基本上是从毛主席的《纪念白求恩》这篇文章中知道了白求恩的名字，是从影视作品中捕捉到了白求恩的形象，谈不上熟悉，更谈不上熟知。基于常识，若不熟悉自己所写的人、不熟悉自己所写的事、不熟悉自己所写的那个时代，不熟悉自己所要写的人和事之真正意蕴，怎么能够写好啊！这就是编写组遇到的第三个难关——如何熟悉白求恩、如何熟悉那个时代、如何熟悉那段历史。当我们拜读老前辈所写的回忆、纪念白求恩的书籍和文章的时候，能够感受到一种现实：他们经历过那个年代、他们与白求恩有过同生共死的刻骨铭心的共同经历、他们眼中的白求恩鲜活而具体、他们心中的白求恩精神是那样的伟大而平凡……这一切，早已深深地印刻在他们的脑海里，他们是怀着崇敬之情、带着缅怀之意，从自己的记忆里重温着那段经历，书写着那段永远难以忘怀的记忆……

---

① 马克思.《资本论》第一卷第二版跋[M]//马克思恩格斯选集（第二卷）.北京：人民出版社，1972：217.
② 恩格斯. 自然辩证法[M]. 北京：人民出版社，1971：27.

记忆，是人类的一种认知能力，是人脑对经历过事物的识记、保持、再现或再认。记忆，首先表现为个人的认知活动，即将以往经历过的事情在脑海里存留住印象，以及在过后将这些印象想起或再现。人有记忆的功能，人的脑海里都会存留许许多多的记忆。那么，作为许多人、世世代代人之集合的民族，同样有记忆的功能，同样会存留着许许多多的记忆，这就是民族的记忆——一个民族在决定生死存亡的紧要关头的重大事件和重要人物。这些人和事，之所以能够成为民族记忆，是因为其中蕴含着民族情怀、体现着民族意志、代表着民族的精神魂魄。生活在幸福安康、和平富庶年代的一代代新人，一代代新的白医人，要通过阅读、学习、走访前辈、重走白求恩路等一系列活动，一点点地走进白求恩、感知白求恩、亲近白求恩，逐渐地走进那个时代、感知那段历史。在怀着感恩与崇敬之情听故事、记录故事、整理故事的过程中，在用心思、用情感、用脑子去追寻那位伟大而平凡的战士那平凡而伟大的生命轨迹的过程中，对白求恩、对白求恩精神，乃至对承担的研究与编写工作，有了一个再认识。正因为有了这样一个再认识，使得中华民族的那一段不可忘却的记忆深深植入我们的心田、刻入我们的脑海。通过这种再回顾、再记忆、再书写的过程，使之真正成为我们这一代的记忆，使之真正成为永恒的民族记忆，更使之真正成为推进民族复兴大业的永恒的动力。

在寻根白求恩的感知与思考过程中，按照孙正聿教授所说的[①]，悄然地实现着治学态度的情感跃升、治学理念的理性沉静和治学方法与路径的不断修正；悄然地做着文献的积累和思想的积淀；悄然地感受着白求恩——一个创造着生活意义的革命战士对生活意义的那般自觉，他创造了属于他的意义世界，他创造了属于那个时代的精神样态；悄然地咀嚼着"跟随伟大人物的思想，是一门最引人入胜的科学"——俄国诗人普希金的这句名言之意蕴。

这样的寻根之旅，这样的心路历程，一次次被感动、一次次被激动。是啊，只有感动着自己，写成的东西才能感染他人。诚如《白求恩——援华抗战的674个日夜》的著者马国庆，在该书"后记"中所写的："作者在写作过程中，常常被他的崇高理想和奉献精神所感动。真正感受到写作的过程，就是一个不断接受精神洗礼的过程。"[②]当年的白求恩、柯棣华、路易·艾黎、马海德、埃德加·斯诺等一大批外国友人先后来到中国。他们都是被中国人民为争取民族独立和解放而表现出来的艰苦奋斗、不怕牺牲、排除万难去争取胜利的精神所感染、感动着，他们赞赏、崇敬这种精神。受这种崇高精神的感染与召唤，这些来自不同国度、不同民族的外国人，义无反顾地投入到中国人民为民族独立和解放所进行的艰苦卓绝的斗争中，成为中国人民的同志。

我们这个时代，是追求民族复兴的新时代，同样需要感染与感动，更需要感召

① 孙正聿."靶子"·"灵魂"·"血肉"：《哲学笔记》和《回到列宁》[J].哲学分析，2014，5（3）：19-25.
② 马国庆.白求恩——援华抗战的674个日夜[M].北京：人民文学出版社，2015：339.

和召唤，一个奋进的时代绝不能没有激情。伟大的事业呼唤着崇高精神——能够感动人、感召人的崇高精神，推进着伟大事业的进程。

三、寻根白求恩的预期

恩格斯说过："在社会历史领域内进行活动的，全是具有意识的、经过思虑或凭激情行动的、追求某种目的的人，任何事情的发生都不是没有自觉的意图，没有预期的目的的。"① 通过我们的学习与研究，走进白求恩、亲近白求恩、感受白求恩；通过我们的调研与思考，在脑海里刻画着白求恩的形象、在心目中理解着白求恩的情怀、在脑海与心目中审思着白求恩的精神品质。鉴于本书在整个丛书中的位置，拟着重强调如下几个问题。

一是为整套丛书筑基

作为系统工程的《白求恩精神研究丛书》，按照不同的专题分为6个不同的分册。若借用一座小房子的结构来形象比喻，本册《寻根白求恩》是作为基础、根基的第一本。其上树立起4根柱子，即4个专题分册，分别是《文化白求恩》《育人白求恩》《践行白求恩》和《志愿白求恩》。四根柱子之上，就是颇具房顶或房盖意义的第六分册——《凝练白求恩》。所谓的"筑基"，就是要"深刨根、广扯线"，这是吉林大学李忠军副书记在丛书筹划和编写过程中，多次反复强调的，是对本书形象而生动的功能定位，即向历史搜寻素材、向历史追问答案，发掘历史人物、历史事件、历史过程、历史文献、历史记录，为本书乃至整套丛书的立论尽可能地提供史料支撑。围绕着医学教育"铸魂育人"这一核心使命，以弘扬和践行社会主义核心价值观为宗旨，以马克思历史唯物主义思想为指导，以"当代中国铸魂育人问题论析"② 等为理论基础，秉承"论自史出、史论结合"的基本原则，用故事来说理、说事，用人物及其活动来表达情感、体现思想，用典型人物及其典型故事来剖析寓于其深层次的精神世界。

二是本书的内容及其逻辑

几十年来，无论是在医疗卫生领域，还是在广大党员干部中，对白求恩事迹的宣传从未间断过，对白求恩精神的弘扬从未停歇过，对白求恩及白求恩精神的研究更是经久不衰，呈现出许许多多的好书籍、好文章。仅就相关图书而言，可以大致分为三类：一是早期基本上集中在描写白求恩来到中国，在抗战中的生活与战斗经历；二是改革开放之后，引介的国外学者研究白求恩的成果，多为全方位、生活化、细节化的描述；三是近年来国内学者结合国内外的最新研究成果，编写的较为立体式的介绍白求恩生平事迹的专著或文献汇编。此外，出现一些图文并茂的画

---

① 恩格斯.路德维希·费尔巴哈和德国古典哲学的终结[M]//马克思恩格斯选集(四卷).北京：人民出版社，1972：243.

② 李忠军.当代中国铸魂育人问题论析[J].社会科学战线，2016(6)：1-8.

册。这些书籍，为寻根白求恩的研究提供了丰富的素材和可资借鉴的编写思路。

鉴于本书"铸医学之魂、育医学新人"之初衷，在素材的选取与内容之组织上，采取以纵向的历时性的历史阶段为主线，分别以大专题的形式对某一时期历史事件、某一领域的工作、某一层面的活动等做横向的展开。例如，第一章的"从童年到青年的白求恩"，旨在再现白求恩成长的背景，展现其包括正义感、大爱情怀、直率而爽朗的性格等精神品质在内的优秀精神品质形成的根源。呈现出家庭、社会、时代对一个人成长的无可替代的作用。再如，第二章"作为医学生的白求恩"，旨在展示其专业素养和职业精神形成的基础。1910年发表的Flexner报告，从根本上改变北美医学教育的理念和模式，奠定了现代医学教育的基础。白求恩恰恰在这一阶段接受了医学教育。作为职业定向教育的大学教育，给了他什么？作为医学职业生涯之前提的医学专业教育又给了他什么？医学的使命感，医学的职业观，是否在此阶段得以形成。

包括后面几章在内的全书6个大专题，既希望能够回答前面述及的一系列追问或命题，又祈求基本覆盖整个丛书所涉及的范畴。本书所述的6章，尽可能呈现出白求恩成长与性格形成的经历、学习与研究的经历、生活与情感的经历、工作与战斗的经历、信仰形成及其践行的经历，乃至于被怀念与追忆的经历等等。

三是如何看待白求恩其人

对于中国人而言，白求恩可谓家喻户晓的史诗般的英雄人物，更何况早在80年前，毛主席在《纪念白求恩》一文中早已对白求恩其人做了充分的肯定。此时，何以提出这个问题。让我们沿着历史的轨迹逆时针追溯，自白求恩同志逝世以来、自晋察冀军区在那个烽火连天的战争岁月为白求恩举办那样庄严而隆重的追悼大会以来、自毛主席《纪念白求恩》一文发表以来，所有对白求恩的介绍与描画、对白求恩事迹的追忆与宣传、对白求恩精神的提炼与升华，都是从正面的角度、仰视的角度、充分肯定的角度，给予高大上式的定格。而对于白求恩以往的成长历程、白求恩以往的生活经历、白求恩以往的人生情趣、白求恩作为一个人之喜怒哀乐，乃至于白求恩以往成长与生活的那个社会与时代等等，未有充分的揭示与展露。人们在欣赏、解读一首古诗词的时候，排在首位的是了解作者所处的时代背景、生活经历、性格情感、精神风貌等相关资料。正如孟子所说"颂其诗，读其书，不知其人可乎？是以论其世也。"（《孟子·万章下》）赏析古诗词如是，认知白求恩同样如此。脱离了那个特定的社会背景、时代背景和生活背景，对白求恩的描画至少是不完整、不充分的。

近年来，国外尤其是加拿大的学者研究白求恩的学术成果走进中国人的学术视野。这些著述，如《不死鸟》等，与国内的、与国内之前的那些著述相比，其基于的史料素材有所不同、其阐述的立意初衷有所不同、其观察的视角维度有所不同、其表述的语言风格有所不同，尤其是作者的文化背景和价值观有着明显的差异。这些著述，多以"人"而不是"史诗般的英雄人物"的定位来书写白求恩，多以"人的生活经历"而不是"革命事业和英雄业绩"为重点来描画白求恩，多以"再现事实"的客观叙述而不是"理性升华"的主观评说为写作手法来呈现白求恩……

如此著述中的白求恩，与之前我们看到、读到、听到的白求恩，尤其是与我们心目中的白求恩就有了别样、有了差异、有了这样那样的不同……由此，亦就不难理解此段标题之"乍看无端，寻思有味"的深层蕴意。在此，同样借用他人的一段话表述笔者对此的态度，"在国外看到写的白求恩传记中，也写到他的一些缺点，对此，我们不必回避。是的，白求恩是一个高尚的人、一个纯粹的人、一个脱离了低级趣味的人，但他也是一个活生生的人，一个个性十足、自由奔放的人。我想借用鲁迅先生的一句话来做个说明，'有缺点的战士终究是战士，而苍蝇永远是苍蝇'"①。

至此，是否可以这样看待白求恩，他是一位战士，是一位为共产主义事业奋斗的战士；是一位有信仰、有思想、有追求，更有坚强意志和大无畏精神的英雄战士；是一位有血、有泪、有情感、有性格、有科学智慧、有艺术才华、有语言天赋、有生活情趣、有工作热情、有喜怒哀乐、有儿女情长、有鲜明个性的实实在在普通人，却以其凡人的身躯、以超凡的意志，在平凡中创造出非凡的史诗般的战士。

一个民族不能没有英雄，一个时代不能没有先锋。包括白求恩，和白求恩式的好医生、好党员、好干部，他们是挺起这个民族的脊梁，他们是代表国家前途的希望，他们代表了一个人格化的社会理想，体现了一个人格化的价值诉求。

四是如何看待白求恩精神

白求恩走了，但他留下了永恒的白求恩精神。我们寻根白求恩，就是要学习、继承、践行和发扬白求恩精神，这就是"弘扬"二字的寓意。白求恩精神，早已成为医学界、医疗卫生领域频繁提及的一个概念，尤其在谈及医德医风建设、好医生、医患关系、医学人文教育、医德涵养、医学职业精神等方面问题的时候，几乎无不提及白求恩、无不提及白求恩精神。通过"中国知网"等数据库，以"白求恩精神"为检索词做主题检索，可见数以千计的文献，都在提及、都在讨论、都在倡导、都在弘扬白求恩精神。可是，沉静下来，若要明确阐述什么是白求恩精神，或是解析白求恩精神是什么，或见仁见智、或说不清楚、或说不全面、或说不系统、或说不透彻……这或许就是列宁所说的："知道了的东西还不因此就是认识了的东西。"②这亦就意味着需要通过深入研究与思考，从理论层面上厘清认识，将众所周知的常识变知识、熟知变真知，更要将名称式的知晓变为概念上的把握。没有理论的自觉，难有实践的积极与主动。理论的自觉，是以理论层面的真知为前提的。

① 宋强.白求恩精神研究会为社会奉献了一本好书[J].学习白求恩，2017（1）：26.
② 列宁.黑格尔《逻辑学》一书摘要[M].北京：人民出版社，1971：6.

同样从本书"铸医学之魂、育医学新人"之初衷，思考白求恩精神的内涵及其界定。

第一，是要以毛主席的《纪念白求恩》为逻辑起点，解读经典，领会其精神实质。那篇纪念文章，并不是单纯写给医学工作者的，也不是专门写给当今这个时代的，更不是有意识写给今天的我们的。其是在那个特定时代、特定环境下，写给那个时代的中国共产党人的，写给抗日军民的，写给世界反法西斯斗争的。但是，这篇文章，也一定是写给我们的，因为我们是这个伟大事业的后来者、继承者。这篇文章，概括了白求恩精神最核心、最本质的内涵要素，因而依然闪烁着永恒的思想的光辉。

第二，要将白求恩精神置于中国革命精神的范畴之下。犹如长征精神、延安精神等带有红色基调的革命精神一样，白求恩精神也是在特定历史条件下形成的，以革命信仰支撑的、以鲜血和生命践行的大无畏精神。这种精神，成就了中国的革命事业，这种精神改变了中华民族的命运，这种精神造就了一代代的中国革命者。

第三，医学的科学品质与医学的人文情怀是白求恩精神最具别样性的特点。"马克思主义哲学界定'特点'是人或事物所具有的独特的地方，亦即一事物区别于他事物的本质属性。那么，同属红色文化、革命精神，一种精神之所以用特定的名称来命名，必然有其特殊属性和特别含义，也就是说尽管延安精神同井冈山精神、长征精神、西柏坡精神有许多相通、相同之处，却有其特定的核心和本质的内涵。"[①]不同于张思德、王进喜、焦裕禄、雷锋等楷模，白求恩的职业是医生，他的武器是手术刀，他的使命是救死扶伤以践行人道主义精神。在诸多的红色精神之中，唯有白求恩精神带有鲜明的医学专业和职业的特征。而与古今中外的任何一种医学精神的样态所不同的是，白求恩精神所体现出来的坚定的政治信仰。

第四，白求恩精神是中国医学文化最具标志性的内涵。属于哲学范畴的白求恩精神，自有其形成之时的原生样态，更有其丰富而详实的内容。对白求恩精神的研究，既是一个历史的范畴，更是一个注重时代价值及其揭示的认知活动。从医学的角度来看，白求恩精神早已不仅限于白求恩本人在抗战前线所形成、所呈现出来的精神品质，而是融入了几十年来，中国一代代医务工作者的奉献。犹如马克思主义，已经不仅限于马克思的学术思想，更融入无数马克思主义者的学术智慧一样。多年来，包括吉林大学（原白求恩医科大学）在内的医学院校，以白求恩为榜样、以白求恩精神为引领教育医学生，一代一代的医学生在医疗卫生工作中，在践行和弘扬白求恩精神的过程中发展着、拓展着、深化着白求恩精神的内涵，呈现出一代一代的白求恩式好医生，在他们的身上体现着白求恩精神的时代风貌——冠以白求恩精神的医学精神，他们在践行医学使命的过程中充实着、构建着中国医学的精神家园——中国医学文化的殿堂。

---

① 陈答才关于延安精神的几点思考[J]. 社会科学战线，2015（6）：93-96.

爱因斯坦在悼念居里夫人时说过："第一流人物对于时代和历史进程的意义，在其道德品质方面，也许比单纯的才智成就方面还要大。"[①]白求恩就是这样的人物，他曾经、他永远诗意地栖息在中国的大地上。让我们走进白求恩、走进白求恩的精神世界。让我们追寻白求恩，追寻白求恩钟情的事业。让我们感恩白求恩，感恩白求恩让我们知晓了什么是永远的追忆、什么是不朽的永存、什么是永恒的精神的力量！

让我们寻根白求恩，追忆白求恩，白求恩的生平在昭示我们，昭示着医学人以高尚的情怀去践行崇高的医学使命。

第一章　从童年到青年的白求恩

"母亲给了我一个传道家的性格，父亲给了我一股要行动、要工作的热情。"

——白求恩

儿时的白求恩　张修航 绘

【本章导语】人类的每一位成员，当初来到这个世界上都是以一声啼哭开始的一个婴儿。这动听的一声啼哭，宣告着一个新生命的诞生。每一个新的生命，都诞生于一个家庭、一个社会、一个时代。随着时间的延展，每一个孩子都会长大，此中的"长大"不仅是年龄的增长和个头的增高，而是有教养的成长。荀子在《劝学篇》中明确论述了人之成长："生而同声，长而异俗，教使之然也。"此中的"教"即为教养、教育。人，生来即意味着成为一个家庭、一个社会、一个时代的一分子，因而对其的教育与教养自然主要来自于家庭、社会和时代。

白求恩生长在20世纪初的加拿大，他的父母和家族遗传给了他什么；他生活在一个怎样的家庭、时代和社会，这样的家庭、时代和社会又是如何培养他长大成人，如何影响着他的人生，如何塑造着他的人格。

第一节 家庭教育

每年二月，时值冬日的加拿大，剔透晶莹，银装素裹，宛如童话中的"冰雪王国"。与夏秋季节无际的林莽、缤纷的色调不同，此时的加拿大，晴空如洗，与万里冰封的雪原天地呼应，既纯净，又寥廓，显现出无与伦比的雅静与端庄。

图1-1-1　加拿大安大略省莫斯科卡湖雪景　钱磊 摄

从多伦多市区出发，取道400号高速公路到巴里市（Barrie，加拿大安大略省东南部城市）换11号高速公路，一路向北，前行160多千米，从"白求恩医生路"（Bethune Road）驶出高速，很快就到了格雷文赫斯特（Gravenhurst）小镇。首先映入眼帘的是飘着两面加拿大国旗的高大的小镇"门牌楼"，小镇的名字赫然写在正中央。小镇的规模不大，街道和房屋排列整齐，如棉花一样蓬松洁白的一米多高的雪堆如城墙般延伸在街道两侧。隆冬季节，街面上行人罕见，让整个小镇更显得整洁雅致，色彩清丽。偶尔可见一两处极具年代感的建筑掩映其间，与环抱的树木浑然一体，让人宛若置身画中。

图1-1-2　格雷文赫斯特镇　于姗姗 摄

小镇中央，一处安静的院落中，一栋两层的木质构造的维多利亚式建筑被树木环抱着。灰白色的廊柱和门窗，浅绿色的主体墙面，在蓝天和白雪的映衬下，显得格外醒目。院中的积雪保持着它们落下来时的姿态，只有一条被清理出来的小径，将房子的正门与旁边的一座单层建筑相连。一种庄严而又神秘的氛围，瞬间感染了每个人的心。对于中国人而言，这里的每一处景致，每一处细节，似乎都早已深深地印在了梦的深处。朝圣般的敬慕与欢喜，无限的追思与缅怀，在每个人的心中升腾。

图1-1-3　白求恩儿时故居　钱磊 摄

这里就是诺尔曼·白求恩1岁至3岁时的故居。1890年3月3日，他在这里出生，在这里度过了丰富多彩的童年时光。虽然历史久远，但走进这个院落，似乎仍能感受到那个时代的气息。这里周边的建筑是当地的民宅，几代人在这里共同见证了这栋小屋的传奇故事。

中国和加拿大正式建交后的第三年，也就是1972年，白求恩获得"加拿大历史名人"称号。1973年，由加拿大政府出资，从教会手里购买了白求恩出生时的小楼，正式建立白求恩故居纪念馆，并且按1890年白求恩出生时候的原貌进行了修缮。故居属于加拿大国家公园局管理，是加拿大国家历史遗址[①]。故居原为米黄色外观，近年重新粉刷变为浅绿色。这栋木屋原本是当地教会的房产，始建于1880年。因为白求恩的父亲是教堂的牧师，他们一家人就租住在这幢房子里。即使之后搬迁到别的小镇，白求恩还是每到夏天时，经常回到这里看看并住上几天。作为牧师家庭的住宅，在19世纪末期，它的建筑风格是比较时尚的，外形以及建筑材料，体现了当时北美传统文化与工业文明的碰撞与融合。

---

① 素材源自加拿大白求恩故居纪念馆。

图1-1-4和图1-1-5　白求恩故居（始建于1880年）和父亲工作的教堂（始建于1877年）原貌

朴美花 摄

　　白求恩故居中陈列着大量实物原件，设置了红色丝绳的围栏加以保护。室内一切摆设仍然保持原样，未织完的毛衣、晾着的袜子、婴幼儿衣物、摊开的书本、咖啡杯等，提示着时间的连续和历史的绵延，仿佛它的主人仍旧在这里生活着。尤其值得关注的是，这里陈设的物品，有很多是白求恩家族的人手工制作的，例如客厅中风琴旁陈设的圆桌，是白求恩外祖父制作的圆桌的复制品。黑色的椅子是白求恩家传的手工制品，上面标注的日期是1843年8月10日。桌子上摆放的盘子上的蓝色的雪花图案，是白求恩的祖父老诺尔曼·白求恩绘制的。书房里也摆放着白求恩家族成员制作的手工制品。有这样的家庭遗传基因，也就难怪白求恩能够发明制造出那么多手术器械和用品了[①]。

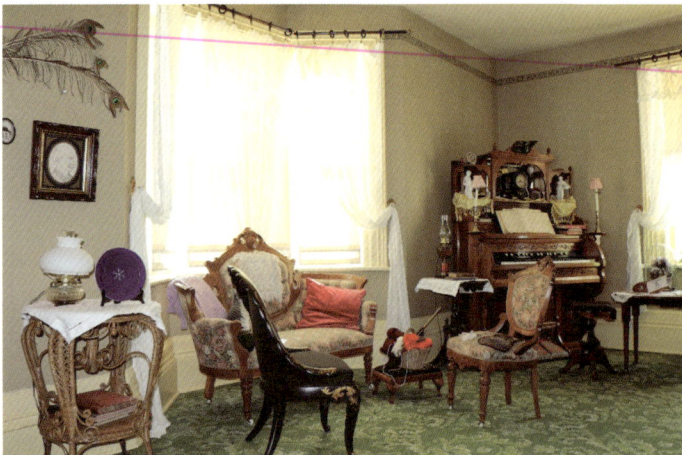

图1-1-6　白求恩故居内　钱磊 摄

　　与白求恩故居相连的一层建筑，是白求恩故居纪念馆（Bethune Memorial House）。纪念馆前矗立着两尊白求恩雕塑：一尊是白求恩做伐木工时，身穿工作服，双手叉腰的单人立像；一尊是白求恩做外科手术时的工作像，反映了白求恩不同时期的状态。

––––––––––––––––

① 　2019年2月《寻根白求恩》编撰组赴加拿大调研所得素材。

图1-1-7　白求恩故居纪念馆前的雕塑　钱磊 摄

在这里工作了25年的馆长斯科特·戴维森（Scott Davidson）是多伦多市人，大学毕业后在学校工作，后来有机会接触到白求恩，他便遵从内心的呼唤选择了这里。斯科特·戴维森对白求恩有着特殊的感情，他的身高和体重都与白求恩相同，就连他的婚礼都是在白求恩故居中举办的。多年来，白求恩故居的客厅也见证了很多对新人的婚礼。斯科特·戴维森也将自己的全部心血和汗水，凝结在了弘扬和践行白求恩精神及促进中加友谊的行动里。

图1-1-8　白求恩故居纪念馆馆长斯科特·戴维森向本书调研组展示馆藏白求恩笔记本

于双成 摄

多年来，经过几代人的不懈努力，白求恩故居纪念馆得以不断发展和壮大，不仅接待了来自全国各地的造访者，还为白求恩研究提供了丰富素材，更成为青少年的培训教育基地。最高峰时每天的参观人数达到1000人次①。多位与白求恩共同生

---

① 2019年2月18日，《寻根白求恩》编撰组赴加拿大格雷文赫斯特镇调研所得。

活、工作、战斗过的人，以及白求恩精神的研究者们到访这里，留下美好的回忆，不断丰富和完善有关白求恩的史料。如《不死鸟》《白求恩在西班牙》的作者罗德里克·斯图尔特（Roderick Stewart）等，都与白求恩故居纪念馆有密切联系。2018年，纪念第一次世界大战胜利100周年时，数百位加拿大志愿者齐聚于此，共同纪念和缅怀白求恩的伟大精神。

馆内展示了白求恩的生平介绍、部分白求恩生前用过的实物以及受赠的具有重要意义的纪念品和留言。比如白求恩友人捐赠的白求恩病案笔记，西班牙战场上的军帽，20世纪80年代白求恩医科大学赠送的白求恩头像烫画，国家卫生部赠送的雕像，邓小平之子邓朴方赠送的纪念品，唐县赠送的白求恩墓汉白玉雕像以及前来造访的普通参观者赠送的手工纪念品等。由于展馆面积有限，只能展示所有受赠礼品中的一小部分，这些纪念品浓缩了不同历史阶段的白求恩的光荣事迹，也凝结了人们对他的敬佩与缅怀。

图1-1-9　白求恩故居纪念馆内西班牙流动输血车模型　钱磊 摄

斯科特·戴维森介绍，白求恩三岁前在这里生活，由于他的父亲工作变动频繁，在他高中毕业之前，曾随家人在安大略省先后移居七个城镇。故居的恢复和修缮是通过对白求恩家人的采访以及对当时社会年代的了解和历史照片进行了参考，这个故居的整体面貌呈现出一个中产偏上阶级的宗教家庭生活状况。这些华丽而古老的陈设，虽然给人感觉很富有，但是房子的许多物品在当时都是十分平常的，而且这所房产只是作为白求恩一家的暂居所，并不归他们所拥有。1880年至1973年，有多位牧师及家人生活在这里[1]。

在白求恩故居的庭院中抬头远眺，虽然树木还未长出绿叶，湖泊还未消融冰雪，但呼吸着这里的空气，置身在白求恩出生、成长的环境中，白求恩童年的一幕幕场景在脑海中从文字化为图像，逐一地映入眼帘，清晰而又亲切。尤其是了解了

---

[1]　2019年2月18日，《寻根白求恩》编撰组加拿大调研所得素材。

加拿大维多利亚时代乃至近日的社会经济文化发展脉络，聆听了白求恩家族那些鲜为人知的故事，欣赏了白求恩最喜爱的音乐，才真正地从内心感受到白求恩精神的自然缘起，这便是"寻根"的要义之一。

一、家族的冒险精神和创新精神

白求恩的家族在欧洲和北美都曾有过显赫而传奇的历史，祖籍苏格兰，再往上可以追溯到法国。他们的家族拥有一枚家族徽章：盾牌上方为一只水獭的头像，上书"宽厚文雅"。16世纪中叶，他们从法国移民到苏格兰，在苏格兰繁衍生活的200多年里，造就了很多医生、教师、牧师等社会精英。18世纪，他们家族中的一支从苏格兰西北的斯开岛迁移到加拿大定居。

表1-1-1　白求恩家族主要成员

祖　籍	苏格兰，再往上追溯则是法国
高祖父	约翰·白求恩（John Bethune，1751—1815年），牧师
高祖母	薇洛妮克（法语：Véronique）
曾祖父	安格斯·白求恩（Angus Bethune，1783—1858年），Hudson's Bay Company公司的创始人之一
曾祖母	安妮·路易莎·麦肯齐（Anne Louisa Mackenzie），皮革商人之女
祖　父	诺尔曼·白求恩（Norman Bethune，1822—1892年），医生，多伦多大学医学院创始人之一，国际红十字运动的先驱之一
父　亲	马尔科姆·尼科尔森·白求恩（Malcolm Nicolson Bethune，1857—1932年），长老会牧师
母　亲	伊丽莎白·安·古德温（Elizabeth Ann Goodwin，1852—1948年），长老会传教士
妻　子	弗朗西斯·坎贝尔·彭尼（Frances Campbell penny），富家小姐

白求恩家族定居加拿大后，曾经出现过三位著名的人物：一位是英国国教的主教，一位是加拿大麦吉尔大学的校长，另一位就是多伦多杰出的外科医生、多伦多大学医学院的创始人之一、白求恩的祖父诺尔曼·白求恩。在加拿大社会生活中，诺尔曼·白求恩备受教育和医学领域人的尊敬和爱戴，白求恩家乡的人们称白求恩家族为"了不起"的家族。

（一）高祖辈的奋斗

白求恩的高祖父约翰·白求恩是家族的族长，同时也是基督教"胡格诺派"的新教徒。当时的欧洲，封建制度逐渐衰微，资本主义开始萌芽，文艺复兴和宗教改革如火如荼。在某些宗教制度上，由于瑞士的宗教领袖与马丁·路德有意见分歧，欧洲的基督教出现了"归正宗"与"路德宗"两个派别。"归正宗"起源于瑞士，传入法国又称"胡格诺派"，是世界上传播最广、影响最大的新教派别，"长老会"是"归正宗"的教会体制。18世纪后半叶，约翰·白求恩以"胡格诺派"牧师的身份，漂洋过海来到北美，在蒙特利尔创建了当地首家苏格兰长老会。

图1-1-10和图1-1-11　白求恩的高祖父和高祖母　钱磊 摄

约翰·白求恩，创设苏格兰长老会的时候，蒙特利尔还处于法国殖民统治之下。"胡格诺派"的教义存在反封建性质，而法国当时仍然是王权控制着天主教会，对改革更是持反对态度。在法国本土，北方有分裂倾向的大封建贵族，信奉的是天主教，他们与新教派的利害冲突，最终演变成长期的内战。天主教和新教，数十年间持续发生了八次激烈对抗。显而易见，约翰·白求恩的选择，实在是充满了风险，也充满了勇气。

（二）曾祖辈的拼搏

白求恩的曾祖父安格斯·白求恩，其冒险精神毫不逊色于父亲。他年纪轻轻就加入了当时垄断北美皮毛交易的西北公司，在美国和加拿大广阔无垠的土地上，闯荡游历。毛皮是北美早期殖民者用来替代贵金属的重要货物，相当于中国的金银。商人通过与印第安土著居民合作贸易，换取以海狸皮为主的珍贵裘皮。所谓"匹夫无罪，怀璧其罪"，皮货商人的风险，不仅来自环境的恶劣，还来自于竞争者的劫掠。由此可见，安格斯·白求恩是一位地地道道的冒险家。

白求恩的曾祖母安妮·路易莎·麦肯齐出生在加拿大西部的亚伯达（Alberta）的奇普怀恩堡（Fort Chipewyan），她是著名的皮革商人

图1-1-12　白求恩的曾祖母家族绶带

于姗姗 摄

罗德里克·麦肯齐的女儿。1800年，她搬到了如今加拿大南部的安大略省桑德贝克市（Thunder Bay），并与父亲公司的职员肯尼斯·麦肯齐（Keneth Mackenzie）有了一个孩子。后来，肯尼斯溺水而亡，她与顶替了这个工作的安格斯·白求恩组成了新的家庭，共同养育了6个子女，一家人去过很多地方做贸易工作。1833年，当一家人在安大略省港口城市米奇皮科滕市时，路易莎去世了，享年40岁。至今，她的墓碑仍在米奇皮科滕市白求恩公墓，她的多位后代曾用路易莎这个名字，以铭记这位杰出的母亲。她的家族将荣誉绶带赠送给白求恩故居纪念馆，增添白求恩家族的荣耀[1]。

（三）祖父的影响

白求恩的祖父诺尔曼·白求恩，是家族中成就显赫的一位。白求恩的一生受祖父的影响很大。一是他沿用了祖父的名字，二是他的冒险精神，三是他的国际人道主义精神，都同他的祖父有着高度的一致性。幼年时期的白求恩，从父亲那里听到了很多关于家族先辈的传奇轶事。尤其是祖父对科学事业的严肃态度、顽强探索的精神，都深深地打动了他。

图1-1-13　白求恩故居的介绍牌　于姗姗 摄

小时候，父母给白求恩起的名字是"亨利"。8岁的时候，白求恩郑重其事地宣布，大家不许再叫他亨利了，而要叫他诺尔曼，和祖父一样的名字。他还把祖父的外科医生铜制名牌挂在自己卧室的门上。至今在白求恩故居，作为生平简介的栏目上，仍然写着"亨利·诺尔曼·白求恩"，用以区别他的祖父老诺尔曼·白求恩。

---

[1]　2019年2月，《寻根白求恩》编撰组赴格雷文赫斯特镇调研所得素材。

老诺尔曼·白求恩的专业履历十分辉煌，他曾在英国伦敦皇家医学院学习。1850年，他和六名年轻医生组成的教师小组，筹建了一个英国国教派的医学院。1856年，老诺尔曼到多伦多医学院任教。之后他又接受英国皇家外科学院的奖学金，到爱丁堡去学习。他在那里住了九年，和当地人詹纳脱·安·尼科尔森小姐结了婚。"上加拿大医学院"后来被并入多伦多圣三一学院，这就是今天多伦多大学医学专业的前身。1856年，老诺尔曼·白求恩担任了"三一学院医学院"院长，是加拿大红十字会的创始人George Ansel Sterling Ryerson博士的同事，也是该组织第一中央理事会其他成员的同事。1859年6月，索尔费里诺战役，即第二次意大利独立战争爆发后，老诺尔曼·白求恩曾在布雷西亚医院为受伤士兵做手术[1]。

图1-1-14 白求恩的祖父诺尔曼·白求恩

钱磊 摄

国际红十字会创办人、曾于1901年获得首届诺贝尔和平奖的让·亨利·杜南（法语：Jean Henri Dunant，1828年5月8日—1910年10月30日），在他的《索尔费里诺回忆录》中，记载了老诺尔曼·白求恩当年曾不远万里，志愿参加索尔费里诺战役战地救护的事情。书中记载"一个外科医生，英裔美国人，诺尔曼·白求恩是来自加拿大多伦多的一位解剖学教授，他专程从施特拉斯堡赶来帮助那些忠于职守的人们"[2]。这证明了老诺尔曼·白求恩曾经与让·亨利·杜南并肩战斗。

正是由于1859年于出差途中目睹了索尔费里诺战役的后果，让·亨利·杜南在自己的著作《索尔费里诺回忆录》中记录了这段经历，书中的设想最终促成了1863年红十字国际委员会的创立。可见，老诺尔曼·白求恩也无愧为国际红十字运动的

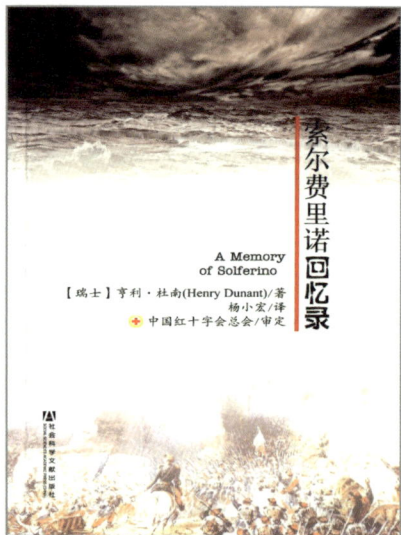

图1-1-15 亨利·杜南的《索尔费里诺回忆录》（图片来自网络）

[1] 2003年1月《医学传记杂志》中《诺尔曼·白求恩与亨利·杜南》。
[2] [瑞士]亨利·杜南：《索尔费里诺回忆录》，杨小宏译，社会科学文献出版社，2009年，第71页。

先驱之一。

老诺尔曼·白求恩的职业选择，以及走南闯北的经历，充分展示了他自由大胆、不甘平庸的品格，这正是白求恩家族冒险精神的血脉传承。

祖父老诺尔曼去世的时候，白求恩才两岁半。尽管很幼小，但他对祖父已经有了一些记忆。祖父在晚年因为病痛，走路一瘸一拐的样子，给家里的孩子们留下了深刻的印象。还有祖父那块行医的招牌，在幼小的白求恩心目中，是最高的荣耀，这也成了他立志继承祖业的重要原因。白求恩以自己的祖父而自豪，希望长大以后，成为祖父那样的名医。

二、父母营造的家庭气氛

（一）父母的经历

白求恩的父亲马尔科姆·尼科尔森·白求恩，是老诺尔曼的第二个儿子，毕业于上加拿大学院。上加拿大学院是一所寄宿制的男校，始建于1829年，是北美最富声望的私立中学之一，以文科传统著称，崇尚音乐和体育，致力于培养学生的创造力，校友包括知名的政治家、学者、商界领袖、艺术家和奥运会运动员。作为这样的贵族中学毕业生，马尔科姆显然接受了最好的基础教育，素质和才华可想而知。

马尔科姆没有继承父亲行医、教书的传统，而是去经营皮货生意。他喜欢旅行，借着皮货买卖的方便，在23岁时就离开了加拿大。打算做一次环球旅游，但是因为和船长不合，到澳大利亚就下船了，在当地从事养羊事业，可惜很不成功。后来他又到了夏威夷，试图买下一片桔林，以此发财致富。

在檀香山的时候，他遇到了英国长老会的传教士伊丽莎白·古德温和他的女儿伊丽莎白·安·古德温小姐。古德温先生原本是英国的一名家具技师，自中年开始从事传教事业。古德温小姐是在传教士家庭里成长的女孩，有虔诚的信仰，10岁时就在伦敦街头散发宗教传单。和父亲一起来到夏威夷的时候，古德温小姐年方21岁。这是一位既温柔又刚强的女性，她赢得了马尔科姆的爱情，她说服了马尔科姆放弃种植桔林发财致富的念头，改信自己祖先的教派，回到加拿大的多伦多，从事传布基督"福音"的宗教职业。

不久，古德温小姐也到了多伦多，和马尔科姆结了婚。马尔科姆夫妇一共有三个孩子，一个女儿，两个儿子。白求恩是他们的第一个男孩。

（二）父母的职业

1888年，马尔科姆进入了专门培养牧师的诺克斯神学院。从此，他确立了毕生从事宗教事业的决心。他被任命为牧师以后，举家迁到安大略省北部的小镇格雷文赫斯特，在那儿初次担任牧师的职务。

图1-1-16　格雷文赫斯特白求恩父亲工作的教堂　钱磊 摄

　　白求恩的父亲为人正直，温文尔雅，虔诚地致力于布道，深受人们的尊敬。作为一个牧师，对于教义和生活，他都有着自己的独特见解，他的讲道总能打动人心，经常受到人们的赞赏。他拒绝了有钱人的聘任，他说："富人太庸俗了。"唯有符合他的基督徒生活准则的地方，他才肯去当牧师。哪里的会众需要他，他就出现在哪里。这种精神是高贵的，只不过这样一来，全家人就得接二连三地，从一个小镇搬到另一个小镇。

　　基督教有着古老的历史，尤其在西方，被视为精神文明的主体，影响非常广泛。这一信仰，提升着西方人的精神世界，也作为在道德上凝聚社会的纽带，连接起世世代代的伦理传承。"爱"的内涵在基督教文化中寓意深远，基督教不仅教导信徒对耶稣的爱，还有对人的爱，这甚至是一种超越血亲的伦理。爱人如己，不仅突破了人的个人私利与狭隘，还达到了"神"要求的"超脱"境界。并且没有地域和文化的限制，各种跨区域、跨文化的救济，都是"爱"的最好实践。平等是基督教文化的行为准则，认为众生平等，文化平等、种族平等、男女平等，每个生命都应受到尊重。

　　白求恩的父母经常出现在教会医院，竭尽全力，救死扶伤，特别是救助那些被遗弃的罪犯和传染病人。由于历代教徒的不懈努力，教会及其医院，这类宗教场所，不仅成为施善育德、救助伤病之地，也成为战争时期人们的避难所，交战双方不得进入宗教场所，在当时已经成为世界通则。

　　白求恩的父亲经常热情地把镇子里的人请到家里，耐心地倾听人们诉说生活中遇到的困难，并尽其所能地帮助他们，去解决各种疑难问题。白求恩的母亲也是一位传教士，是一个温柔善良、富有同情心的人，而且虔诚地信奉宗教的哲理。她把基督教的爱，视为家人的行为准则。

图1-1-17 白求恩的父亲马尔科姆·尼克尔森·白求恩和母亲伊丽莎白·安·古德温
图为2018年6月石家庄白求恩医务士官学校齐明赠送

因为父母的职业需要，家也随着工作调动辗转迁徙。尽管每到一处都要重新适应新环境，白求恩似乎没什么不适应，反而让他有机会接触了更多的新鲜事物。正因为在这种虔诚信仰的家庭氛围中成长，白求恩目睹了父母平等待人、救济穷苦，这一切在他幼小的心里，播下了善良的种子。

（三）父母的影响

白求恩的父母情感非常稳定，家庭生活总是很活跃、丰富而且温暖。他的父母十分受人尊敬，让白求恩对父母的职业引以为傲。在白求恩故居的餐厅墙上，挂着一面极具异域风情的铜锣。这是白求恩父母的物品，每年圣诞节开餐前，父母会敲响这面铜锣，邀请孩子们到圣诞树前收他们的新年礼物。在白求恩故居白求恩父亲的书房里，有一张大合影，其中，坐在桌子边上，手托着下巴的就是白求恩的父亲。他的父亲多才多艺，尤其热爱文学，才艺广泛而又善于语言表达。书房中的书架上摆满了书，可想而知，这是一位很会讲故事的父亲[①]。

寒冬的夜晚，一家人围坐在火炉旁，母亲在灯下做着针线活儿，白求恩姐弟们围着父亲听故事。父亲经常给他们讲述，山区里的那些穷人为了生存，互帮互助的情景。在他刚懂事的时候，母亲经常引用《圣经·新约》中的诫谕"像爱护你自己那样地对待他人"来教育孩子们。父母虽然工作忙碌，但他们仍然非常重视和孩子们的家庭聚会，与孩子们分享《圣经》故事，如约瑟如何宽恕他的兄弟，路得如何孝敬她的婆婆，亚伯拉罕如何因说谎而受责备……让孩子们明白了什么是真善美，什么是诚信、勇敢，什么是责任。

---

① 2019年2月，《寻根白求恩》编撰组赴加拿大调研所得素材。

图1-1-18　白求恩故居书房　钱磊 摄

　　白求恩为故事里生动曲折的情节心驰神往，被善良的人们深深地感动。每次父亲讲完故事，总是要教导孩子们恪守这样的信条："记住，在你们人生的道路上，如果路遇长者或有难者，他请你扶他走一里路，你就应该扶他走两里！"这句话给白求恩留下了刻骨铭心的记忆。

　　白求恩的父母还以身作则，用实际行动挥洒大爱。曾有一位白求恩的邻居家不幸遭受火灾，所有东西几乎被烧光了。白求恩的父亲一面到邻居家里劝慰，一面发动全镇的人，为这个家庭捐献食品和衣物，还组织了一批青壮年为邻居修建了新房。而白求恩的母亲则把邻居的两个孩子接到自己家里，和白求恩姐弟同吃同住，一直到他们的新家建好。

　　正是因为幼年时期就开始的这种熏陶，白求恩内心早早播下了仁爱的种子，这种爱也被付诸他日后的行医生涯中。

　　有一次，白求恩看到一个在寒风中战栗的穷人，他主动跑上去，说什么也要把自己那件短小的大衣披在那个人的身上。直到父亲从家里找来一件旧大衣送给那个人，白求恩才放心地回家。

　　还有一次，在寒冷的冬季，九岁的白求恩和小伙伴们在湖面上滑冰，一个小伙伴踏破冰层，掉进冰窟窿里，只剩两只胳膊紧紧扒住冰沿，大喊"救命"。其他小伙伴都惊呆了，跑上岸，大声呼叫。白求恩却奋不顾身地扔掉手里的冰鞋，冲过去，趴在冰面上，双手紧紧抓住他的伙伴，不让他再往下沉。眼看就坚持不住了，幸好几个大人赶了过来，才将他俩救了起来。事后，人们对白求恩临危不惧、舍身救人的精神连连称赞。

　　无论在哪个时代，父母的言传身教，对孩子的成长都有着深远的影响。父母对孩子的教育不是书本教材，而是生活经验；不是夸夸其谈，而是身体力行。在孩子们的世界里，父母就是一本活的教科书。

在对待孩子的教育上，白求恩的父母十分宽厚包容。白求恩一家聚在一起吃饭的时候喜欢玩一种识字游戏。哪个孩子能正确地念出一个生词，并且说出生词的意思，就会得到五分钱作为奖励。通常总是诺尔曼得奖，但他总是把得到的钱跟姐姐和弟弟平分。

图1-1-19　白求恩的母亲（左二）和三个子女

图为2018年6月白求恩精神研究会常务副会长兼秘书长栗龙池提供

童年时代的白求恩，活泼爱动，对一切充满着好奇。在他只有四五岁的时候，就在家里给自己发明了一种搬动家具的游戏。他要按照自己对形状和色彩的认识，把自己能搬动的家具和一些小装饰挪来挪去。对于他的这种游戏，父母不但没有认为这是淘气捣乱，反而表现出了极大的宽容和耐心，欣赏着儿子像蚂蚁一样在几个房间里穿梭忙碌。每次他们都会等到白求恩忙完这个添乱的游戏，疲惫地睡去，才把他折腾的乱糟糟的家具和饰品重新放回原本的位置。

七八岁的时候，他就开始解剖苍蝇和鸡等小动物，后来他经常在解剖方面做"实际操作"，有一天下午，满屋子突然都是刺鼻的气味。母亲一直找到阁楼上，发现白求恩正聚精会神地从他刚煮过的一条牛腿上，很细心地把肉切掉。"诺尔曼，你在干什么？"她吃惊地问他。他认真地告诉母亲："我在把肉弄下来，这样便于察看骨头。这些骨头可是很好的标本。"母亲只好走开，她不想打断儿子的科学研究。后来母亲发现，白求恩那天还把牛骨头放在后院的篱笆旁边晾晒。

良好的家庭氛围，培养了白求恩独立、自信、勇于创新的品格，培养了白求恩的胸襟和意志。从父母努力工作、虔诚布道、尽力帮助他人的言行中，白求恩得以学会如何友善待人，认识爱和公义，深深地影响了他的一生。

三、白求恩的性格特点

多元文化构成了加拿大独具魅力的人文风景。在北美这片广袤富饶的土地上，拥有约占总人口3%的原住民，以及来自世界各地的移民，大家和谐地生活在一起。这样的环境形成了加拿大人谦让与合作、接纳与忍耐、尊重与平等的价值观。国民对雄心和坚韧意志的崇尚，也是白求恩性格形成的社会原因。

白求恩出生的时代，工业蓬勃发展，如火如荼的工业革命在提高生产力的同时，也推动了教育事业的进步和发展。西方很多国家在子女教育方面，比较强调个人主义，他们不仅这样要求自己，也把它作为衡量一切事物的准则之一，由此形成了注重个性、追求独立自强的社会风气。在白求恩的家庭生活中，我们看到的，不是父母对子女的"限制"，而是父母对他的理解、鼓励、包容、尊重。我们甚至能感受到，他的父母在跟随社会的变革，调整着对子女教育的原则和内容。尽管顽皮的白求恩是那种经常让父母"头痛"的小孩，但他那温柔又刚强的母亲却一直相信，儿子是注定了要做一番事业的。

童年的白求恩，就像多伦多马斯科卡湖畔一棵幼小的枫树，接受着阳光雨露的滋养，恣意生长。

（一）求知——迷路与捉蝴蝶

求知欲是人的天性，儿童有强烈的好奇心也是正常的。然而原本正常的好奇心，被白求恩表现出来，却是令人费解的。

白求恩六七岁的时候，全家搬迁到多伦多市。大都市车水马龙，繁华热闹，与视野旷远的田园风光相比，这里的道路几乎跟迷宫一样。害怕迷路的孩子，会紧紧跟住家长，确保自己的安全。这本来就是出行的常识，但白求恩眼前的景象，极大地激发了他的好奇心。他决定，把周围的新环境好好地了解一下。就在他和母亲上街的时候，趁着母亲不留神，他悄悄溜走了，在多伦多的大街小巷，一个人自由自在地游逛起来。母亲发现白求恩不见了，万分焦急，连忙请街头巡逻警察帮助寻找，几个小时以后，白求恩才被一名警察送了回来。大家询问他怎么回事，他满怀兴奋地笑着说："我想认识这座城市，也想尝尝迷了路是什么感觉。太妙了！"[①]

父母对于这个不安分的孩子也暗暗担心，不知道下一秒他又会做出什么出人意料的事情。他的母亲曾表示，"他不是一个安分的孩子，在家的时候让我头疼，出门在外更让人担心。"即便如此，父母没有对白求恩做过多的责备和约束，依旧让他继续自己的探索。他继承了祖辈的冒险精神，可是此时他还是个孩子。父亲为他的冒险精神感到担忧，可是母亲却说："他应该去学习冒险。"

随着白求恩慢慢长大，他的好奇心表现得更加突出。捉蝴蝶这种孩童的消遣，也被他变成了一种冒险，他似乎不知道什么是害怕。有一次在郊外，他看到一座小

---

① 田宗远，罗永年. 世界巨人传记丛书·英雄探险家·白求恩[M]. 深圳：海天出版社，1998：1-9.

山的悬崖顶上，有一只很好看的蝴蝶，就领着弟弟往上爬。爬到一半的时候，路太难走了，他便叫弟弟在那儿等他。他借助着石头、树根、灌木，向上攀爬，山上还不时有小石块滚落，弟弟在下面吓得大喊大叫。白求恩下来的时候，衣服已经蹭破了，身上还被划伤了几道，但手里依然牢牢抓着那只蝴蝶。他气喘吁吁地对弟弟说："首先是捉蝴蝶的过程，可以锻炼我们的勇气，然后才是能否捉住蝴蝶。"

罗素说："活力洋溢之处，便是充满生之乐趣所在，而勿需具备任何特别愉快的情境。"健康的身体和充沛的精力，是形成思想品性的首要基础，也是幸福的源泉。这片土地滋养着诺尔曼·白求恩，使他能够拥有这份生命的活力，为他毕生的行动和思想，提供着能量。[①]

（二）勇敢——独自横渡海湾

尽管童年时先后住过几个城镇，但白求恩最喜欢的还是格雷文赫斯特，喜欢那里的湖泊和森林。夏日里，他与一群小伙伴，在马斯科卡湖里嬉戏玩耍，这也养成了他对游泳的爱好，还有对天空和大自然的热爱。

1900年暑假，全家人来到佐治亚湾度假，这里地处安大略省东南部，就在休伦湖边上。白求恩目睹了父亲横渡海湾的过程，非常崇拜，也想跟父亲一样勇敢帅气。趁家人不注意，他带着装备单枪匹马地下水了，由于经验不足，被困在海湾中，幸好父亲划船赶来，及时救了他。父母以为他总算受了教训，该知难而退了。没想到白求恩对这件事一直念念不忘，父母知道他不达目标是不会退缩的，便由父亲当起教练训练他。第二年，全家又来这里度假，他硬是独自一人横渡了这条令人生畏的海湾。

白求恩也曾为自己的冒险付出过代价，摔断过腿。医生为他接骨复位时，虽然很痛，但他没有哭，他说他最瞧不起那些动不动就哭哭啼啼的人。

白求恩在回忆童年往事时候说，"母亲给了我一个做人要心地善良，做事要坚韧不拔的性格，父亲给了我一股要行动、要干的热情"。父母的宽容和支持，给白求恩提供了更多磨炼自己的机会，也培养了他的执着信念和冒险精神。

（三）独立——教科书的风波

从童年开始，白求恩就向家人"宣布"他要选择一条不一样的道路，要成为祖父那样的医生。尽管那时的童年理想还是朦胧的，但父母是宽容的，孩子的路让他自己去选择，不会将自己的意志强加给他。可是，白求恩终究不是个安分的孩子，他的举动总能出人意料，让父母措手不及。

随着年龄的增长，白求恩在思想上也开始了新的追求，而这种追求是与父母的信仰相背而行的。尽管父亲和母亲对待白求恩的冒险精神看法不大一样，当白求恩在思想上追求新的观念，企图冲破宗教的教义时，他们的意见却很一致。

"西进运动"给加拿大带来了新的思想，带来了科学技术，也给中学课堂带来

① 李智. 白求恩的故事[M]. 长沙: 湖南人民出版社, 2012: 2-5.

了达尔文的《物种起源》。一天，白求恩在学校里读到了一本书，英国博物学家达尔文的《物种起源》的简易读本。达尔文的进化论，颠覆了宗教神造世界的观点，在当时这是震惊世界的观点。白求恩立刻被书中有关生命奥秘的学说所吸引，如获至宝。他把这本书塞进书包，带回了家。

晚上，白求恩在达尔文惊天学说的轰鸣中，不知不觉地睡着了。书被母亲发现，母亲大为恐慌。她和丈夫都是虔诚的基督徒，他们信奉《圣经·创世纪》里的说法，耶和华创造了万物，世界是从上帝创造亚当和夏娃开始的。可达尔文却说，生物是从非生物变异而来的，是通过遗传和自然选择，由低级到高级、由简单到复杂进化而来的。显而易见，进化论是对基督"创世纪"的否定，达尔文和《物种起源》，当时就是反教义的代名词，是对上帝的公然挑战。在这样一个宗教家庭里，是决不允许的。母亲找出几本宗教小册子，悄然放在白求恩的床头，想以此抵消那本书对白求恩的影响。那时的白求恩也和其他青春期的孩子一样，有着一股叛逆劲儿，对于母亲的举动，他做出了挑战式的反应。

第二天晚上，在母亲睡着以后，他溜进父母的卧室，把那本《物种起源》的简易读本，轻轻塞到了母亲枕下。到了早晨，母亲板着面孔，把白求恩叫到跟前："你的那本书我已经烧掉了！""为什么？"白求恩几乎喊叫起来，"妈妈，你的做法是不负责任的。父母为什么要自以为是，把自己的想法强加给孩子？我要保留自己的认识和自由"。说完，白求恩气呼呼地冲出了房间。

儿时的理想，现实的人生，终于交汇到一个严峻的关口，然而这并没有动摇白求恩走向科学的决心，他要做一个无愧于祖父的医生，继续沿着自己选择的道路前进。

罗素说，一个人品性的形成，受从出生进入家庭就开始的家庭教育的重要影响。家庭教育对人的素质和性格，起着非常重要的作用。父母的教育方式、观念，时刻影响着子女的学习动机和方式。而良好习惯的养成，是成功必不可少的条件。从家庭生活中，孩子可以学到生活技能和各方面的知识，家庭对孩子的思想道德和行为习惯的影响，对整个社会的良性发展，乃至对整个民族精神的培养，都具有极为重要的作用，是任何形式的教育都不可替代的。

第二节　时代的烙印

一、加拿大的移民历史对白求恩的影响

走下飞机，多伦多清新的空气抚触着肺。抬头仰望，湛蓝湛蓝的天空，如同被洗过一般，远处飘浮着朵朵白云，变幻成各种各样的形状。当几乎全世界都在改善

环境的浪潮中苦苦挣扎时，加拿大优美的环境和澄澈的空气俨然脱颖而出。21世纪最初的十年诞生了一种新的交易形式——贩卖空气，在那些重污染国家和地区的小众人群中销路攀升[①]。当地人说，加拿大有这么得天独厚的条件，一半要感谢大自然的恩赐，另一半要感谢早先移民到这里来的先辈们。

图1-2-1　多伦多市街景　钱磊 摄

多伦多是加拿大的第一大城市，也是一座典型的多元化城市，她包容并蓄，充满着寂静和繁华，寂静是在于她的自然环境，到处都可以为身心寻觅到一处寂静的空间；繁华是在于她汇聚了全世界各地的人，不同的肤色、不同的穿着、不同的语言，毫不夸张地说，在多伦多你能找到各个种族的后代，他们传承着各自祖辈的不同文化。

翻开加拿大的历史，虽然其建国只有短短的两百多年，却有着悠久的移民史。"多元"和"自由"在这个国家的历史上被予以高度的重视。据史料记载，远在2万多年前，印第安人和因纽特人就居住在加拿大这片辽阔的土地上。"加拿大"一名亦采自印第安人"Kanata"，意思是许多茅屋的小村。1608年，一批法国人移民到魁北克省，在加拿大形成最早期的欧洲文化。1613年，英国人也开始移民到加拿大。至1756年，双方终于爆发了长达七年的战争，结果英国人战胜，1763年成为加拿大唯一的统治者。直至1774年，"魁北克法案"签署，允许法裔人士保留其语言、宗教和部分法律。

19世纪初，更多的移民来到加拿大，其中包括大批的中国人。19世纪的二三十年代，开始出现了改革运动，猛烈抨击把持政权的特权集团，更反映了大多数加拿大人要求掌控自己命运的愿望。1840年，英国通过法案，把上下加拿大合并为加拿大省，由总督直接统治变为殖民地自治。但是1945年以来，来自南欧、亚洲、南美及加勒比群岛的移民与日俱增，强化了加拿大的多元文化结构。

① 2019年2月，《寻根白求恩》编撰组赴加拿大调研所得素材。

20世纪初和中叶来自欧洲的移民潮不仅是加拿大移民历史上的丰碑，而且还深刻影响了加拿大今日的经济、文化格局，奠定了加拿大作为世界七大工业强国的坚实基础。

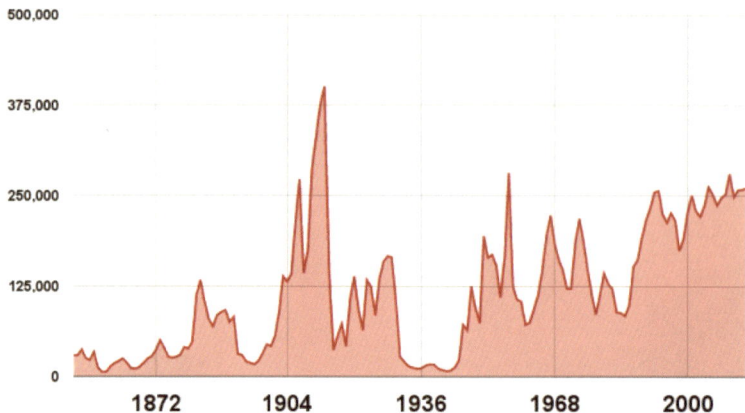

图1-2-2　1852年至2014年加拿大移民情况图示（图片来自网络）

2016年初，加拿大联邦统计局用图表的形式公布了加拿大自建国以来每年移民数据的变化，这组数据把加拿大近150年以来的移民历史的变化清晰地做了描绘。

1867年，加拿大建国，并逐渐发展为一个地域广阔的国家。但在建国初期，加拿大人口稀少，限制了其政治、经济和文化的发展。加拿大政府开始积极地鼓励人们向加拿大移民，并在世界各地大力宣传加拿大的魅力。1869年，加拿大政府有了自己的第一部移民法，但是这部移民法的真正目的是禁止乞丐和穷人移民入境，所以加拿大早期的移民主要来自周围国家或欧洲大陆，并且以富有的农场主、农业工人和家庭主妇为主力军，使得加拿大成为一个由白人统治的国家，而其他民族的移民在加拿大受到很多歧视和限制。在加拿大政府移民政策的鼓励下，从英法等国迁入的移民具有极强的开拓精神和创造精神，这其中，就包括白求恩的家族。

18世纪后半叶，白求恩的高祖父在历经千难万险漂洋过海来到北美，白求恩家族后代的男性在生活和职业的选择等方面都充满了勇气和冒险精神，他们喜欢在加拿大广袤的不毛之地探险、游历。从白求恩家族成长的经历中可以看出，正是这种白手起家、艰苦创业、开拓进取的精神，鼓舞着他们一代又一代取得成功，并最终成为了当地名声显赫的家族，同时祖辈们艰苦奋斗、乐于开拓的精神培养了白求恩的勇敢精神和舍己为人的品格。

19世纪七八十年代之前，加拿大的经济结构以农业为主，构成非常单一，原住居民缺乏多种经营观念和能力。而此时，欧洲大陆掀起了一场具有历史性意义的资本主义革命，使得英、法、意等多数欧洲国家迅速地步入了近现代化资本主义时代，这些国家在科学技术和文化艺术等方面都有了比较大的提高。在这个时期，移民大军不仅给加拿大带来了丰富的劳动力，也把先进的生产设备、生产技术和生产经验带到了加拿大，极大地促进了当地先进生产技术的推广。[①]同时，这些外来的移民经过资本主义革命的洗礼，具有了较强的商业经济意识，逐渐把商业经济打造成为加拿大居民生活收入的主要来源之一，加快了加拿大向近现代化资本主义的迈进。在加拿大资本主义化的过程中，白求恩家族积累了一定的精神财富和物质财富，为下一代人的教育奠定了基础。

19世纪90年代中期，席卷全世界的经济大萧条逐渐消退，世界经济有了复苏的迹象，此时的加拿大最需要是"身强力壮的农民"。20世纪初，加拿大政府把种族背景和文化渊源作为衡量新的移民的标准，这一政策具有严重的排外色彩，使得一部分人被排除在移民群体之外。但随着"开发西部"时代的到来，加拿大政府采取积极的措施，鼓励有农耕经验的移民来到西部，使得加拿大的移民再次出现大幅度提高，大量的移民为加拿大"开发西部"和经济发展贡献了巨大的力量。在这一时期，西部草原的农业水平从半机械化时代逐步到机械化的，并成为盛极一时的"世界粮仓"。这一时期的移民，不仅有较高的劳动素质，能根据加拿大当地的生产条件不断地改良农耕生产技术，展示出一种与时俱进的创新精神，而且有一些年轻的移民思想叛逆、不守常规，在与当地居民相处的过程中喜欢表现自己的个性，敢于坚持自己独特的人生观、世界观和价值观，哪怕牺牲享乐也在所不惜。这些人才具有创新精神和打破常规的勇气，他们不会因为金钱、工作、人生、机遇和眼前的利益得失等轻易地被社会所改变。童年的白求恩所在的格雷文赫斯特小镇就有很多这样的年轻人，小白求恩感觉他们和安于现状、墨守成规的父母那一代人不一样，一有机会就喜欢追着他们在大街上跑来跑去。

在这种变动的社会关系中，白求恩的母亲却保持着一贯的善良和宽容，这对白求恩的人格形成有着至关重要的影响。由于特定的移民大潮背景，富饶美丽的格雷文赫斯特小镇上也出现了部分居民对外来移民的敌意和反感，对外来移民遇到的困难采取袖手旁观的态度。但是白求恩的母亲非常勤劳俭朴，富有同情心，总是能向那些需要帮助的人热情地提供无私的帮助。

在母亲的影响下，白求恩常常和移民而来的孩子们一起玩耍。母亲总是鼓励小白求恩把玩具或食品让给其他小朋友。这种与人为善的品性，潜移默化地在白求恩幼小的心灵中发芽、扎根、生长。

二、加拿大的一战前经济对白求恩的影响

在中国，一提到加拿大，人们的第一印象就是本书的主人公白求恩。太平洋彼岸的加拿大，地域辽阔，是西方七大经济强国之一；主要经济支柱是对外贸易，对象主要是美国；森林和矿产资源十分丰富，特别是原油储量居世界第二，仅次于沙特；制造业和科技产业较发达；游业也十分发达，居世界第九位。

① 李丽颖.加拿大建国初期修建太平洋铁路的意义[M]//加拿大成功的启迪[M].长春:吉林教育出版社,1991:21.

农业也是加拿大的重要经济来源，特别是盛产小麦，这使得加拿大有了"北美粮仓"的美称。当时流传着一种说法：如果加拿大不往外出口小麦，美国人和欧洲人吃面包都成问题。如果在麦收前的季节来到加拿大，一望无际的田园里到处是金黄的麦浪，随风翻滚。

加拿大经济的迅速发展是在两次世界大战中开始的，加拿大经济非但未受到战争的任何破坏，相反，由于战时军事订货的刺激，还促进了加拿大经济的迅速发展。而20世纪初以前加拿大的经济发展非常缓慢，这种状况很大程度上是受到欧洲的经济和政治影响的结果。这一时期可以被看作是欧洲经济在北美洲北部扩张的过程。欧洲作为加拿大劳动力和主要资本的来源市场，为加拿大早期经济的发展做出了重要贡献①。

加拿大最早的居民印第安人，在远古时期从亚洲东北部越过白令海峡来到美洲，他们使用石器工具，多以捕鱼和狩猎为生，用兽皮制作衣服。部分半定居的居民，从事农业生产，以生活自足为主，他们能做到的只有相互之间物与物的交换，根本谈不上经济贸易的存在。

17世纪初，欧洲人开始殖民加拿大，他们把加拿大作为生产资料来源的主要产地，进行疯狂地掠夺。直到1837年，加拿大的资本主义经济才有了初步发展。19世纪中叶，加拿大通过开挖运河、修筑铁路，把东部各孤立地区的经济联结成了一体，使得东部地区经济发展进入了一个相对快速的阶段。同时，为了促进中西部和太平洋沿岸地区经济的发展，加拿大开始鼓励向这些地区移民，这一举措使得中西部和太平洋沿岸地区的经济也开始有所发展。

19世纪60年代，在英国的支持下，加拿大开始争取自治。直到1867年，英国议会通过了《英属北美法》，允许由新斯科舍、新不伦陆克、上加拿大和下加拿大等省联合成立了联邦制国家——加拿大自治领，标志着加拿大建国。加拿大的经济开始相对独立，进入了一个快速发展时期。

从19世纪末开始到20世纪初，加拿大的资本主义经济经历了自治领历史上前所未有的繁荣，进入了迅速发展的时期。在这一时期，加拿大政府加快了国家基础设施的建设速度，特别是全国性铁路交通运输网。随着横贯大陆铁路干线的完成，大批的加拿大人和外来的移民开始向西部进发，使得西部人口数量在短时期内剧增，大片荒芜已久的土地逐渐被开垦出来，涌现出来大量的农场，西部草原成了世界上著名的产粮基地之一。另外，随着外来移民把新的探矿技术带到加拿大，使得加拿大政府在很多地区接连发现了许多新的矿产资源，从而促进了加拿大农业机械、钢铁、电力等近代工业部门的发展。

正是由于加拿大农业和工业的发展，使得一大批的新型城市不断涌现，比如蒙特利尔、多伦多等，都是在这一时期逐渐发展成为全国经济文化的中心。白求恩就

① 张崇鼎. 加拿大经济史[M]. 成都：四川大学出版社，1993.

出生在这一时期，父母有着稳定的工资收入，良好的物质条件和家庭环境，使得他得到了应有的抚慰和呵护。小白求恩在温馨、安乐的氛围中无忧无虑地成长。

20世纪初，成功开发西部地区成为加拿大经济繁荣最显著的特征，这既要考虑加拿大政府主观方面的努力，也要考虑各种客观的因素条件。从主观方面来讲，加拿大政府的西部移民政策起了很大推动作用：首先，向西部移民开放土地，这使得向西部移民的农民有了最基本的土地保障。其次，取消了烦琐的移民管理政策，简化了移民获得土地的手续。再次，实行优惠的土地政策，规定移民只需交纳一定的手续费，并在规定的年限里开垦出一定数量的土地，就可以将其作为宅地，成为私有财产。然后，积极宣传加拿大的西部草原，邀请各国的记者和农民进行实地考察。最后，在欧洲等地开办了许多移民办事处，方便办理加拿大移民手续。通过加拿大政府的这一系列移民政策，进一步宣传了广袤无垠的西部草原，深深地鼓舞了欧洲人等向加拿大移民的决心。移民的涓涓溪流开始汇成大河，最后则如潮水般地涌向加拿大。加拿大作为一个由移民组成的国家，有着自身巨大的优势。加拿大政府可以根据本国经济发展的需要，制定相应的移民政策，来调控国内移民的质量和数量，从而使其服务于本国的经济。而且，移民作为一个巨大的消费群体，也刺激了加拿大国内需求。从客观方面来讲，加拿大西部的土地资源也起了很大的推动作用，首先，随着美国西部肥沃土地的开垦完毕，加拿大西部的大草原成了北美尚未开垦的唯一沃土，这有助于加拿大吸引移民到西部来。其次，加拿大西部具有成为"世界的粮仓"的潜能。20世纪初，经过经济萧条的洗礼，世界经济开始复苏，欧美国家加快了工业化的进程，对粮食的需求也日益增长。再次，粮食上涨的价格超过其他工业产品，这就使得迁向西部的移民开始大量地种植粮食。

这一时期的加拿大经济出现了迅速的发展，除了受西部地区的成功开发等因素的影响之外，也受到了国际国内环境因素的影响，比如政治、文化等因素。不同时期的大量移民来自世界各地，他们带来了技术、生产经验和不同的文化背景。经济文化的交流，对经济发展非常有利。另外，加拿大人也在各自的岗位上为加拿大的都市化进程贡献着自己的力量，有的人走进了各种工厂，有的开小餐馆，有的人开洗衣房，这些人都对加拿大经济的发展起了一定的作用，加拿大经济的发展也为社会提供了大量的工作机遇。

这一时期的白求恩已经是多伦多大学医学系的学生，弟弟马尔科姆也进入了大学，父亲的薪水已经不够供给他们兄弟两个完成大学学业，家庭的收入出现了不敷支出的情况。白求恩是一个有家庭责任感的孩子，他觉得自己已经到了为父母分忧的年龄，他找到了一个利用课余时间送报的差事，他还经常去餐馆做侍者，或到别的地方帮忙，挣些零用钱。后来又在一艘轮船上当了一个夏天的伙夫，接着又在温索尔干了一阵新闻记者，还在安大略省埃奇利城教过书。这些经历，极大地锻炼了青年时期的白求恩，逐渐让他成长为一个吃苦耐劳、学识丰富的人。

总之，在白求恩出生前后到其青少年这一段时期，加拿大社会经济的发展呈现出一派繁荣昌盛的景象。经济实力的增长也刺激了加拿大人民族意识的觉醒，民族感情开始生根发芽，20世纪80年代末90年代初加拿大人民的悲观情绪早已荡然无存，取而代之的是对加拿大未来的发展充满了无限的希望，一个崭新的加拿大诞生了。

三、加拿大的外交权缺失对白求恩的影响

早期的时候，法国人和英国人先后来到北美洲的加拿大，后来为了争夺地盘发生了战争，最后英国人赢了，加拿大成了英国的殖民地，从那时开始英国女王就是加拿大的最高首领了。后来加拿大脱离了英国的殖民统治，独立为一个国家，但仍属英联邦制国家，英国女王仍然是加拿大名义上的最高首领，但女王会任命一位加拿大人为总督，来代表她在加拿大的权利与地位。女王与总督都不掌握实权，不参与国家的具体事务，有点像日本的王室，是象征意义上的国家元首，而真正掌握实权的是加拿大总理。这在当时的社会民众中是普遍认可的一种政治文化现象。在白求恩故居的客厅墙上，就悬挂着当时的英国和加拿大女王——维多利亚女王和她的丈夫阿尔伯特亲王的照片。

图1-2-3　挂在白求恩故居的维多利亚女王照片

钱磊 摄

时间的指针拨回到16世纪。印第安人是加拿大最早的居民，数量达到了20万左右，社会形态仍处于原始社会阶段，社会组织以家族为基础，组成氏族、部落、部落群和部落联盟。从17世纪初到18世纪60年代，加拿大处于新法兰西殖民地时期。法国人来到加拿大的圣克罗伊克斯岛，建立了最初的居住地，后来迁移到新斯科舍省的罗亚尔港地区。1608年，法国人来到圣劳伦斯河流域，建魁北克城。从此，魁北克城成为新法兰西殖民地的中心。1627年，法国专门成立新法兰西公司来管理殖民地的统治权，包括政治和经济贸易，并负责移民工作，逐渐扩大了殖民地范围。1663年，加拿大的新法兰西殖民地成为法国直接管辖的一个行省。到18世纪初，新法兰西殖民者进一步扩大了殖民地范围，建立了以新奥尔良城为中心的路易斯安那殖民地。

从17世纪后半叶开始，英法两国展开了争夺殖民加拿大地区的长期斗争。直到1763年，根据英法双方签订的《巴黎和约》，新法兰西殖民地转属英国，加拿大成

为了英国的殖民地。英国占领加拿大后，设立了魁北克省，在殖民地实行英国的代议制和英国法律，鼓励英国人和英属北美十三州居民向加拿大移民。自19世纪起，加拿大作为英属殖民地，其外交、经济控制权都归于英国议会及政府管理，这使得加拿大的涉外事务在当时及之后很长一段时期都由英国处理。到19世纪上半叶，向加拿大移民的英国人数量猛增，殖民地经济也发生了巨大变化。

19世纪二三十年代，加拿大人民不满英国人的殖民统治，掀起了反对殖民地资产阶级的改革运动，要求推翻特权集团的垄断统治，改革政府形式，扩大议会权力。直到1867年春，英国上、下两院才正式通过《英属北美法》（即加拿大宪法），其中规定同年7月1日将魁北克省、安大略省、新斯科舍省、新不伦瑞克省实行联合，组成统一的联邦国家——加拿大自治领。由于加拿大自治领是在英国允许的范围内成立的，因此加拿大在政治、经济、司法和外交等领域都不可能获得真正的独立。

图1-2-4和图1-2-5　加拿大建国150周年10加元塑料钞纪念币（图片来自网络）

加拿大成立自治领之后，开始设置各种职能部门管理相应的事务，但英国政府没有同意其设置处理外交事务的专门机构，各种外交事务均交由职能相近的部门处理，这些外交事务也仅仅局限在贸易方面，事实上英国对加拿大的外交控制权继续保留了下来。

因为加拿大的外交权仍然由英国把持着，所以英国政府处理涉及加拿大地区的事务时，首先考虑的是英国本土的利益。在英国人眼里，加拿大的一切事务都必须服从大英帝国的总体利益，为了服从英国的利益，加拿大可以放弃本国的任何权益。

此时的加拿大还只是英国与其他国家外交过程中的利益"筹码"，发生在加拿大与美国之间的边界争端就是一个典型的事件。

19世纪中后期，加拿大政府和美国政府都意识到西部的广袤土地对国家经济发展的重要性，在"开发西部"上都花了很大力气。到19世纪末20世纪初，加拿大和美国的西部地区以北纬49度线为界，北侧是加拿大的马尼托巴四个省，南侧则是美国的威斯康星等五个州，两国新开发的土地已经形成对峙局势，也产生了一些边界争端，特别是阿拉斯加的"锅柄"地带（即沿太平洋海岸向南伸向鲁珀特太子港的约48千米宽的狭长地带）边界问题争议最大。阿拉斯加本来是俄国的殖民地，与加拿大的分界线一直没有明确划定，1867年，俄国将阿拉斯加的所有权转让给美国，

"锅柄"地带的边界问题就遗留给了加拿大和美国。1895年，加拿大在克朗代克地区发现了金矿，一股"淘金热"迅速蔓延开来，这给加拿大带来了巨大的经济利益，而通向金矿区的捷径——林恩运河恰好穿过"锅柄"地带。为了经济利益，加拿大和美国开始争夺林恩运河的归属权。

因为加拿大没有独立的外交部门，缺少独立的外交权，林恩运河归属权的谈判竟然在英国与美国之间进行。于是1903年春，英美双方设立了一个仲裁委员会。加拿大人认为英国政府一定会维护自治领的利益，为加拿大争取林恩运河的归属权，于是全国上下对英国政府寄予了厚望。然而美国的立场非常强硬，而英国政府一心想与美国重修于好，便置加拿大的利益于不顾，最后达成了有利于美国划界方案。

这一结果在加拿大引起巨大的抗议，指责英国出卖了加拿大的利益，加拿大人对英国政府的行径愤怒到了极点，有人就提出由加拿大人来掌控自治领的外交权。林恩运河归属权的争端促使加拿大开始向英国争取自己的外交权，而关键之处就是成立一个专门处理外交事务的机构。

1903年10月，加拿大议会开始筹建外交机构，设立外交部。新的外交部成立之后，在很长一段时期内只发挥了一个"文件处理站"的作用，负责一些诸如管理驻外领事、签发护照等事务，在关键的外交事务上，仍寄希望于英国政府。加拿大政府并没有真正承担起自己的外交使命，直到第一次世界大战前夕，加拿大外交部只是一个不起眼的小部门，在对外上并没有什么大的建树。

白求恩少年读书的时代，正是加拿大缺失外交权的时代，也是加拿大人民反抗英国殖民主义斗争一浪高过一浪地向前推进的时代。幼年时，他就目睹了英帝国主义的蛮横霸权和加拿大人民英勇反抗的故事，在白求恩幼小的心灵里留下了深深的烙印，这也为他一生壮丽的革命事业播种下了根苗。

第三节　心理的发展

一、遗传因素对白求恩心理发展的影响

人的心理发展与遗传因素有着密切的关系。根据统计调查及临床观察，遗传上的易感性在一些人身上也是存在的，以遗传素质为基础的神经类型及各个年龄阶段所表现的身体特征也影响着人的心理活动。

动态地考察个体心理发展整个过程，每个因素在心理发展不同阶段的作用是不同的。在某一时期是相对主要的因素，在另一时期可能变成相对次要的因素，反之亦然。胎儿期心理发展的主导因素是遗传，精子和卵子的质量以及母体内的理化环境，母亲情绪的稳定性和心理健康程度占主导作用，社会因素的作用是极其微弱

的。幼儿期心理发展的主导因素当属游戏，其次是生理因素、家庭环境和家庭教育。学龄期心理发展的主导因素应是教育和学习，成年期心理发展的主导因素就属社会实践。以上说明，在人一生的心理发展过程中，主导因素以及各因素的制约程度是经常变动的，不是确定不变的。

为什么一个孩子的性格或爱好与父母中的一位非常相似，而另一个孩子却可能截然相反？是遗传的结果，还是环境的影响，或是其他因素所致？古往今来，人们都会看到，许多孩子继承了父辈的事业。在许多音乐世家或明星世家，几代人从事着同样的事业且都成就显著，这样的例子数不胜数。一般来说，在每个人身上或多或少，或早或晚都能够隐约地见到其性格中的某些方面相似于父母中的一个。

白求恩的家族有着良好的遗传因素，家族中的多位成员在医学、教育、宗教文化等领域造诣颇深。结合白求恩家族成员的发展成就，白求恩幼儿期、童年期、青少年期的成长经历，不难看出遗传因素对白求恩个性发展的影响。

我们常说，一个人的成功与失败，与个人的性格息息相关。那么，性格与血型、遗传基因有多大关系？常听到血型影响性格，譬如O型开朗，A型偏激、B型激进之类，这种血型性格说，虽然具体结论仍有待证实，但专家认为，血型对性格肯定有着一定程度影响，因为这也是生命科学的一部分。白求恩是O型血。这种血型被称为"万能供血者"。这种血型的人在医学尚不发达的19世纪是能"拯救众生"的人。与A型、B型和AB型血型的人相比具有通用性。白求恩性格开朗、多才多艺、会唱歌、会作画、能经商、能搞发明创造；他在加拿大当医生、在西班牙战场指挥输血车给伤员流动输血、在中国晋察冀边区小庙战地医院给伤员做手术、多次给中国伤员献出他自己的O型血，充分体现了O型血的人的性格特点。

二、家庭因素对白求恩心理发展的影响

在人的个性形成过程中，家庭的影响占有重要的地位。据文化人类学家研究，个性中的信任感、语言能力、交际能力、情绪稳定性、攻击性、爱的表达与交流能力、主动性及自我认同感等，都与家庭环境有着极其密切的关系。家庭影响主要包括父母的个性与特有的教育方式两个方面。对个人心理发展而言，早期教育和家庭环境是影响心理健康的重要因素之一。研究表明，个体早期环境如果单调、贫乏，其心理发展将会受到阻碍，并会抑制其潜能的发展，而受到良好照顾，接受丰富刺激的个体则可能在成年后成为佼佼者。另外，儿童与父母的关系，父母的教养态度、方式，家庭的类型等也会对个体以后的心理健康产生影响。早期与父母建立和保持良好关系，得到充分父爱母爱，受到支持、鼓励的儿童，容易获得安全感和信任感，并对成年后的人格良好发展、人际交往、社会适应等方面有着积极的促进作用。

童年时代的白求恩，是一个颇具冒险精神的孩子。有几件事情足以体现出他胆子大、敢于探索、勇于尝试的天性。比如他小小年纪想体验迷路的滋味他就能故

意走失，让警察把他送回家；他曾带着弟弟不惧危险爬到山崖上去捉蝴蝶；他还曾用小刀割下煮熟的牛腿上的肉，制作牛腿骨标本；小小年纪的白求恩敢于横渡休伦湖；敢于用《进化论》挑战《创世纪》，在家中经常制造"事端"，以至于白求恩的妈妈都说"他是个坏小子"。毫无疑问地，白求恩从小就生活在一个相对稳定、温馨的家庭，作为牧师和传教士的父母给了他健全的头脑、良好的体魄，而他敢于冒险、乐于助人的素质在童年和青少年时期就已有所展现。这一切都对他以后的发展有重要的影响。

三、社会文化因素对白求恩心理发展的影响

工业的发展，促进了人们寻求新的社会伦理思想，特别是一些思想敏感的人们，不满于宗教对雇主的屈从，于是基督教社会主义运动应运而生。与白求恩同龄的青年，都试图从中寻求新的世界。1911年秋天，白求恩读完了大学二年级的课程。这时，多伦多市的工人教师协会和多伦多大学的很多学生都来应聘教员。

1911年9月中旬，21岁的白求恩到多伦多的工人教师协会去报到。在一间拥挤不堪而又十分零乱的办公室里，菲兹帕特里克的秘书接见了他。他告诉白求恩：工作的地点是安大略北部的怀特菲舒附近，维多利亚伐木公司的劳动营地，每周工作6天，每天工作10小时，包括晚上一至两小时的初级班教学，星期天到教堂里去做礼拜，报酬是每月20美元。而且必须和工人同吃同住，取得他们对白求恩的信任。

工作是繁重的，生活是艰苦的，但报酬却是十分可怜的。这是一个严重的挑战，但是，白求恩热情而坚决地回答说行。

就这样，整个冬天，白求恩冒着风雪严寒，在劳动营里奔走。白天，他和伐木工人一起劳动，他的工作是照看电缆和发动机，把大堆的木材从伐木场地里运出来。晚上，教工人识字、唱歌，当然还要讲"福音"，教课完毕，就宿在营地里，和他作伴的是一条大公牛。每当晨曦来临时，大公牛照例"哞——哞——哞"地吼叫，把他从睡梦中唤醒，简直像闹钟一样准时。然后，在大公牛的两只滞呆而可怕的眼睛盯视下，他起身，收拾屋子，盥洗，开始一天的生活。

1914年，第一次世界大战爆发了。这年8月，加拿大政府宣布参战。尽管当时加拿大还没有海军，只有一支3000多人的常备队和7.5万人的现役民团，但是，为了向宗主国英国争取外交上的发言权，尽量地在战场上显示主力军的势态，政府立即颁布了征兵动员令，宣布要派出一支50万人的远征军，开赴欧洲战场。白求恩再有一年时间，就可以毕业了，但他决定放弃学业，报名参加远征军。在多伦多，他报名参军。

初出茅庐的白求恩对于这次大战的性质并不了解。他哪里知道，在政治家们慷慨激昂的言辞后面，是重新分割殖民地、瓜分世界的企图。他最直接的入伍动机是想横渡大西洋，到"美丽的法兰西去"。在他的心目中，法兰西有旖旎的风光，富

丽堂皇的凡尔赛宫，庄严的凯旋门，罗浮宫的艺术珍品和圣母院的庄严钟声。他怀着法裔加拿大人的好奇心穿上军装，和第一师团的3.3万名士兵一起，于这年的10月3日从加斯佩港启程出发。

在法兰西的战场上，白求恩的职务是一名战地救护队的担架员。他出没在枪林弹雨中，没日没夜地把血肉模糊的伤员从战壕抬到救护站去。这是一场人类互相残杀的不义战争。欧洲沦入了灾难和血泊，美丽的法兰西当时是一个大停尸房，是屠场。白求恩开始后悔了。这场屠杀已经开始使他感到震骇了。他看不到战争的光荣，只看到战争的破坏。

有一次，在靠近比利时西北部的伊普雷，发生了一次激烈的战斗，大批的加拿大军伤亡。一颗敌人的霰榴弹在白求恩的身边爆炸，把他的大腿炸伤，露出了骨头。担架把他抬离战场。由于失血过多，他的身子十分虚弱，在法国和英国的医院里躺了6个月。伤口养好后，他被遣送回国。完成了大学的学业后，他加入了英国海军，战争结束前的半年，他又请求调到驻法国的加拿大航空队里当军医。

德国投降的时候，白求恩正在巴黎。庆祝胜利的焰火，把巴黎的夜空装点得五彩缤纷。中心广场上，凯旋门周围，人群在欢呼。灾难过去了，鲜血和生命的代价换来了和平，人们期待着战后和平劳动的日子。白求恩却和朋友们坐在巴黎的小酒馆里纳闷。他们时而放浪狂饮，时而高谈阔论：从爵士音乐到流行的无标点诗，从美国总统威尔逊的"十四点和平原则"到卡尔·马克思的革命主张。白求恩感到迷惘：战争耗去了他的青春，留给他的只是腿上的伤疤。在战后的纷繁的世界里，他应该去追求什么新的理想呢？

资本主义经济危机在全世界蔓延着，持续着，整个资本主义世界的经济处于萧条状态。全世界的工业生产下降了三分之一，贸易额下降了三分之二。工厂倒闭，失业的工人达到三千万。在加拿大，危机是从农业首先开始的，接着是农业危机和工业危机的交织。全国有四分之一的劳动力在到处流浪。他们靠微薄的救济金维持生活：大人每周一元二角，小孩八角。离蒙特利尔二十英里的拉辛，三分之一的婴儿，一出娘胎就停止了呼吸，蒙特利尔和魁北克省当局公布，加拿大的婴儿死亡率比世界上任何地方都严重。

为了寻求正确的答案，白求恩编了一本小册子，在第一页上写着"读报手册"几个字。他的书桌上，放着许多许多人们认为是激进的书籍，他要从阅读对比中，对许多流行的时事概念找出明确的含义。这些概念包括：民主、独裁、工人阶级、资产阶级、社会主义、共产主义、资本主义、民族主义、爱国主义、雇主、失业、罢工……每个概念下面，他都写下定义，然后是记录事实。他以一个医生对待病人一般的精神尝试弄清楚造成社会病态的种种因素。

"你是要成为共产主义者吗？"朋友们问。"我不知道"白求恩不置可否地回答。"我不知道共产主义者究竟是什么样的人，我只知道一点，共产主义者并不是像他的反对派所攻击的那样的人，我不愿意人云亦云地同流合污。""当心被扣上红帽子。"朋友提醒他。白求恩有点激动了："如果把凡是不肯同流合污的人云亦云的人都称作'共产主义者'的话，那么，你可以把我称作是红色分子中最红的一个。"白求恩的政治思想倾向，在当时的社会中，是极具风险的，甚至给他的亲人们带来了不小的困扰。曾经有一段时间，白求恩的一个箱子寄放在姐姐家里，但是由于白求恩"共产党员"的敏感身份，使得一家人终日惴惴难安。现在，这个箱子就陈列在白求恩故居纪念馆内。

图1-3-1　1935年，加拿大共产党在温哥华游行（图片来自网络）

白求恩新的探索是广泛的。他按着政治、经济、哲学等范畴加以分类。理论的探索，如果不把它当作毫无目的的纸上游戏，那么它必然把人们引向实际。何况，俯拾即是的生活实际，不断在叩动白求恩的心扉。1935年，白求恩加入了共产党。从此，他不仅仅是一个医学上的革新家，而且是一个以改造世界为己任的共产主义战士。

1935年夏天，国际生理学大会在苏联的列宁格勒城召开，主持会议的是著名的生物学家巴甫洛夫。加拿大的4名学者参加了大会，其中之一就是白求恩。每一个来自资本主义世界的生理科学工作者，奔赴世界上第一个社会主义国家时，都抱有各自的目的。有的是为了交流科学研究的知识和经验，有的是想会见闻名的巴甫洛夫博士，有的则是借机观光，甚至试图去寻找一些材料对年轻的社会主义国家进行指责。白求恩的目的是什么呢？他和其他几位不一样，不是为了参加一个生理学大会而到俄国去的，更重要的是想看看俄国人怎么生活，其次是看看他们采用了什么办法来扑灭最不容易扑灭的传染病——肺结核。正是为了这个目的，白求恩在出席会议的过程中，没有按照规定的日程行事，也没有坐下来听取那些提交论文的作者一篇一篇地宣读早已准备好的提纲。他认为既然有了书面的论文，满可以在会议之后各自去选择阅读，而现在最重要的事是广泛地了解苏联的社会情况，从而把世界上各色各样的人们对社会主义的谩骂、谴责、嘲笑、怀疑都了解个清楚，作出自己的判断。科学的敌人是无根据的轻信，他将通过事实促进自己的思考。所以，他参加了会议隆重的开幕式，会见了巴甫洛夫博士之后，就单独行动了。他自由自在地逛列宁格勒的大街，看琳琅满目的商店的橱窗，参观美术馆，甚至在涅瓦河里游泳。在苏联的公共卫生人民委员会的安排下，他参观了医院、疗养院，研究苏联防治肺结核的方法。

当时的苏联是一个举世瞩目的、富有神秘色彩的国家。帝国主义者悔恨，18年之前，当这个社会主义国家处于"摇篮"时期时，没有把它掐死。如果拿人来作比喻，它现在已经十八岁了，正处在富有活力、精力充沛的青春期。法西斯主义者则跃跃欲试，把炮口对着苏联，耀武扬威地叫嚣要消灭共产主义的威胁。1933年，日本军国主义在苏联边境进行挑衅，德国的纳粹党则向苏联提出对乌克兰的领土要求。另一方面，全世界的共产主义者，广大的劳苦大众，则把第一个社会主义共和国看作是体现自己政治理想的标本。在资本主义世界大萧条的年代里，斯大林领导的苏联昂然屹立着。它粉碎了帝国主义的武装干涉，镇压了剥削阶级的反抗，度过了1920、1921两个饥荒的年头，从十月革命开始，轰轰烈烈的五年建设计划在辽阔的土地上蓬勃展开。4年零3个月之后，产业工人的人数增加了一倍，工业生产量也增加了一倍。

白求恩在苏联逗留了两个月，由于假期的限制，他不可能用更多的时间去详细研究苏联的全部医疗事业。他搜集了一批关于苏联生活的小册子、医学论文和书籍。在回国的时候，他的全部印象集中到一点，就是一个新的试验正在古老的俄罗斯土地上进行着，它将对全世界人们的生活方式产生深远的影响。

从苏联回来以后，白求恩和朋友们的讨论常集中到建立社会化医疗制度的问题上。他早就认为，医学应该有新的概念，医生们应当从挂牌行医、借看病来捞取金钱的旧观念中摆脱出来，为那些真正需要治疗而又无力支付费用的劳苦人们服务，而政府、社会，应当为之提供资金。为此，他考察了许多国家的医疗制度和医疗史，并且和纽约的社会化医疗联盟的福尔克大夫通信联系，因为他曾经写过一本名为"医疗组织的现状和未来"的小册子。白求恩从这些材料的对比研究中，饶有兴味地提出要建立一个使结核病患者尽快得到康复的"模范城"。在那里，有完备的医疗设施，有空气清新的花园，有商店，还有先进的实验室。画家布兰特纳专门为白求恩理想中的"模范城"绘制了彩色的草图。白求恩预料，这样的一个新设想，并不是所有的大夫都能一下子接受的。他知道，医务界对社会化的医疗制度的认识并不是一致的。因此，他首先联系了那些对社会化医疗制度兴趣特别浓厚的医生、护士和社会工作者，想以他们为核心来广泛地对社会施加影响。于是，他们经常在一起讨论，他的公寓也就成了人民卫生小组的活动场所。

这一时期，在加拿大的社会生活中，有两件事情使卫生小组的人们产生一种紧迫感：第一件是蒙特利尔的失业工人救济总会建立了医疗救济委员会。会议提供的资料令人感到怵目惊心：98万人口的蒙特利尔城，有17万人要依靠救济金来维持生活，而在魁北克省，失业工人的人数占全加拿大的12%，由于经济的萧条，可能失业的人数将越来越多。第二件是当年7月将要举行省级选举。卫生小组的人们认为，有必要及时制订一个实行社会化医疗的提案，向政党的候选人和社会大众发出呼吁，一旦提案被通过，那么，政府和社会就该建立资金自主"模范城"。

西班牙的战火是在这一年的7月燃起的。10月间的一天下午，一位素不相识的客人来到白求恩的住所。他是加拿大援助民主西班牙委员会的一个负责人。白求恩不能容忍德意法西斯肆无忌惮的暴行，他懂得反侵略战争的意义。他接受了援助西班牙的任务，登上"英国皇后号"邮轮，驶向大西洋彼岸的西班牙。11月3日，一个寒冷阴雨的早晨，白求恩到达西班牙首都马德里。敌人正在对这个城市进行猛烈的轰炸。到处是坍塌的建筑和碎石瓦砾，空气中夹杂着浓浓的硝烟。

在西班牙战场上，白求恩创建的战地输血队成功了。白求恩成为第一个把血库送到战场上的医生。四个多月的时间里，在马德里，在亚拉玛，在马拉加，在瓜达拉哈拉，在巴塞罗那，凡是战斗最激烈的地方，都可以看到白求恩和他的队员们开着那辆装有全套输血设备的汽车舍生忘死地援救伤员，每当他们出现在火线的时候，战士们都会情不自禁地呼喊起来："输血队万岁！加拿大万岁！"

结束对西班牙的援助，回到美国后，白求恩从广播中听到日本发动了侵华战争，他开始注意中日局势的发展。同时，他专程到设在纽约的援华委员会了解中国情况。白求恩得知，在中国，毛泽东领导的八路军为抵抗日本法西斯的侵略，正在浴血奋战，他在自己的演讲里发出了新的迫切的呼声："在西班牙，法西斯在向二千四百万人民进攻。现在，在中国，法西斯又发动了对地球上近四分之一人口的进攻。如果他们的侵略政策继续推行，我们就大可怀疑任何男女老幼在这个世界上是否还有安全。"

正是在此期间，白求恩先后阅读了美国记者埃德加·斯诺所写的《红星照耀中国》和美国作家艾格妮丝·史沫特莱女士所写的《红军在长征》两本书，使他全面地了解到中国正进行着现代史上最伟大的一场革命，深刻认识到中国革命实践的深远意义。

一个想法在白求恩的脑海里逐渐形成：到中国去，到抗日前线去。

白求恩的提议得到了加拿大共产党和美国共产党的共同支持。他们决定让白求恩率领加拿大护士琼·尤恩和美国外科医生帕尔森到中国支援抗日战争。

"亚洲女皇号"邮轮横渡太平洋后抵达香港。白求恩一行随即乘飞机抵达武汉，这时，白求恩了解到，日本法西斯在南京实行了惨无人道的血腥大屠杀，现在正向南步步逼近。由于十几万国民党军队仓皇撤退，就连作为国民政府陪都的武

汉，也已经处于日本飞机的轰炸和骚扰之中。

白求恩的所见所闻让他看清了国民党政府的所谓"抗战"，只不过是欺骗世人的幌子。

两天以后，白求恩如约来到长江北岸的八路军驻武汉办事处，与正在这里工作的中共中央革命军事委员会副主席周恩来会面。周恩来平易近人的举止，使白求恩顿时有一种宾至如归的感觉。周恩来向白求恩详细介绍了抗日战争的形势和中国共产党的抗战政策，并说明，中共中央一直通过各种渠道争取国际援助，对于来自一切友好国家的人员或物资的支援都是欢迎的。白求恩全神贯注地听着，并仔细地在他的小本上做着笔记。周恩来表示希望白求恩他们先在后方适应一下各方面环境，然后再去前线。白求恩听后，立刻抢着说道："不，不，周恩来同志，我来中国是要到前线的，现在抗战形势紧迫，请你尽快安排我上前线去！"望着这名年近五十的外国医生的急切神情，周恩来深受感动。他点点头说："好吧，山西、察哈尔和河北三省的晋察冀地区，是我们第一个抗日根据地。可以考虑到那里去工作。不过，我建议白求恩同志先去延安，从那里去晋察冀前线更安全一些。"

白求恩立刻表示同意，他请周恩来尽快做出安排。望着性急的白求恩，周恩来表示立即同八路军驻西安办事处联系，并转报中共中央和八路军总部。会谈结束后，周恩来一直把白求恩送到办事处的门口，他们微笑着道别，两双手再一次紧紧地握在一起。

【本章结语】白求恩从父母那里遗传了带有其家族特征的性情、性格，坚韧而执着，甚至有些执拗。家庭中那浓郁的基督教文化氛围涵养了他"与人为善、善待他人"的人文情怀，进而在其成长过程中，在其目睹了社会大众，尤其是处于社会底层民众的生活状态，以及国家面临的社会问题后，逐渐形成了强烈的奉献社会的社会责任感和使命感。尤为可贵的是，他以祖父为榜样，自小就立志学医，立志成为一个对他人有帮助、对社会有贡献的人。从小确立的这个志向、从小确立的这个目标，成为他一生不懈奋斗的动力源泉。犹如17岁的马克思在其中学毕业论文中写到的要立志选择"最能为人类福利而劳动的职业"一样，一个人从小，尤其是在青年时代的"立志"，对于其成长与成才至关重要。

第二章　作为医学生的白求恩

"实践的结果不重要，重要的是实践本身……用熊熊燃烧的激情去维持这种实践带来的快感才是生活的成功。"

——白求恩

青年白求恩　张修航 绘

【本章导语】近代实验科学诞生以来，极大地推进了科学的发展和技术的进步。后者一方面有效地提升了社会生产力水平，进而促进了社会经济的快速增长；另一方面，普遍形成了"知识就是力量"的社会观念，进而促进世界范围内的高等教育体系的形成。不同于以培养人的综合素质以助力其成长为宗旨的普通教育，高等教育是在此基础上的职业定向教育。高等教育不断向社会输送各类专业人才，不仅进一步促进科学、技术、经济、文化等的可持续发展，更促进了具有现代意义上的人类社会劳动分工及其职业化的形成。

白求恩从小立志学医，要做一位像爷爷那样受人尊敬的外科医生。在他长大以后，克服种种困难，如愿进入多伦多大学，成为一名医学生，学习他钟爱已久的医学专业。在大学期间，白求恩接受了怎样的教育和训练；20世纪初，加拿大的医学教育有着怎样的特征；那个时代背景下的医学教育对白求恩一生的职业生涯有着怎样的影响；这一切对当下我国的医学教育又有着怎样的启示。

第一节　构建完备的专业知识结构

时间定格在1909年10月，地点是多伦多大学。这一天的多伦多大学比以往更热闹，校园里随处可见前来报到的新生，他们脸上洋溢着微笑，有踏入大学校园的喜悦，也有对日后大学生活的期盼。一百多年的时光匆匆流过，当年多伦多大学里的故事，许多都被历史的黄沙掩埋。然而，有这样一个人，他的故事，在百年之后依然让人热泪盈眶。当时的他，风华正茂，未来的道路虽充满着不确定性，但他心向往之。他并不知道日后在多伦多的学业与生活并非一帆风顺，而是跌宕起伏，语言障碍会阻碍他的学医之路，学费会成为肩上的重担让他不得不四处奔波，爆发的战争会让他学业中断。他也没有想到，他的坚定、执着，以及这所有的苦难，赋予了他无穷的力量，让他在学医路上不懈前行。他就是白求恩。

白求恩的医学生阶段跨度是从1909年10月去医学院报到，到1916年12月在多伦多大学本科毕业。更广义的学生时代可追溯至1923年通过考试，成为英国皇家外科医学院的临床研究生。这十余年来，白求恩对知识的渴求从未停止过，他努力汲取着专业知识，丰富着自己的知识结构，而这些将在日后成为他在医学海洋里前行的动力。

医学生的知识结构是指存在于医学生的意识之中，以医学专业知识为主的多学科、多层次相互联系构成的知识系统，具有运用结构中的医学知识和相关学科知识处理医学实践中专业问题的认知功能，也具有在实践中不断学习，促使知识结构自身不断完善的构建功能[①]。从知识内容上看，医学生的知识结构可以划分为专业知识和外延知识。医学专业知识结构包括：防治疾病所必须具备的有关人体结构、功能的知识以及使用科学仪器诊断、治疗疾病所需的相关知识等。而医学教育肩负着为医学生形成合理知识结构奠定基础和构建基本框架的重任。纵观古今中外的杰出人物，即使学术水平、科学造诣、品德修养、社会见解各不相同，兴趣爱好差别很大，但也有共同特点，那就是他们都具有渊博的知识和合理的知识结构。因此，有必要通过探寻白求恩学生时代专业知识和外延知识的掌握过程，来深化对构建合理

---

① 刘虹. 论医学生知识结构的合理类型[J]. 医学教育, 1995（3）: 8-10.

知识结构重要性的认识，并进一步启发对医学教育的思考。

一、系统学习医学专业知识

漫步在多伦多大学校园里，古老的英式建筑覆盖在皑皑白雪下，庄重而颇具历史气息，它们见证了无数医学精英的成才之路，更是一个个怀揣着医学梦想的医学生奔跑的起点，白求恩汲取医学专业知识肇始于此。医学专业知识是进行专业工作的理论基础，主要包括本专业的基本概念、原理、定理、定律以及它们之间的相互联系和规律性[①]。充分掌握专业知识对医学生知识体系的完善，能力的提升，思维的形成极其重要。医学专业知识学习过程不同于其他专业，主要具有以下特点：课程专业性强，学习科目繁多；学业繁重，过程艰苦；理论与实践需紧密结合。因此，要建立合理的专业知识结构，需要结合医学专业知识的学习特点，学好教学计划规定的各门课程内容，夯实本专业所需的知识基础。

处于医学生阶段的白求恩，由于特殊的历史时期和独特的个人经历，其专业知识建立的过程充满曲折和坎坷。立志学医的白求恩进入多伦多大学后，由于之前未上过必修课——希腊语或德语，没能直接进入医学院学习。语言障碍并没有让他轻易放弃学医的念头，他利用两年的时间通过选修、补习相关课程取得了进入医学院学习的资格。但白求恩却没能立刻入学，经济负担成为压在他肩上的重担，为了能够维持在医学院的学习和生活支出，他决定休学一年。坚定的信念支撑着他，对学医的向往支撑着他，肩上的负担哪怕再重，他都坚持不懈，迎难而上。终于在1912年10月3日，白求恩如愿去医学院报到了。

图2-1-1　冬季的加拿大多伦多大学校园　崔久嵬 摄

---

① 梁莉，曹励之，李清香，等. 开展教学活动加强医学生核心知识与核心能力的培养[J]. 中国现代医学杂志，2003，13（18）：157-158.

他花了大量时间在工作上，经济上勉强收支平衡，但学习时间却大大缩水。1914年，白求恩24岁，这一年的7月28日，第一次世界大战爆发，英国向德国宣战，白求恩报名应征，成为多伦多报名应征的第八个人。由于医学背景，白求恩被分配到加拿大陆军医疗团第二野战医院。1915年2月，他终于可以投身战斗了，但同年的11月3日，一片弹片击穿了白求恩的左腿，他因伤而退伍，返回加拿大继续学业。

图2-1-2　1914年白求恩中断学业应征入伍

图由北京白求恩精神研究会常务副会长兼秘书长栗龙池提供

到达多伦多后，白求恩立即返回学校，参加了一个由医学界发起的，为响应加拿大政府培养年轻医生入伍的号召而开设的速成课程，他始终没有忘记自己的医学生身份，积极学习并掌握医学专业知识，在医学的道路上坚持不懈地前进。最终，学习、打工与参战交织的大学医学生涯以1916年12月的毕业典礼作为谢幕。在多伦多大学的这几年中，白求恩以梦为马，不负韶华，在打工与参战中积累了社会经验，在坎坷与磨难相伴的大学生活中汲取了医学专业知识，在学医路上负重前行。

考虑到大学学习是专业知识建立的重要途径，我们着重考察了白求恩处于医学生阶段时多伦多大学的课程设置。通过调研多伦多大学图书馆的文献资料，我们找到了白求恩所在大学一年级和同时期其他几个医学院的课程表。多伦多大学医学院在1912年至1913年度大学一年级的课程包括解剖学、生物学、哺乳动物解剖学、应用生物学、组织学与胚胎学、无机化学、有机化学、应用化学、物理学及应用物理学。对比今天医学院的课程设置与多伦多大学医学院及同时期其他四所院校一年级至四年级的课程表，不难看出，一百年前的医学课程设置与当今我们所学课程的整体构架并没有本质的改变，课程涵盖了医学相关的自然科学知识，但重点突出了专业知识；既重视基础理论，又兼顾临床知识和技能。

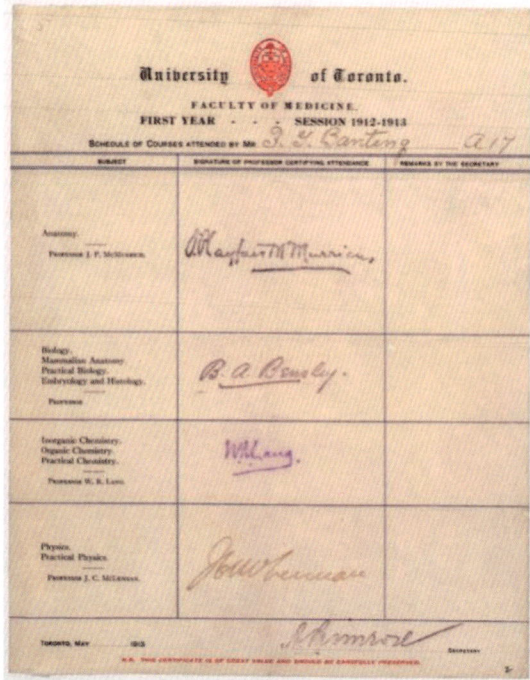

图2-1-3　1912—1913年多伦多大学医学院第一年课程　图为2018年10月赵祎婧提供

图2-1-4　《弗莱克斯纳报告》中四所大学医学院一至四年级的课程设置

图为2018年10月赵祎婧提供

表2-1-1　同期四所医学院校一年级课程表

western reverse university 西储大学 （每年32周）			纽约大学 （每年32周）		Medico-chirurgical college （每年32周）		阿拉巴马大学 （每年28周）	
第一年								
解剖	讲述教学课	实验课	**解剖**	小时数	**解剖**	小时数	**解剖**	小时数
比较解剖学			讲座&背诵课		讲座（lectures）		讲座（lectures）	
描述解剖学			示范		示范		背诵课	
内脏学			实践工作		背诵课		比较解剖学	
神经学			**组织与胚胎学**		解剖		应用解剖学	
解剖			实验室工作		**组织与胚胎学**		**无机化学**	
显微技术			讲座&背诵课		讲述教学课（didactic）		化学物理学	
组织学			**生理学**		实验课		化学实验	
显微解剖学			讲座		**生理学**		**生理学（第一年里没有）**	
胚胎学			背诵课		讲述教学课		**生理化学**	
生理生化			**化学和物理**		实验课		**生物学、组织学&胚胎学**	
实验生理学			讲座		**化学**		实验室工作	
生物化学			无机化学（2/3）		讲述教学课		**药学（pharmacy）**	
有机化学			有机化学（1/3）		实验课		讲述教学课（didactic）	
			背诵课		**普通病理学**			
			实验室工作		讲述教学课			
					卫生学			
					讲座（lectures）			
					背诵课			
					药物学（materia medica）			
					讲座（lectures）			
					背诵课			
					药学（pharmacy）			
					讲座（lectures）			
					实验课			
					背诵课			
					包扎和手术			
					敷料			
					实际操作（practical）			

表2-1-2　同期四所医学院校二年级课程表

第二年								
解剖	讲述教学课	实验课	**解剖**		**解剖**		**解剖**	
描述解剖学			讲座&背诵课		讲座（lectures）		讲座（lectures）	
解剖			示范		示范		背诵课	
应用解剖学			实践工作		背诵课		应用解剖学	
生理生化			**生理学**		解剖		**化学**	
高等实验心理学			讲座&背诵课		**生理学**		讲座（lectures）	
高等生物化学			实践工作		讲座（lectures）		**生理学**	
讲座&背诵课			**化学**		背诵课		讲座&示范	
病理学与预防医学			讲座		示范		实验室工作	
细菌学			有机化学		实验课		**药物学（materia medica）**	
原生动物学			生理学化学		**化学**		讲座（lectures）	
综合病理和病理组织学			毒理学		讲述教学课（didactic）		**组织学**	
交叉病理解剖学			背诵课		实验课		讲座（lectures）	
药理学（pharmacology），药物学（materia medica）&治疗学			实验室工作		**系统生理学**		实验课	
药理学、毒理学、处方书写			**药物学（materia medica）药理学**		讲座（lectures）		**细菌学**	
实验药效学			讲座		实验课		讲座（lectures）	
系统药理学			背诵课		**细菌学**		实验课	
检体诊断			实验室工作		**卫生学**			
小型外科手术&包扎，外科背诵课			**病理学**		讲述教学课（didactic）			
			讲座		实验课			
			背诵课		**药理学（pharmacology）&疗法**			
			实验室工作		讲述教学课（didactic）			
			lantern demonstration **elementary clinic（基础诊所）**		**检体诊断：常规的**			
			检体诊断		实践			
			外科手术		**检体诊断：病理学的**			
			实践工作		讲座（lectures）			
			诊所		示范			
					系统病原学和症状学			
					讲座（lectures）			
					外科病理学			
					讲述教学课（didactic）			
					实验课			
					外科手术热和感染			
					讲座（lectures）			

表2-1-3　同期四所医学院校三年级课程表

第三年			
解剖 应用解剖学 **病理学与预防医学** 交叉病理解剖学 解剖技术 卫生学与预防医学 **药理学 (pharmacology)，药物学 (materia medica) &治疗学** 药理学 (pharmacology) 治疗学 高等处方书写 **内科 (medicine)** 检体诊断 内科和临床内科 临床用显微镜 内科药房 (medical **外科** 病史采集 外科诊断 骨折脱位 泌尿生殖器外科 手术原则 临床外科学 外科病理学 外科药房 (surgical dispensary) 眼、耳、鼻、喉 **妇产科** 产科 妇科	**病理学** 示范 应用病理学 细菌学 **药理学 (pharmacology)** 讲库 (lectures) **治疗学** 讲库和背诵课 **内科** 讲库和背诵课 部门工作：医院、药诊所 儿科疾病 **外科** 讲库和背诵课 部门工作：医院、药房、床边诊所 外科手术学 **产科学** 讲库和背诵课 儿童工作 (manikin work) 产科医院 **妇科** 背诵课和示范	**解剖** 应用解剖学 **病理学&细菌学** 病理学 细菌学 外科病理学 **治疗学** 讲库和背诵课 治疗诊所 (therapeutic clinics) 外方调配 **内科** 内科和临床内科 病理生理诊断 儿科疾病 神经精神疾病 病史采集 **外科** 讲库和背诵课 门诊 外科手术学&包扎, 矫形外科 **妇产科** 产科 妇科 **专科** 眼科 喉科 耳科 皮肤学 **医事法学和毒理学**	**解剖** 眼耳鼻喉解剖学 **病理学** 讲座,背诵课,实验课 **治疗学** 讲库和背诵课 电疗法 **内科** 讲座和诊所 检体诊断 临床诊断 **外科** 讲座&门诊 **产科学** 讲库和背诵课

表2-1-4　同期四所医学院校四年级课程表

第四年			
病理学与预防医学 卫生学 预防医学 法医学 **内科** 内科和临床内科 检体诊断 病房和门诊室 (ward clinics) 床旁工作 药房 临床用显微镜 儿科疾病 神经系统疾病 皮肤病学和梅毒 医学伦理学、经济学、X光线学 **外科** 外科诊断 背诵课 临床外科学 药房外科学 病房工作、临床用显微镜、分配病例 眼科 眼科药房 耳鼻喉 **妇产科** 产科 儿童工作 (manikin work) 临床妇科学 药房妇科学	讲述教学课　临床 **病理学** 会议/讨论会 病理化学 尸检 **治疗学** 会议/讨论会 卫生学 特别专题 **内科** 背诵课&门诊 部门工作 神经病学 儿科疾病 精神病 皮肤病学 **外科** 背诵课&门诊 部门工作 泌尿生殖器外科 矫形外科 **妇产科** 产科 妇科 **专科** 眼科 耳科 喉科	**病理学** 尸检 **治疗学** 应用治疗学 **内科** 理论和实践 临床医学 医学药房 儿科疾病 儿科疾病 神经精神疾病 皮肤病学 药房皮肤病学 **外科** 讲座和背诵课 门诊 泌尿生殖器外科 矫形外科 眼科 喉科 耳科 **妇产科** 产科 临床产科和儿童工作 妇科 妇科病房门诊 (ward clinics)	**内科** 医疗诊所 神经精神疾病 热带医学 国家医疗 药房：所有学科 皮肤病学 **外科** 讲库和背诵课 门诊 外科手术学 泌尿生殖器外科 医院部门工作 **妇产科** 产科讲座 妇科讲座 **其他学科** 卫生学与医事法学 耳鼻疾病 眼喉疾病 眼科学

同时代的美国著名教育改革家亚伯拉罕·弗莱克斯纳认为，从科学训练的角度出发，医学课程体系应由三部分组成：第一部分包括物理、化学、生物等基础科学；第二部分包括解剖学、生理学、药理学、病理学、细菌学等实验室科学；第三部分包括内科、外科、产科等临床科学。三部分环环相扣，层层递进，应通过阶段性的医学教育让医学生逐步理解从基础科目到临床应用的过程。弗莱克斯纳说："正如我们所看到的，从长远来看，医生的专业能力就像工程师一样，依赖于他对基础科学的掌握程度。"由此可见，医学相关知识和专业知识的掌握对于医生的成长之路是十分重要的。他进而指出，既然物理、化学、生物是医学教育最根本的基础，就必须在正规教育过程中向学生提供这些知识。但是这些课程太广泛，难度太大，不能完全包含在中学课程中，因此它们需要比中学生更为成熟的大学生来学习，只有将这些课程有计划地安排在高中课程和本科学院的基础课程当中，学生才能对之进行扎实系统的学习，以帮助深入理解后续所学的专业课程知识。

弗莱克斯纳从1906年开始系统考察美国和加拿大的155所医学院校，并于1910年发表了被认为是现代医学教育基石和世界医学教育发展里程碑的《弗莱克斯纳报告》。虽然报告中指出了当时医学院校存在的诸多问题，但是，对当时白求恩所在的多伦多大学医学院却给予了高度评价。多伦多大学被认为具有良好的师资力量、教学条件和教学基础设施，被评价为美洲大陆上拥有最好教学实验室、图书馆、博物馆、教学设备的医学院，是一所与时俱进、不断追求高质量医学生教育的高校。白求恩在这样杰出的医学院校学习，在医学专业知识上也自然打下了坚实的基础。同时，一流实验室的教育和培训，也为白求恩后来在科学研究中打下了扎实的实验基础。可见，当时在多伦多大学接受全面、系统、科学的医学专业知识教育对于医学生阶段的白求恩十分重要。

在《弗莱克斯纳报告》发布之后，大多数西方国家进行了具有针对性的医学教育改革并取得了重大成果。胰岛素和青霉素分别在1922年和1928年被发现，随之而来的多个其他医学重大发现反之又极大地改变了医学教育模式和医疗服务模式。其中，胰岛素的发现者之一——弗雷德里克·格兰特·班廷是白求恩的同学[①]。而今班廷和白求恩的塑像也都被展示在多伦多大学的校园里。

---

① 孙竞翰，沈小尉. 多伦多大学及医疗卫生信息资源简介[J]. 医学信息，2010，5（12）：3817-3818.

图2-1-5　多伦多大学1917年医学院毕业照，第一排左三为弗雷德里克·格兰特·班廷，
左八为亨利·诺尔曼·白求恩　崔久嵬 摄

图2-1-6　弗雷德里克·班廷塑像　崔久嵬 摄

图2-1-7　亨利·诺尔曼·白求恩塑像　崔久嵬 摄

由此不难看出，在医学生阶段是否掌握完备的专业知识，决定了他们将来能否成为合格的医生，能否保证医疗工作质量与水平，更决定了他们未来能够达到的专业高度。在多伦多大学掌握的医学专业知识，让白求恩具备了完备的理论基础、坚实的实验技术基础和不断学习创新的意识，为其日后的行医之路奠定了扎实的基础。

二、充分汲取医学外延知识

19世纪德国病理学家威尔啸曾说过："医学本质上是社会科学。"随着人类对医学认知的不断进步，可以明确地讲：医学同样是人文科学，是集自然科学、社会科学和人文科学于一身的综合性应用学科。

诚然，除了需要掌握以学科为出发点，与学科相关，有助于形成架构和基础的专业知识外，医学生还需根据自身的兴趣、医生的职业需求、医学的学科需求、个性发展掌握相应的外延知识。外延知识是本专业知识以外的知识，对于医学生而言，哲学、文史知识、艺术等都属于外延知识的范畴。[①]涉猎多种知识可以构建丰富的知识体系，全方位提高个人素养。

高尔基在《文学的世界性》中曾说过："人的知识愈广，人的本身也愈臻完善。"作为医学生的白求恩，除了不断丰富自己的专业知识，还在不断拓展自己的外延知识，提升对自己、对社会、对世界的理解与认识。这种认知能力的提升，自然而然地促进医学生对生命、健康、疾病、死亡、诊治等医学基本范畴的理解，进而更加精准而透彻地理解医学的使命、医生的责任。白求恩的故事让我们心生感动，热泪盈眶，并非仅仅是因为他高超的医术，而是因为他的赤诚之心。这份赤诚，离不开他作为医生的敏锐社会洞察力和深厚人文情怀，这些并不是专业知识赋

---

① 　岳金莲.艺术文化素质教育与医学生新型知识结构的构建[J].艺术教育,2008(8):142.

予他的，而是丰富的社会经历和外延知识赋予他的。

　　人一旦进入审美的范畴，他和外界社会的关系就会很不一样，不仅要通过自己的眼睛客观理智地来看世界，而且还要带着感情的眼光来看世界。白求恩兴趣广泛，喜欢素描和阅读，具备很高的艺术天赋。在英国伦敦的儿童医院进行实习期间，他结交了很多艺术家朋友。虽然没有经过艺术上的专业训练，但由于频繁地参观艺术馆，以及艺术圈朋友们的熏陶，并通过阅读和自学，他很快学会了鉴别艺术品的能力。尤其值得一提的是，他曾经的绘画创作。

　　对艺术的热爱激发了白求恩对生命的热爱与体悟，对医学问题、社会问题的哲学思考。他一生热爱艺术，曾创作了很多艺术作品，包括系列壁画《结核历程》、油画《午夜急诊》、广播剧《病人的两难抉择》、自画像等。长达二十米的《一个结核病人的历程》展现在我们眼前，这幅创作于接受肺结核治疗过程的画卷勾勒了他从生到死的具有讽喻意义的戏剧般的人生。我们看到了他童年抵御各种疾病的痛苦，年轻时经受名誉、财富、爱情诱惑时的迷茫，染上结核跌入深渊的绝望，再次受名利所累时的无助，最终遭遇死神威胁时的无能为力。这一系列壁画既是他对自己"罪行"的坦白，也是他给自己的讣告。在创作过程中，他清醒地认识到过去的他没有抵挡住诱惑，以至于无法获得梦寐以求的高尚成就，他希望抛弃过去的人生，重新开始，去做对人类有益的事情，去做伟大的事情。他由此进入结核医学领域，开展研究工作，改进手术器械，向一名真正的胸外科医生努力。

图2-1-8　系列壁画《一个结核病人的历程》中的最后一幅——《在死亡天使的怀中》

（图片来自网络）

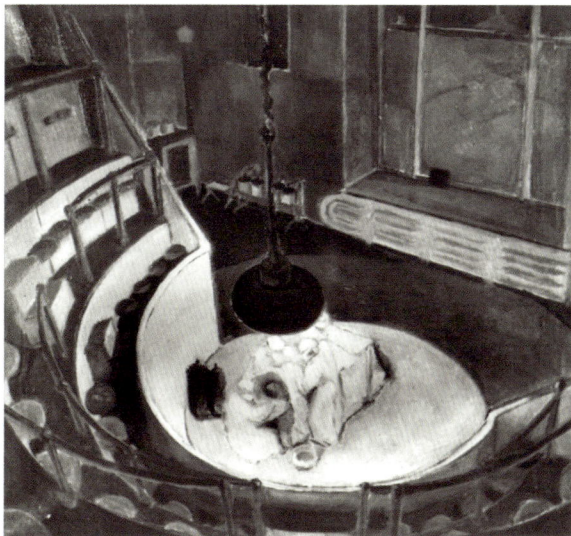

图2-1-9　白求恩画作《午夜急诊》（图片来自网络）

图2-1-10　自画像（图片来自网络）

广播剧《病人的两难抉择》创作于他了解到大众媒介的传播优势后，他意识到，仅依靠外科技术的发展，不足以战胜结核病，希望借助大众媒介，普及结核病症状和治疗知识。此外，油画《午夜急诊》展示了一名外科医生和助手们在空旷的手术室中围在病人身边的场景，这幅展示医学人文素养的画作曾在画展上获奖。

在艺术领域的外延知识赋予了他对新事物孩童般的好奇心，也赋予了他敏捷的思维和灵性，这些创作有助于使白求恩对过去为名利所累的生活进行反思，还给予了他成为真正的医生所必须的人文素养和洞察力。白求恩曾说过："艺术家的作用是扰乱，他的责任是唤醒沉睡的人，动摇世界上自满的人。在害怕改变的世界里，他鼓吹革命——生活的原则。他是一个煽动者，一个扰乱和平表象的人——急躁、缺乏耐心却又积极、主动。他富有人类灵魂中的创造精神。"对艺术的热忱，赋予了他广阔的人生方向和对医学事业的激情，也赋予了他对社会疾苦感同身受的能力。

除白求恩外，许多医学大家也都在文学、绘画等领域有着很深的造诣。朗景和不仅仅是国内首屈一指的妇科专家，他的另一重身份是作家协会会员。他所著的《一个医生的非医学词典》将科学、哲学、人文融合在一起，赋予现代词汇全新的诠释与内涵；《一个医生的故事》则用质朴感人的笔法写出了浸润着医者仁心的五十年从医岁月。同白求恩一样，他们对艺术的追寻使他们对自己、对社会、对世界的理解与认识更加透彻，用自己的作品向世人展现出不同的世界。

外延知识的范围极广，白求恩所追寻的艺术便是其中之一。在白求恩求学的年代，受当时教育环境以及教育条件所限，医学院所开展的课程以专业知识以及专业相关知识为主，并未注重外延知识课程的开展。白求恩外延知识的积累更多来自自身、家庭以及社会环境的影响。与生俱来的天赋以及对艺术的热情指引白求恩一路向前，收获颇丰；白求恩父亲——马尔科姆·尼科尔森·白求恩热爱文学，语言表达能力强，也对他的文化素养起到了潜移默化的影响；多元文化和移民政策构成了加拿大这个国家独具魅力的人文风景，也成为白求恩的文化素养的基础。

随着时间的推移，医学模式在不断地改变，医学教育模式也发生了重大变革，越来越多的医学院校开始开展外延知识相关课程。自20世纪70年代以来，疾病谱和死因谱的改变、对健康保护和防治疾病认识的深化，医学科学发展的社会化趋势，促使医学模式从生物模式向生物-心理-社会模式转变[①]，医学更多地与自然科学、社会科学、人文科学等相互渗透融合。患者不仅仅是疾病的载体和医疗技术施予的对象，病人精神层面和心理层面上的需求同样值得医生的关注。正如《弗莱克斯纳报告》所言，"一名医生如果仅仅依赖专业知识和技术就想成就其职业生涯是很难的，因为医生必须面对病人两方面的问题，专业知识和技术只能解决其中一方面的问题，同时医生还必须具备另外一种完全不同的洞察力，去感知病人心灵深处那些更加敏感、更加细腻的部分，而后一方面对医生而言既是最重要的也是最难做到的。医生要增加这种洞察力，需极富同情心并增加自身的文化底蕴。"每个医学生和医务人员都应注重提升个人的综合素质，在掌握医学专业知识的基础上，充实拓展外延知识，丰富人文情怀，像白求恩一样以善良之心、怜悯之情对待每个病人，尽可能地去安慰、去帮助、去治疗。

加强医学生综合素养的重要途径之一是开展与外延知识相关的教育课程。当今，国内外有越来越多的院校认识到外延知识的重要性。哈佛大学要求每个学生在大学期间，在以下每个领域至少修一门一学期的课程：美学与阐释、文化与信仰、伦理思考、生命系统科学、物质世界科学、世界上的社会等；耶鲁大学的本科生课程，并不包含职业技能学习，而是传授所有职业都需要的基础知识与技能，促使学生思维能力的平衡发展，使学生具备开放与全面的视野以及均衡发展的能力；日本大学推广的"博雅教育"，在传授专业知识的同时，注重通识教育，提供人文训

---

① 杜治政. 生物-心理-社会医学模式的实践与医学整合[J]. 医学与哲学, 2009, 30 (17)：1-5.

练，培养人文素质。[①]在国内，习近平总书记在全国高校思想政治工作会议上强调，"要更加注重以文育人，广泛开展文明校园创建，开展形式多样、健康向上、格调高雅的校园文化活动，广泛开展各类社会实践"，许多医学院校已经认识到外延知识的重要性，已将开展外延知识的教育落实到行动上，如开设各类必修课及选修课、建立社团、举行丰富多彩的活动等。

艺术的熏陶可以提高医学生的人文素养和社会洞察力，提升审美意识和增强美的观念。但在当今这个医学与计算机技术逐渐交融的信息时代，仅有艺术教育是不够的，医学生还需要掌握与医学相关的计算机技术。首先，需要掌握应用各种计算机软件进行数据处理的技术。人类已进入大数据时代，大数据科学作为一个横跨信息科学、社会科学、网络科学、系统科学、生物医学、心理学、经济学等诸多领域的新兴交叉学科正在逐渐形成，并已成为科学研究热点。利用大数据将各种组学进行综合及整合，既能为疾病发生、预防和治疗提供全面、全新的认识，也有利于开展个体化医学，即通过整合系统生物学与临床数据，可以更准确地预测个体患病风险和预后，有针对性地实施预防和治疗。其次，医学生应适当掌握计算机图形处理技术。尽管现在有针对医学设备的图形图像处理软件和普通医学教育仿真训练软件，但是都有一定的局限性。使用者由于缺乏最基本的计算机图形图像知识和对软件的了解，很难真正地、灵活方便地用好它们。

当前，在临床医学实践中，有越来越多的医务人员开始将音乐、绘画、舞蹈等艺术应用到对病人的康复过程中。例如，对于部分肿瘤患者，采用音乐疗法配合抗肿瘤治疗，达到了优化情感效应，改善躯体症状，增强免疫功能，调动体内积极因素，提高机体的自我调解力的效果，这充分体现了外延知识在临床工作中的重要应用。医学生要培养广泛的兴趣爱好，开拓眼界、掌握一定的外延知识，不局限于象牙塔和课本知识。音乐、绘画、计算机技术等外延知识所带来的不仅仅是人格的熏陶，思维的培养，更能促进专业技能的提升，这些外延知识必将有助于医学生未来的临床和科研工作。

医学作为一门科学，有着系统而丰富的理论体系。医学生未来的工作与患者的健康和生命息息相关，系统而全面地掌握医学理论知识是医学生从事医疗工作的必要前提和基本条件。白求恩的经历启示我们，在努力汲取专业知识同时，要兼顾外延知识。严谨深入的专业知识赋予医学生理性认知的能力，丰富多彩的外延知识赋予医学生人文素养与洞察力。若要兼顾专业知识与外延知识，医学生们应珍惜宝贵的在校时间，付出更多的努力，拓展自身的知识视野，完善知识结构，精通业务知识和专业技能，同时培养对外延知识的兴趣。这既是对在校学生顺利完成学业的基本要求，也是适应医学生今后职业发展的重要需求。

---

① 张勤, 李立明. 国外医学教育课程设置及改革趋势的比较[J]. 基础医学与临床, 2015, 35（9）: 1281-1284.

第二节　形成良好的临床工作能力

　　临床医学是一门实践性很强的学科，医生是一个特别强调实践能力、特别注重实践经验积累的特殊职业。医学教育的主要特点是要求基础医学理论和临床实践紧密结合。完备的知识结构是医疗技能培养的基础，同时医学生必须通过临床实践巩固诊断与治疗知识，训练临床思维，从而具备以"职业胜任力"为表现的临床实践能力。医疗技能的培养是医学生培养的重点。

一、临床思维能力的培养

　　思维是人们根据已有的知识，对未知的事物进行判断的思考方式。而临床思维是医生根据所掌握的医学知识、患者的症状、临床和辅助检查结果等信息，对患者所患疾病及其治疗方案作出科学判断的思维方式。临床思维是分析、综合、比较、概括、逻辑等多种思维的结合，是医生认识疾病的过程，其高级阶段是临床创造性思维，它是医生临床能力的核心和基础[①]。正确的临床思维是理论和经验在具体病人身上的结合。疾病诊断和治疗过程，是经验思维和理论思维不断结合的过程，也是思维和决策不断演进的过程。临床思维能力需要建立在扎实的理论基础以及丰富的临床实践的基础上，并具备综合分析能力、判断推理能力及辩证思维能力。

　　无论是处于战场前线，还是自身的健康状况受到威胁，都没有阻止白求恩对医学知识的探索。获取医学知识的同时，他还多次远离家乡去各地进修实践。白求恩以自己的理论知识指导临床实践，深入到贫困群众当中，掌握患者的第一手资料，了解患者的需求，这种理论与实践的充分结合，为他临床思维能力的养成奠定了坚实的基础。无论是治愈结核的"人工气胸"疗法、"白求恩肋骨剪"等沿用至今的发明创造，还是挽救了无数生命的战地流动输血车的发明，都是他青年时期扎实的理论基础与临床一线需求相结合的思维能力输出的产物。

　　医学知识的最终目的是实现临床应用，正确的临床思维就是要抓住事物的本质，掌控事物发展趋势。临床思维与临床经验不同，临床经验需要不断积累，循序渐进地培养，而思维方式则必须在医学生进入临床时就开始正确培养，初始阶段养成不正确的思维方式，不仅会导致医疗过程中的惨痛教训，而且改正的难度将会很大。因此，拥有科学的临床思维方式是每个医学生和临床工作者的首要目标。在师资力量强大、教学条件和基础设施完备的多伦多大学医学院学习，自然为白求恩的临床思维培养打下了坚实的基础。在《弗莱克斯纳报告》中曾提到，实验室科学是

---

① 王海平, 林常清.加强医学生临床思维能力的培养[J].医学教育检索.2006, 5（9）: 869-870.

临床思维培养的基石，而临床科学是临床思维培养的重要途径。白求恩学医的那个时代，医学院校的学制一般是四年：前两年进行课程教学，后两年进行临床实习。这种理论知识与实践技能兼顾的学制为临床思维的形成提供了良好的基础。弗莱克斯纳认为，科学从本质上是观察、推理、验证、归纳的过程，医生在治疗、诊断疾病中需要经历观察、思考、得出结论、观察结果等一系列过程，直到问题解决为止。医学教育的重要目标是医学思维的培养，医学生只有不断地积累知识和技能，才能不断地发展临床思维能力。医学生实习阶段已完成医学基础知识的学习，理论知识为临床思维提供了可能性；同时，实习是从理论到实践的阶段，是实现学生向医师转变的关键时期。如何使医学生在有限的实习时间内初步了解和掌握科学的临床思维方法、提高其实践和创新的能力，是值得深入思考的问题。白求恩曾因入伍中断学业，因伤退伍后返回加拿大继续完成学业，并于1916年12月完成了医学课程，取得学士学位。完成了学业后，白求恩帮助詹姆斯·罗伯森医生打理诊所，后来又得到了在伦敦儿童医院做外科实习医师的机会。1919年冬天的假期，白求恩还帮助拉尔夫·威廉姆斯医生出诊。1922年初，参加相关考试后，白求恩成为了爱丁堡皇家外科医学院的一名研究生，之后他在维也纳花了六个月时间接受内外科培训。1928年3月末，白求恩完成了在雷布鲁克的初级培训后，北上到达蒙特利尔，后师从加拿大"肺部手术之父"爱德华·阿奇博尔德，担任加拿大蒙特利尔皇家维多利亚医院主治医师长达5年多。从白求恩漫长的学习实践经历中可以看出，白求恩成为杰出的外科医生绝非偶然，深入的理论学习，加上丰富的临床前培训，使其形成了良好的临床思维能力。这对我们目前医学生的培养具有重要的启迪作用。

图2-2-1　维多利亚皇家医院旧址　钱磊 摄

自医学生进入大学校园时，就要通过专业的思想教育，使他们意识到临床思维能力是临床最重要的基本功，是决定一名医生医疗水平高低的关键。作为教育的主体，教师要通过改进教学方法、改变考核方式等，把提高学生思维能力融入基础知识的教学中，同时加强思维基础知识的学习。正确思维方法的形成不是天生的，除了实践经验的积累外，学习掌握思维的基础知识尤为重要。医学院校可开设思维学基础课程，让医学生掌握基本的思维方法，学会正确分析学习、生活中常见的问题。在临床见习阶段，将思维学的基础知识与具体的临床病例的诊断实例结合，帮助学生在具体的案例分析中形成正确的临床思维。医学生毕业实习或规范化培训的时期实践性强，是培养医学生临床思维能力的最关键阶段，因此必须抓好临床实习阶段，创新实习带教方法，提高医学生临床思维能力[①]。从理论到实践是一个循序渐进的过程，只有在实践中提炼和升华理论知识，才能丰富知识，提高才能。这是一个需要不断训练、强化的过程，从白求恩漫长的学习、培训经历来看，成就这样一位卓越优秀的医生绝非偶然。在前文提及的《弗莱克斯纳报告》所示的四所大学医学院一至四年级课程设置中，我们可以发现，医学院四年级安排了病房门诊室学习课程（ward clinics）以及床边教学课程（bedside work），让医学生在掌握基础知识的基础上，与一线临床相结合，培养学生临床思维能力，让理论知识得到升华。这对我们现代临床教学也有重要的指导作用。

培养一名优秀的医生任重而道远，临床实习是每一名医学生必经的学习过程，是培养医学生逐步成为合格的、具有一定临床经验医师的重要阶段。以白求恩的成长经历作为借鉴，给予医学生丰富的临床前实习、培训机会，使其运用所学的知识对疾病错综复杂的临床表现进行综合分析、逻辑推理、鉴别诊断，从而找出问题的关键之处，并得到有效解决，这是临床医生最重要的基本功，是决定一个医生发展水平高低的关键因素。

二、临床技能的训练

临床医学是研究疾病的病因、诊断、治疗和预后，提高临床治疗水平，促进人体健康的科学。技能加上"临床"二字如同医学加上"临床"二字一样，不仅是将科学引入生活，把设想贴近现实，在机械性操作中注入人的情感，同时还注入了人体的复杂性、多样性和不可预见性，因此，对于每一位临床医学工作者来说临床技能是一种高于临床知识、高于技能本身的一种能力。

提升临床技能可以基于执业医师考试对于临床技能所要求的四大方面考虑，包括采集信息、诊断和制定处置、与患者和同事进行交流，以及实施医学操作。然而我们不能仅满足于这些要求，而是要寻找基于这些要求之上的、更为具象的需求：采集信息需要眼睛的观察、言语的交流和头脑的思考；诊断和制定处置需要思维的整合、思维的推理和思维的辩证；与患者和同事进行交流需要同情心、同理心和诚心；实施医学操作需要高超的技艺、胆大心细的特质和灵活的思维。纵观这些需

---

① 　张锦英, 金鑫, 沈途.临床思维与决策能力是医学教育的重要组成部分[J]. 医学与哲学.2013, 7（34）：1-6.

求，离不开好奇心，离不开实践，离不开思考。寻根白求恩，从白求恩身上寻找临床技能训练的方法，离不开对这三方面的探索。

1.兴趣是技能学习的良好开端

白求恩对于医学的兴趣，始于童年的家庭影响。由于白求恩的祖父是当地有名的医生，儿时的他曾经将祖父行医的牌照挂在自己的门前，也曾动手解剖苍蝇、麻雀，幼小的身躯已于这时萌发了献身医学的种子，稚气的面庞也掩不住他认真上进的模样。在大学阶段，由于半工半读、学习时间大大缩水，很多课程的成绩并不理想，但是由于临床外科学所需要的果敢和决断力深深地吸引了他，他对外科学产生了浓厚的兴趣，这门课他获得了85分的高分，即使分数不是他所在意的，但这分数的背后全然是他对医学的赤诚和热爱。

白求恩在童年时代就为自己的人生设立了方向，并在此后的几十年坚定不移地前进着。兴趣之于白求恩，如同一剂兴奋剂，让他在求医道路上永远热忱，保持恒心；兴趣之于白求恩，如同一剂镇定剂，使他无论处于多么恶劣的求学环境中都心怀坦然，保持初心。孔子曾经说过："知之者不如好之者，好之者不如乐之者。"时光穿梭千年，时至今日，这个道理依然不变。

2.实践是技能获得的重要途径

医学，是一门在实践中摸索成长的学科，是一门经验性的科学，实践能力的训练自始至终都是医学教育的重中之重。它不仅能够加速知识消化，使记忆更加深刻，还能帮助我们检验真理、探索真理。白求恩大学期间所处的医学时代是一个日新月异的时代，他的实践能力的培养离不开这个时代背景下的熏陶。彼时正是世界医学教育发展速度最快的时期，现代医学之父威廉·奥斯勒（William Osler）在约翰·霍普金斯大学所创立的医学教育模式，影响了整个北美乃至世界。他强调以实践性学习为中心，提倡床边教学，要求学生离开课堂和课本，通过和病人交谈、观察病人体征来学习医学；他设立实验室，鼓励学生自己走进实验室检测病人的痰液、体液、排泄物，从病理学上诊断病人的疾病；他引用了欧洲的实习医生制度，要求所有的医师都要先经过7~8年的全职住院医师轮转培训，要求他们全天住在医院之中，除了休息就是待在病房，事无巨细、全方位地监护病人。奥斯勒认为唯有经历过这样的磨练，才能成就对得起病人的合格的医生；他所创立的约翰·霍普金斯大学的实习教学制度，至今仍为医学教育界称道。

在这样的时代大背景下成长的医学生白求恩，终其一生追求"实践"和"真知"。在医学院学习期间，正值第一次世界大战，他中断学业积极入伍，在战争中救死扶伤。在大学、战场和医院的学习为他的医疗技能打下深厚而扎实的基础。在成为医生后，他的实践精神仍体现在方方面面。患上肺结核后，他大胆地将自己当成"小白鼠"，进行了当时仅作为试验性治疗方法的"人工气胸疗法"，不仅治好了他的肺结核病，还促使他在胸外科疾病的研究方面取得重大进展，并发明了一系列新的胸外科治疗器械。他亲自用吸管吸出患者胸腔间隙感染的脓汁，并决定使用用蛆来清除感染这一新奇的治疗方法。在加拿大维多利亚皇家医院和圣心医院工作期间，他平均每年医治一千一百名肺结核患者，并且施行了将近三百次大、小胸部手术，持续的手术工作巩固并提升了白求恩的专业手术能力。

图2-2-2　白求恩曾工作过的圣心医院　钱磊 摄

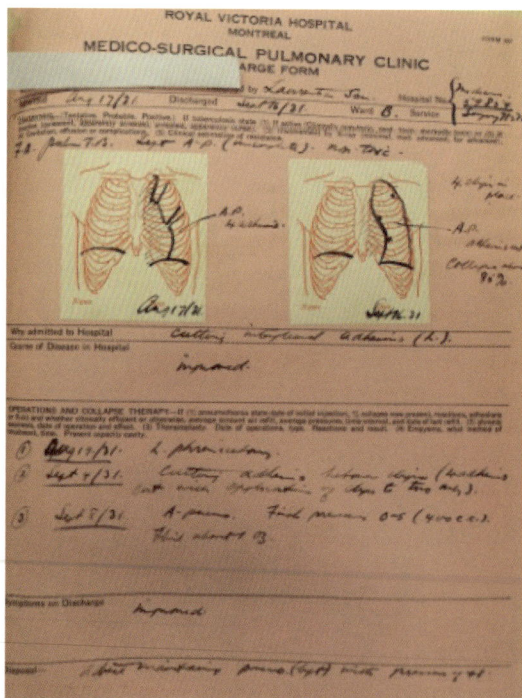

图2-2-3　1931年白求恩在皇家维多利亚医院的一例肺结核手术记录

崔久嵬 摄

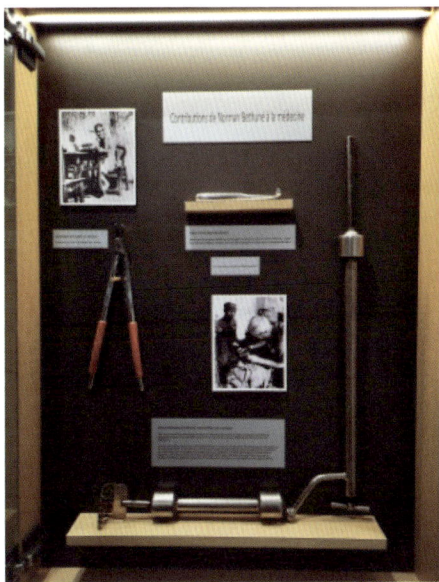

图2-2-4　白求恩在圣心医院使用过的器械　崔久嵬 摄

我国出台的《关于医教协同深化临床医学人才培养改革的意见》中指出，应将理论教学与临床实践有机融合，强化临床实践能力培养，培育医术精湛、医德高尚的高水平医学人才，这就需要我们以多元化的方式为学生创造实践条件。比如将临床诊治活动搬上课堂，模拟诊治场景，通过准备工作与表演过程，既巩固学生对于这些临床技能的记忆，也通过模拟场景，锻炼了学生的临场应变能力，让学生不失去兴趣的同时还能体会到参与其中的乐趣。

3.思考是不断提升技能的有效方法

可以通过反复练习形成肢体记忆来学习临床技能，但是盲目的操作难以将技能与相关知识进行关联，也就无法进行知识的延展交融，这样会大大地降低学习与工作效率。能否持续深入地思考，能否在实践中不断思考，思考中不断实践，不仅是一个人能力的体现，更是一个人卓越于其他人的根本区别之所在。

白求恩的事迹无疑印证了这一点，除了拥有过硬的实践能力，独立思考的能力也帮助白求恩攻克了一个又一个困难。在当助手期间，他一直思考着如何优化器械，终于在修鞋时得到了灵感，利用杠杆原理设计出享誉世界的"白求恩肋骨截断器"。在中国参加游击战争时期，他思考着如何避免伤员转移过程中造成的治疗延误，于是发明了一种既可以防止创面干燥，又有消毒作用，甚至连伤员自己都可以更换的药膏。这样的事例数不胜数。作为多伦多大学佼佼者中的一员，他已将思考变为一种习惯，这个习惯使得他不断地完善自己，不断地造福他人。

我国"卓越医生培养计划"要求强化临床技能培养，锻炼医学生临床诊疗和科研创新的潜质，培养适应我国医药卫生事业发展的高水平医学人才。为了培养出高素质的医务工作者，在本科的教育阶段，我们应该积极引导学生自主学习，给予学生一定时间与空间，培养"具有独立思考能力的符合时代需求的医学生"，使他们真正做到"博观"而"约取"，"约取"以"致用"，"致用"中"思辨"，"思辨"中"前行"。

三、医学职业素养的提升

在医学领域，职业能力主要表现为职业胜任力，它涵盖但不限于临床思维和临床技能两大方面，而是在科学的临床思维、扎实的临床技能基础上，进一步跃迁和升华的综合能力。国际医学教育专家委员会在《21世纪医学教育展望报告》中提出了以胜任力为导向的第三代继续医学教育改革，其中医学职业胜任力的概念是："在日常医疗服务中熟练精准地运用交流沟通能力、学术知识、技术手段、临床思维、情感表达、价值取向和个人体会，以求所服务的个人和群体受益。"其内容主要包括八大核心能力：临床技能与医疗服务能力、职业精神与素养、医患沟通能力、团队合作能力、疾病预防与健康促进、医学知识与终生学习能力、信息与管理能力、科研能力[①]。在本章之前涉及的知识体系构建、临床技能和思维，以及后续的医学职业理念中都体现了临床技能与医疗服务能力、职业精神与素养。而团队合作、疾病预防与健康促进是医生执业阶段的重要能力，因此本部分从医学生角度，着重探讨其他四大核心能力对提升职业能力的作用。

白求恩的医学生阶段由于受到时代背景和家庭环境的影响，其医学生阶段充满坎坷，其间穿插着打工、兼职、工作、战争等不寻常的经历。我们将重点通过追寻医学生时期白求恩的事迹和精神，探讨其对当下医学生和医学教育的启示意义。

1.终生学习能力

医学是新概念不断涌现、知识不断更替、技术不断创新的学科。同白求恩时代相比，医学科学已经是自然科学领域中知识更新最迅速的学科之一，传统的医学教育已经越来越不能向学生传授全部甚至主要的知识。早在20世纪60年代，法国教育家保罗·朗格朗就提出了终身教育理论，他在《论终身教育》中指出："教育应以伴随人的一生而持续进行的方式来满足个人及社会的要求。"联合国教科文组织在1996年发表的《教育——财富蕴藏其中》报告中指出："终身学习是指人的一生通过持续不断的学习活动来求得思想、意识和行为的变化，不断提高自身的文化修养、社会经验和从业能力，以达到发展个人潜能，提高精神文化生活品位，促进人与社会、人与自然和谐发展之目的。"医学的核心目的是救死扶伤，这是一个具有崇高使命感的学科，要更好地服务患者，医生就需要具备终身学习能力。

白求恩的医学经历就是终身学习的集中体现。在1909年10月进入多伦多大学后，为获得进入医学院资格学习科技德语；进入医学院后，为凑足学费，白求恩选

---

① Frenk J, Chen L, Bhutta Z A, et al. Health professionals for a new century: transforming education to strengthen health systems in an interdependent world. Lancet. 2010, 376:（9756）: 1923-58.

择到阿尔戈马区当伐木工人。之后在1912年10月回到医学院继续学习，但1913年5月又参加了修建横贯加拿大大陆的铁路线，同年9月再次返校开始第三年的医学课程，其间又在学校附近饭馆做兼职。1914年7月第一次世界大战爆发，当年9月白求恩加入战争。1915年11月因在战场受伤而返回多伦多大学，继续学习医学课程，直到1916年12月获得学士学位，完成本科学习。从这段经历不难看出，白求恩的本科生涯花费了七年时间，这里有个人、家庭和时代大环境因素给白求恩的学习生涯带来的重重困难，但是在这段经历中所体现的精神就是克服困难、坚持完成学业。在之后的经历中，这种不断学习的实践和终身学习的理念也有充分体现。例如，1919年2月进入伦敦儿童医院开始6个月的住院外科医生学习；1920年11月就有报名参加皇家外科医学院（爱丁堡）的研究生入学资格考试的想法，并于1922年初顺利通过考试，成为皇家外科医学院研究生；1922年2月在伦敦圣玛丽医学院师从约翰·弗雷泽教授学习生理学课程；1923年8月在巴黎的主宫医学院参加了为期几周的课程，之后又在维也纳接受了6个月的内科和外科培训；1927年12月左右，白求恩赴纽约州立医院进修细菌学方面的知识，当时的实验室主任评价道："白求恩三个月中学习到的知识比大部分医科学生三年内学到的都多"；1928年3月白求恩完成在雷步鲁克的初级培训后，又进入麦吉尔大学胸肺中心进行专业培训，并在实验室开展结核病研究，以及进一步进入手术和病理部工作，在此期间还掌握了输血的基本原理[①]。

图2-2-5 麦吉尔大学校园的古老建筑 钱磊 摄

对于当代医学生而言，选择医学就是选择终身学习的开始。作为医学教育院校，要在传授医学知识和培养临床技能的同时关注医学生未来的职业发展，帮助学生树立终身学习的观念，培养医学生的自学能力，把掌握科学的学习方法、树立终身学习的理念作为主要价值取向，促进医学生全面发展。而作为医学生个人，要认

[①] 罗德里克·斯图尔特. 不死鸟：诺尔曼·白求恩的一生[M]. 中国青年出版社, 2013.

识到这不仅是一种教育理念，更应该成为一种工作态度和生活方式；认识到独立地获取新知识，不断调节自己的知识结构的能力，是个体获得成功和发展的最基本的一种能力。医学科学博大精深，医学信息浩瀚如海，医学生唯有学会学习、自主学习、创造性学习，才能去粗取精、去伪存真，获得医学真知。

2.信息与管理能力

践行终身学习的重要前提是充分而准确地占有学习资料，医学的知识量呈几何级数增长，知识老化进程和更新周期不断加快，这就需要医学生具备良好的信息与管理能力。信息与管理能力体现为信息素养，是个体认识、创造和利用信息的态度和能力，是个体信息意识、信息道德、信息能力、信息潜能等多项基本素质的有机结合。简言之就是利用信息资源和工具，使得问题得到解决的技术和能力。

白求恩作为医学生所处的时代，医学知识获取和传播的主要方式是医学院学习、进修培训、学会交流、纸质期刊阅读。直到20世纪40年代计算机发明和20世纪70年代互联网出现后，信息的积累和传播才高速发展。由于白求恩所处的历史时期主要以纸质媒介传播信息，信息管理对于医学生的成长并未显得重要。但我们仍能从一些故事的侧面，看到白求恩对信息的重视。1911年10月，白求恩大学打工期间，曾带着两大箱书籍和杂志，乘火车由多伦多往北到萨德伯里，之后转乘火车往西到怀特费什村，最后乘马车走过十五千米蜿蜒的小路林地到达林区。他在林区既担任教师，又担任图书馆管理员的工作，这期间感到图书馆内资料匮乏，积极联系为工人获取报纸、诗集、语言类手册。在那个交通落后、信息传播迟滞的年代，信息和知识显得格外珍贵。

计算机和互联网的出现和发展，极大地凸显出医学生信息素养的重要性。以国际上最权威的医学文献信息收录系统——Pubmed为例，其收录的文献量由20世纪40年代的29万篇，到50年代增加至104万篇，60年代再激增到163万篇，而如今已达到2700万篇。我们沉浸在信息的海洋，但是如何将信息转化为有价值的知识，进而发展成为自己的职业能力，这就要求医学生有优秀的信息素养。2002年国际医学教育专门委员会的《全球医学教育最低要求》就提出未来医生应具备的基本核心能力，信息管理能力是七项核心能力之一。信息素质是医学生终身学习能力的核心构成要素，是终身学习的前提和条件。对于当今的医学教育院校，教育者应该鼓励学生超越课本知识，主动通过多种途径获取本领域前沿知识，应该注重医学文献信息检索类方法学课程的设置，并同等重视理论教学和实践操作；对于医学生来说，就要求其能够识别信息需求，制定恰当的检索策略，熟练利用计算机和网络工具对不同形式内容和来源的信息进行有效的检索和评价，批判性地、综合地利用信息并解决问题，并不断更新知识结构和内容，在求知中与信息世界互动。

3.科研与创新能力

科研能力是从事科学研究的基本能力，是发现和解决问题的过程体现，创新是科研能力的核心品质。《全球医学教育最低要求》中指出：医学生在未来的职业活动中应表现出应有的分析批判精神、有根据的怀疑、创造精神和对事物进行研究的态度。我国教育部和卫生部印发的《本科医学教育标准——临床医学专业（试行）》的通知中也明确提出：医学院校必须将科学研究活动作为培养学生科学素养和创新思维的重要途径，采取积极、有效措施为学生创造参与科学研究的机会与条件，积极开展有利于培养学生科研能力的活动。可见，科研能力的培养对于医学生，尤其是高层次医学生日后职业胜任力水平提升发挥着重要的作用。

无论在医学生阶段，还是其他人生阶段，白求恩身上时常体现着敢于冒险、勇于尝试、反叛世俗的鲜明性格特征，这是一种有利于创新和科研实践的性格特征。白求恩在麦吉尔大学学习和培训期间，这种科研能力体现得尤为突出。当时同在一所大学的温德尔·麦克劳德医生回忆起白求恩时说："即便是在医院的食堂里，只要他有了新的想法，就在墙纸上写写画画。"白求恩当时师从的阿奇博尔德医生曾形象地把白求恩的大脑比作圣凯瑟琳的轮子，因为它实在是灵感迸发。白求恩由于醉心研究，常常在同事离开后还独自留在实验室，有时因为过分专注而忘记开会。他完成了许多研究课题，也发表了不少的论文。在1929年的皇家维多利亚医院年终评估中，白求恩的工作被评价为"非常出色"，主要的原因是他的研究数量和质量——仅一年，白求恩就发表了四篇论文。他曾把滑石粉吹入患者的肺腔中起固定作用，而另一端肺脏接受外科手术，这项发明被称为"胸膜施粉法"受到阿奇博尔德医生高度赞扬，并很快在胸外科手术中广泛应用。白求恩也会在自己身上做试验，为了弄清楚血液在肺部被吸收的原理，他把血液通过导管输注自己肺部，然后拍摄了一系列X光片来研究。此外，在日后的职业生涯中，改进的气胸疗法设备、著名的白求恩肋骨钳、西班牙战场的流动输血车、中国抗日战场的"药驼子"——"卢沟桥"，都体现了白求恩的科研能力。

从白求恩经历中，医学生应该意识到培养科学研究兴趣和能力的重要意义，要重视医学科研方法学课程的学习，有意识地培养自己批判性阅读、文献综述、数据分析、提出科研假设的能力，通过课余时间走进实验室，积极参与导师科研项目，努力提升个人的创新和科研能力。

图2-2-6　西班牙战场的流动输血车
图为北京白求恩精神研究会常务
副会长兼秘书长栗龙池提供

4.医患沟通能力

医患沟通是一种特殊的人际沟通，是医务工作者与患者之间的信息交流以及情感、需要、态度等心理活动的传递与交流。希波克拉底曾说医生有三大法宝：第一是语言，第二是药物，第三是手术刀。特鲁多也有为我们熟知的"有时去治愈，常常去帮助，总是去安慰"的名言。正因为医学的本质是对人生命健康的关照，医学属性是人文与科学融合一体的学科，医学的特点是极强专业性导致医患间的信息不对称，所以医患沟通更显得尤为重要。

优秀的沟通本质是人文情怀，是将心比心、帮扶弱者、悲天悯人的情感外在体现。沟通既表现在语言上，也表现在行动上。白求恩在医学生阶段，没有直接接触患者的经历，但是仍能从某些侧面、从点滴瞬间体现出他的沟通能力。白求恩大学期间曾有一段在林区营地当伐木工和教师的经历，这期间他的一封信中说明了为什么自己打算和一个工人一起离开营地，信中写道："他昨天摔断了腿——胫骨骨折，我给他安装了急救夹板，准备带他去怀特费什并且发电报叫救护车到萨德柏里火车站接人。"他乐于助人，对工友悉心照顾，从一张他去营地后六周的照片中，就可以看出他的行为让他获得了大家的尊重和爱戴，照片中他站在前排中间，双手叉腰，表情很俏皮，而比他年长的工人都围绕在他旁边。1918年10月，西班牙大流感期间，白求恩当时所在军舰的207名船员有107名病倒，在自己被传染、非常虚弱的状况下还继续照顾病重的船员。不得不说，白求恩有时脾气暴躁、情绪不稳，一生中冒犯了许多人，有时缺乏语言沟通的策略和技巧，尤其是自己的同行，这是我们要引以为戒的地方，但白求恩身上可贵的品质是对弱者、伤者和无助者的悲悯之情，我们无法读到更多关于白求恩与患者沟通交流的情形，但他施治的患者和他相处是融洽的，对他是认可和尊重的。

图2-2-7　格雷文赫斯特镇白求恩故居纪念馆前伐木工人原型雕像　崔久嵬 摄

作为医学生首先要从理念上认识到，医学具有自己独特的学科属性，还具有温情脉脉的人文学科属性。正如奥斯勒在《行医的金科玉律》中说的那样："行医，是一种以科学为基础的艺术。它是一种专业，而非一种交易；它是一种使命，而非一种行业；从本质来讲，医学是一种使命、一种社会使命、一种人性和情感的表达。这项使命要求于你们的，是用心要如同用脑。"我们面对的不是机械也不是冰冷的石材，面对着一个个热血沸腾的生命，要求我们不只是用脑子去思考该怎么治疗，还应该用心去感受，去帮助，去安慰。此外，优秀的医患沟通能力不仅是和谐医患关系的保证，也有助于提升临床医生水平。奥斯勒曾说过："跟病人说话吧，病人的语言就揭示了诊断。"他首创的"bedside（病床边）"的教学观念，就要求学生离开课堂和课本，到病人身边来，通过和病人交谈、观察病人体征来学习医学。医学生也要主动学习一些沟通的技巧，比如如何运用语言和非语言沟通技巧，前者包括语气、语调、语速，以及询问的方式等，后者包括眼神、面部表情、身体姿态、肢体接触等，要努力成为一个耐心的倾听者、敏锐的交谈者。

第三节　形成良好的医学职业理念

医学的产生和存在，源于对生命的敬畏和救助——治病救人、救死扶伤。对生命的敬畏，是医生的第一品格，也是医学神圣的意义所在。而这种"神圣"不仅源自医疗技术，更源自对生命的爱与责任。青年时代的白求恩，在祖父潜移默化的影响下，选择走入了医学的殿堂，努力学习医学知识和技能，这一切始于兴趣。在他丰富的人生阅历中，包括面对战争摧残时对生命逝去的不忍，极力挽救生命时心中升起的强烈的责任感，这一切真正使他坚定自身选择。这份对生命的爱与责任，支撑着白求恩在行医的道路上克服困难，不断前行，也是这份爱与责任，激励着一代又一代医疗行业从业人员，为生命而战，为生命而奉献。

医学不同于其他的科学学科，既强调理论的科学性，同时更要兼顾人文的情感，既要"治病"，更要"救人"。具体来说，就是要求医护人员在诊疗活动中，以尊重病人的人格和重视病人的需求为前提，以关爱和友善的态度为基础，以建立相互信任的医患关系为目标，从病人的角度出发，体会病人的痛苦。这是医学的职业理念所在，更是医学对于从业者所提出的职业要求所在。要想成为一名合格的医生，必须在医学生的阶段了解医学的本质和特点，形成对医学的职业认知，怀着对生命的敬畏与尊重，克服困难、砥砺前行。

如果说构建完备的专业知识结构和奠定扎实的医疗技能基础是培养一名优秀医学生的基本要求，那么形成良好的医学职业理念便有助于培养医学生对医学职业的热爱和坚持，是医学生的价值体系和信念支撑，是成为杰出医生的内在要求。[①]良好的医学职业理念包含对医学职业认知与理想的萌生，即让医学生明确为什么学医以及如何引导医学生树立崇高的职业理想，它不仅关注医学知识技能的提高，更是关注医学生内在发展的信念萌芽。医学职业理念还包括职业意志与职业责任感的培养，由于医学关乎人、关乎生命，职业的特殊性决定了要培养医学生坚忍不拔、无私奉献、富有担当的精神。医学职业理念也包括职业信念与职业作风的树立，这是对于医德、医风的培养，是医学教育过程让医学生形成的职业惯性，是职业精神的最高层次。只有良好的医学职业理念根植于每个医学生的内心，成为一种习惯，才能使白求恩精神成为一种职业信仰，将那份"毫不利己，专门利人""对工作精益求精"的精神真正传播和发扬。

一、职业认知与职业理想的萌生

回顾白求恩一生，对于医学事业的这份执着追求更得从医学生时代的白求恩谈起。如果说童年时代的白求恩对于医学事业更多的是一份感知和爱好，那么医学生时代的白求恩是真正明确了为何行医，如何行医，何以成为大医的思考。

职业认知，简而言之就是对于职业的认识。随着阅历的增长，对行业的了解、认知水平的不断加深，职业的认知在不断更新、修正。而职业理想，是人们在职业上依据社会要求和个人条件，借想象而确立的奋斗目标，即个人渴望达到的职业境界，进而驱使我们朝着坚定的方向不懈奋斗。不同时代的医学职业精神有所不同，但是其共同点可被概括为四个方面，即崇敬生命、忠诚患者、敬业精业、奉献博爱。[②]而对于白求恩，这四点的萌生无一不在白求恩的医学生时代变得更加鲜活而具体。

职业认知与理想关乎医学生培养的精神导向和情感寄托，是培养杰出医务工作者的信念支撑的内在要求。[③]而对于职业的正确认知是理想形成的基础，是职业理念形成的始动环节。[④]职业认知与职业理想的萌生一定程度上决定了职业理念的发展方向，是对前途的规划和期待，以及在面对波折与困难时的不竭动力。然而，职业认知与理想也随着社会阅历的增加会不断更新、修正，最终形成人特有的信念和追求。

白求恩的医学生时代大部分时间在上学读书，其间有过三次参军，他边学习、边谋生，边服务社会、边了解社会。这些经历不仅使他获得了丰富的社会阅历，也让他从断断续续认识世界的过程中去思考：作为医生除了拥有专业知识，还能对社会做些什么？究竟为什么学医？要如何学医？正是因为这样的不断思考，白求恩对于医学的职业认知逐渐深入，并且不断地更新、修正。正如白求恩在《从医疗事业

① 杜治政. 医学人文与医疗实践结合：人性化的医疗[J]. 医学与哲学：人文社会医学版, 2013 (8)：6-11.
② 钱小泉, 黄崇斌, 徐虹, 等. 白求恩精神在医学职业精神建设中的意义[J]. 医院管理论坛, 2014 (09)：28-30.
③ 陈利坚, 李生, 任秋凤. 树立良好职业理念构建和谐医患关系[J]. 中国医院, 2007, 11 (5)：25-27.
④ 司庆燕. 论加强医学人文教育对铸造医师职业精神的意义[J]. 中国医学伦理学, 2017, 11：025.

中清除私利》中写道："医学是镶嵌在社会结构中而不能从中分离的东西。它是一定的社会环境的产物。"[①]因此，白求恩的职业认知与职业理想的萌生便是这特定社会历史文化背景下的产物，随着社会经历的丰富，不断赋予其新的内涵。

青少年时代的白求恩，是其职业认知和理想的萌芽阶段。在这个阶段，受家庭的影响，白求恩十分敬重作为优秀外科医生的祖父，并酷爱解剖小苍蝇和骨头，他甚至让别人叫他诺尔曼，还把祖父的医生挂牌吊在自己房门上。这就是所谓"榜样的力量"，祖父成为了白求恩成长道路上的领航人，让他深受对于医学使命感的熏陶，从小拥有远大的抱负；而同时，解剖苍蝇、骨头这些小事也使白求恩从兴趣出发，日益熏陶出胆大心细的性格，为白求恩所从事的外科生涯奠定了性格基础。此外，他自小耳濡目染，作为"牧师家庭"的一员，必须"为社区内其他家庭作出榜样，要助人为乐，要遵守十诫，要抵制诱惑"，更促使了白求恩人文情怀的形成。从小所处环境中的这些潜移默化的熏陶，促成了他日后成为一位出色的外科医生，一位无私奉献的国际主义工作者。青少年的经历对于白求恩职业认知和理想的萌生埋下了一粒种子，但是这份隐隐约约的志向仍然有着迷惑与彷徨，他并不明确要去成为一位怎样的医生，更不明白如何能够成为一位真正的好医生。因此，医学生时代的打磨显得尤为重要。

一个人只有把事业当作一种爱好，有着那份发自心底的热爱，才能真正激发出内心最多的潜能，但是成功的过程总是艰辛的，需要在不断磨练中变得更加坚韧。由于家庭的经济因素，白求恩的学生时代过得并不宽裕，需要依靠打工来满足他的日常开销，这一过程虽然养成了白求恩粗糙的个性，但重要的是磨砺了他的意志。他的内心总想去证明自己，无论是遇到了挑衅滋事的人，还是一次又一次语言课考试失利，他都从不放弃。一个人的成功绝非偶然，虽然白求恩的语言课功底不佳，但是他有着极强的工作热情和学习能力，这点在做"开路工"时也得到了白求恩所在的维多利亚港木材公司工头罗宾逊的认可。在做伐木工人时他说，"一旦自己变得更加坚强，就会享受这个过程"。正是白求恩的这份坚持与发自心底对于事业的热爱，决定了他后期能够毅然决然放弃优越的生活条件，来到中国战场与中国军民并肩战斗。

在白求恩的大学阶段，由于受社会背景及自身经历的影响，他从学校到战场再到医院，经历了无数难以想象的事件，如考入医学院时的百折不挠、勇上战场时的勇敢无畏、在医院时的救死扶伤，在这个过程中，白求恩对于医学从盲目崇拜转向到逐渐开始思考医学的真正意义和价值。顺境使人在自我肯定中获得成长的动力，而逆境的冲击，更利于在思考中发现问题、解决问题、磨练意志，真正明确奋斗的目标。

在第一次世界大战期间，人类在枪林弹雨中互相残杀的情景深深触动了白求恩

---

① 卢希谦. 白求恩成长道路初探[J]. 中国卫生质量管理，1996，5：004.

的内心，他说："在医疗队里，我看不到战争的光荣，只看到战争的破坏。"而战后的很长一段时间，白求恩的心里并不能平静，渴求、探索、自我批判相继出现，也曾让他盲目和迟疑自己的选择。但是，成功的道路总是充满荆棘，正是这些经历和波折，促使白求恩在成长过程中不断思考，在经历一次次心理冲突后更坚定地从事医学工作，并且更加懂得崇敬生命的重要性。这是一份时代的责任感和历史的使命感，激励白求恩自觉把个人的理想追求融入国家和民族的事业中，勇于成为时代前列的奋进者、开拓者。

第二次参战期间，一块弹片击穿了他的左腿，由于身体无法胜任工作，他又回到加拿大继续完成学业。此时的白求恩虽然特立独行的样子很显眼，但是他更加明白了如何去成为一位好医生。于是，返回学校后他参加了医学界的速成课程，并且要求自己做一件事就要做到最好，正是这样的坚持，成就了白求恩的敬业、精业精神。

经历了三次参战后，他不断反思自己，认为人生没有悲剧一说，并且认为要非常称职地去完成自己选择的职业，在不断尝试中找到了自己的定位。因此在参战结束后，他无意立即返回加拿大，而是选择在伦敦儿童医院做一名外科实习医生，坚持最初的梦想。并且在这一段时期里，他从沃尔特·佩特的《文艺复兴：文学与艺术研究》中认识到，"并非体验的结果，而是体验的本身才是目的……用熊熊燃烧的激情去维持这种体验的快感才是生活的成功"，这些经历也让白求恩不断扩展涉猎范围，去感受生命的真谛。或许一个人只有更好地感受生活，才能真正对生命充满崇敬，才能真正理解如何去奉献，如何做到大医精诚。同时，他还发现：最需要医疗的人，是最出不起医疗费用的人。在这个过程中，他更加努力学习、工作，体会民众的疾苦，虽然对当时的社会制度有种种不满，但是希望总在远方熠熠生辉地吸引着白求恩，最终让他不仅成为一名出色的外科医生，更是一名改造世界、追求真理、兼顾仁心的战士。白求恩的这种对医学认知的深化和对医学理想的愈加坚定，更加激发了他内心深处有着的对生命的尊重，从而勇于承担风险拯救病人，把病人利益置于个人利益之上，拒绝各种名利诱惑，为医学而献身，最终成为一个脱离低级趣味的人，一个有益于人民的人。

当今社会，人们对于医学的认知逐渐出现偏差，并且社会的导向促使选择的医学的人越来越少，正如中国科学院院士施一公教授所说："连我最好的学生，我最想培养的学生都告诉我，想去金融公司"，而当一个国家缺乏像白求恩这样存在社会责任感和使命感的人的时候，是整个社会的悲哀。同时，医学人才作为整个社会健康的保障，培养质量的全面提高不容忽视。因此，在当今教育体制下，如何引导人们对于医学存在正确认知，如何引导医学生树立崇高的职业理想就显得尤为重要。

首先，医学正确认知的培养要从早期阶段抓起。培养对于医学的兴趣、树立榜样的标杆、建立良好的品行缺一不可。兴趣是最好的老师，当面对巨大的社会压力，崇高的职业理想，对职业的热爱就是强大支撑，只有对于自己所爱的东西才会有动力去不断奋斗，才会激发主动学习的欲望，才会在高潮和低谷时不至于迷失自己。同时一个优秀榜样的确立有助于指引前进的方向，潜意识让医学生想要成为的人。医学生对于医学的正确认知，不是靠知识教育培养出来的，而是涵养出来的。就像古希腊的名言："模范比教训更有力量"，医学模范人物、楷模人物的精神、事迹对医学生的思想与行为有积极的导向作用，对医学生的品质形成也有着无可替代的促进作用。同时，少年时期的性格和习惯很大程度决定了一个人最终会成为怎样的人，培养具有持之以恒的决心、具有坚强的毅力、具有无私的奉献精神都显得尤为重要。

其次，医学生需要对自己有一个正确的定位。医学生对自我兴趣、能力、特长、对未来的期望等应该有一个正确的认知，并且，自我的理想必须建立在社会的职业理想之上，将二者结合起来，才能在学习过程中做到有的放矢，学有所成。此外，只有自己的定位需要在不断的社会实践中纠正，从而明确真正适合自己的方向，用中国梦激扬青春梦，点亮理想的灯、照亮前行的路，把个人的理想追求融入国家和民族的事业中，才能做到全面发展，最终才能真正在服务社会中实现自我价值。正如习近平总书记在全国高校思想政治工作会议上强调，"要正确认识远大抱负和脚踏实地，珍惜韶华、脚踏实地，把远大抱负落实到实际行动中，让勤奋学习成为青春飞扬的动力，让增长本领成为青春搏击的能量"。

最后，医学生职业理想要在满怀大爱的前提下，在现实发展过程中不断思考，进行适当的更新、矫正，真正做到与时俱进，坚定却不偏执。医学是人文的科学，是最科学的人文，因此在专业知识的基础上要博览群书，提高个人修养，升华精神追求。只有善于思考，才能在抉择时做出正确的选择，在迷茫时找到希望。个人的发展离不开时代的背景，就像白求恩一样，职业理想在社会经历的一次次打磨中不断完善。并且，医学处于不断的更新中，需要有"活到老、学到老"的心态，也就是医生必须有终身学习能力，有恒心和坚强的毅力来完成学习任务，逐渐使自身的追求发展升华。

综上所述，医学生是医疗队伍的未来和希望，关系到医疗队伍建设的长远利益，引导医学生树立崇高的职业理想是一个长期、全面的过程。从白求恩职业认知和职业理想萌生的过程中告诉我们：引导医学生在成长的过程中树立正确的人生观、价值观、理想观，抵制不健康思潮的影响，专心学习医学知识，树立高尚的职业道德素养缺一不可。同时要加强社会实践，帮助学生从多维度建立健全良好的品格和兴趣，扩展涉猎范围，在实践中更深入体会崇敬生命、忠诚患者、敬业精业和奉献博爱的含义。因此，在教学工作中，教师除了要向医学生传授临床知识和技能，还应以身作则，学习和践行"白求恩精神"，以高尚的职业道德素养感染学生，树立"把理论融入故事，用故事讲清道理，以道理赢得认同"的教学理念，[①]使

---

① 顾晓英. 当代大学生的社会主义核心价值观主渠道教育——基于"大国方略"课程的反应[J]. 毛泽东邓小平理论研究，2015(3)：24-29.

"白求恩精神"得到传承，这对于医学生职业认知与职业理想的形成具有深远意义。

二、职业意志和职业责任感的培养

前面已经充分阐述，对职业的正确认知和切实可行的理想是职业理念的基础，是其形成的始动环节，那么职业意志和职业责任感在职业理念的形成过程中又扮演着什么样的角色呢？职业责任感是人们在所从事的职业中，对自己应该承担的责任有一个正确的感知认识，然后将其内化为一种道德情感，最后将这种情感以一种行为方式和习惯表达出来的品质，属于社会意识和道德规范范畴。职业责任感又称作工作责任心，从事职业活动的人要对职业责任、义务有充分的认识，并且具有履行职业责任和义务的愿望和态度。心理学家将责任感视为心理学上五大人格理论中的重要人格特质，这种独特模式是个体社会化的产物，是影响医学生人格形成的重要因素，钟南山院士曾说，"选择医学可能是偶然，但你一旦选择了，就必须用一生的忠诚和热情去对待它"。医学生在其重要的人生抉择阶段选择了医学，就要求其对所承担的责任有清晰明了的认知，进而将其内化为强烈的责任情感，最后将这种情感付诸于行动，用自己的一生去守护这神圣的职业。而在这个过程中职业意志起着关键的促进作用，职业意志是为实现预定目标而克服各种困难，坚持到底的精神；是职业工作、学习、生活中不可或缺的心理过程；是职业责任得以实现的基础，支持着医德医风的践行，同时也在责任行动中得以体现和内化。医学生应建立良好的职业理念，职业意志是其必不可少的内在动力，职业责任感是其实现的重要支点。二者相互作用，共同影响医学生的发展方向，更关系到医学事业的建设成效。

白求恩的学生时代是其职业意志和职业责任感形成的关键时期，也是他在边学习边谋生、边服务边了解中不断认识世界的特殊时期。1907年9月至1908年12月期间，白求恩前往阿尔戈马区，在那里的建筑工地上找到了工作。野外生活很辛苦，每周工作60个小时，住在简陋、充斥着汗臭味和烟味的木房里，盖着劣质毛毯睡在草垫上。巨大的工作强度和恶劣的生活环境令他筋疲力竭，仅三周身上便起了许多水泡，脊柱的痉挛症状也很明显。但他说："我享受这种状态，相信不久后会更加喜爱这里的生活。"工作之余，白求恩还利用晚间时光担任教师兼图书管理员，教给工友们各种他们感兴趣的课程。正如他之前预言的，"一旦自己变得更加坚强，就会享受这个过程"。

白求恩的职业意志在求学和谋生期间逐渐形成，又在参军期间强化。1914年7月第一次世界大战爆发，他勇敢地去应征参军，并进行了艰苦的基础训练。整日在阴郁的天气中艰难跋涉，晚上穿着湿乎乎的衣服睡在同样潮湿的地上，白天在泥地中进行苦不堪言的训练。战争爆发后，他被任命为担架手在前方战壕处理伤员，常冒着敌人的炮火抢救伤员，不幸的是，一次战争中他受到弹片的创伤，并因此被允许回加拿大完成学业。尽管如此，退伍通知上的"模范"两个字肯定了他的军事素养

和顽强的职业意志。1916年白求恩获得了医学学士学位，在多伦多大学1917年的年鉴上，白求恩的照片下方写了这样一行字："死亡是必然的，但日期并不确定，意志可能会获得重生。"白求恩回学校完成学业期间战争仍没有停止，强烈的职业责任感和使命感又使他来到西班牙战场。他始终忠于自己的行动准则，"我已选定了道路，我要到最需要我的地方去"。当成千上万名的难民因前方失守不得不马上后撤时，他和助手们不顾个人安危，积极组织难民疏散。即使战场硝烟弥漫，尘土飞扬；烈日炎炎，皮肤起泡……他也都坚持了下来。他亲身感受了战争的残酷，无数次看到生命从手中流逝，深切体会到社会对医生的期望，战争年代人们对医生的渴求，这些都萌生了他对职业责任感和社会责任感的认知和思考。

白求恩竭尽全力地拼命学习工作，并同一切有偏见、漠不关心群体疾苦的陈腐思想做斗争。大学毕业之后，他不满足于已获取的知识而选择继续去欧洲进修深造，他认为只有不断提升自己的专业知识与学习能力，才能去帮助更多贫苦的人。白求恩以惊人的献身精神投入到他所热爱的事业中，许多新技术和方法不断被开发。1926年9月，白求恩不幸地患上了肺结核病，以当时的医疗技术，没人能够保证他一定可以痊愈。白求恩一直坚持着与病魔做斗争，不屈服于命运安排给他的死亡。他慢慢开始琢磨新的疗法。不久后，在疗养院的图书馆中，他惊奇地发现了《肺结核外科学》一书中的"人工气胸"手段，摆脱病魔、重获新生的渴望促使他勇敢地接受了全新的疗法，并奇迹般地痊愈了。生病期间的病痛折磨唤起了白求恩强烈的战胜病痛的斗志，他亲身感受到了患者承受病痛时所受的折磨，也唤起了他对生命和医学的职业责任感。白求恩作为一个伟大国际共产主义战士，深深懂得："一个医生、一个护士、一个护理员的责任是什么？只有一个责任，那责任就是使我们的病人快乐，帮助他们恢复健康，恢复力量。"

学生时代的白求恩，以顽强的职业意志和坚定的职业责任感实现了自己救死扶伤的职业理想。他对生命充满崇敬，是一名热情的志愿者，更是一名伟大的国际主义战士。多年后，白求恩在人生遭遇低谷时写道："很大程度上，我身上有这一代人的烙印，我认为自己的处境悲惨，但经历了战争后，我认为根本没有悲剧一说。"[1]人类现代史上罕见的西班牙大流感曾一时把他打倒，但他很快就站了起来。他像传说中的不死鸟，浴火重生，展翅高飞。从他的话语和经历中，我们感受到职业意志和职业责任感的形成对一个医学生理想的坚持、未来的发展发挥着举足轻重的作用。

白求恩的学习、打工和参军经历体现了一个医务工作者、一个伟大的共产主义战士应该有的职业精神和面貌。医学职业精神是医学科学精神和人文精神的统一，是医师临床能力中最重要的核心要素。[2]这种精神是从医者在学习和临床实践中建

① Bethune, letter to Edward Kupka, 8 November 1926, RSF, 637/1/91.
② 赵金萍, 刘云章, 薛涛, 等. 乡村医生职业精神教育培训初探[J]. 中国医学伦理学, 2017, 30（5）: 750-753.

立和发展，并为社会所认可并推崇的一系列职业信念、价值取向及职业准则的总和，是提升患者服务质量的重要杠杆。[①]而对于患者，更是需要有这样医德医风的医生。[②]一项对中国10个城市4000名住院患者的问卷调查研究显示，患者对医师职业素养的期望排在首位的是医生的职业责任感，其次是良好的医疗技术。也就是说，目前患者将职业责任感作为对医师职业素养的首要诉求。这提示我们，医师对病人健康的高度责任意识应该是医师专业精神建设的重点[③]，在进行医师专业精神建设和医院建设发展理念上也要加以改变，而不能仅把提高个人技术水平、改善医疗服务态度、提高医疗设备水平和改善医院医疗环境作为重点。

医疗职业的主要任务是治病救人、救死扶伤，某种意义上决定着患者的健康和生死。所以要把这项特殊的职业视为自己对生命的信仰，像热爱自己生命一样钟爱工作，这样才可以称得上有敬业理念的医务工作者。[④]医学生职业理念的建立在整个行医过程中发挥着灵魂的作用，而职业意志与职业责任感又是其重要组成部分。医学生是医疗队伍的未来和希望，他们是未来医院的接班人，是治病救人的先锋队，身上不仅负有对社会的责任，更负有对医学事业的职业责任。因此，对职业意志和职业责任感的培养建设要从医学生抓起，并在行医途中不忘初心，牢记使命。

那么在当今教育体制之下，如何培养医学生的职业意志和责任感呢？首先要培养顽强的职业意志。一是要树立正确而坚定的人生观。当代医学生掌握着祖国医学事业的未来，只有树立正确的人生观，树立积极进取、自强不息的人生态度，才能在挑战中不迷失方向。面对艰苦的工作，面对医疗风险的挑战，要坚信自己，不随意动摇，愿意为自己所钟爱和信奉的事业献身。二是要培养积极参与社会实践的精神。社会实践是联结学校和社会的桥梁，是保证医学生健康成长的必由之路。外部的教育影响和书本的理论知识，只有通过学生自己在社会实践中的亲身体验，才能慢慢理解、吸收消化，从而转化为内在的思想观念。当代医学生是富有朝气的一代人。应培养其树立合理的目标，将科学理论知识与实践相结合，在反复实践与总结中，不断加强职业意志与实践能力。

其次要培养医学职业责任感，这是一名合格的医生应该有的一种担当。医生从事的事业是与人的健康和生命直接相关的，治病救人不是一种特权，而是一种职责、一项必须去履行的社会义务。正所谓"健康所系，性命相托"，要将全心全意、责无旁贷的理念牢记于心，这种价值观需从医学生逐步培养。培养医学生的职业责任感可从认知、情感、行为等要素入手。建设富有特色的校园文化可很大程度上促进医学生职业责任感的培养，整洁文明的校园环境有助于医学生养成做事认

① 田怀谷. 医学生职业精神培育的现实审视及其路径[J]. 学校党建与思想教育, 2016(3)：84-86.

② 司庆燕. 论加强医学人文教育对铸造医师职业精神的意义[J]. 中国医学伦理学, 2017, 11：025.

③ 孔祥金, 杜治政, 赵明杰, 等. 医学专业精神的核心：医师职业责任感——全国10城市4000名住院患者问卷调查研究报告之二[J].医学与哲学(人文社会医学版), 2011, 32(03)：10-15.

④ 陈利坚, 李生, 任秋凤.树立良好职业理念　构建和谐医患关系[J]. 中国医院, 2007, 11(5)：25-27.

真、有条理、可靠等素质，使其能较好地适应未来的工作岗位；富有特色的校训、严格的校规校纪、各处悬挂或张贴的人生及教育名言警句及优秀毕业生的介绍等启蒙了学生的职业责任意识，约束着他们的行为，培养了他们自律、谨慎、克制的素质；高素质的教师队伍为人师表、言传身教，在教学生专业知识与技能过程中，他们对工作的高度责任感、对学生的关爱、对自己专业领域的科学严谨的态度等都潜移默化地影响着医学生。具体实施可从以下两个方面着手：一是要严抓医德教育，对职业责任感的正确认知和理解是其形成的基础。要用好课堂教学渠道，思想政治理论课要坚持在改进中加强，提升思想政治教育亲和力和针对性。在教学中应有计划、有目的地对医学生进行职业责任的相关教育，开展相应的课程、潜移默化地加强其对责任的感知认识，逐渐转化成内心的情感。主要包括医学人道主义的教育、爱国主义精神的教育，还要优化教学方法，丰富教学内容，优化教师队伍。二是要引入医德实践，主要形式为医德实习。临床实习中注重医德培养，让医学生在医德实习临床实习中感同身受，与患者共情；在医德实习中依据患者期望塑造理想特性，1988年，世界医学教育联盟通过的《爱丁堡宣言》指出："病人理应指望把医生培养成为一个专心的倾听者、仔细的观察者、敏锐的交谈者和有效的临床医生，而不仅仅满足于治疗某些疾病。"这些正是新医学模式对现代医务人员的基本要求，是人们对医务人员的角色期望。

三、职业信念与职业作风的树立

医学职业理念所在，是既要"治病"，更要"救人"，也就是说，医学的职业理念既包括医学的科学理念，也包括医学的人文理念，二者既各自独立，又相互关联。医学的科学理念要求医生做到求真务实，尊重临床的客观事实和医学规律，依据循证医学的方法，遵循操作规范和程序，有效防治疾病，并防止差错事故的发生；要求医生不断追求技术创新，推动医疗技术的不断进步。而医学的人文理念则要求医生以病人为中心，关爱和尊重病人，并将病人的利益置于个人利益之上。职业理念的形成与确立是一个逐渐完善的过程，始于职业认知与职业理想的萌生，经过职业意志与职业责任感的培养，逐渐树立起正确的职业信念与职业作风。

医生的职业信念是建立在职业认知、职业情感、职业意志基础上的，它是对职业理想或目标坚定不移的信仰和追求，包括尊重病人、置病人利益于首位及行业自律，表现在坚持以病人为中心，关爱病人的健康，重视病人的权利、人格，维护病人的利益与幸福。医生的职业作风是指在职业生活和职业活动所表现出来的一贯态度，是一种习惯性表现，要求医护人员做到忠于职守、爱岗敬业、乐于奉献、文明行医。医生良好职业作风的养成，依靠职业信念的支撑和滋润；医生职业理想的实现有赖于职业信念的确立和职业作风的养成，医生的职业作风和职业信念是医生职业精神的高层次体现。

　　医生担负着为人民健康服务这一崇高神圣的职责和使命，尤其是在战争年代，更需要医生尽职尽责地履行救死扶伤的天职，挽救战士的生命。白求恩的医学生涯始于他对医学的极端热爱，同时又在贫穷与战争中得到了不断洗礼，他敬畏生命、关爱病患，将救治伤病员视为他的首要任务。与生俱来的正义感和牺牲精神，使他面对战火从不惧怕，面对流血异常冷静，救死扶伤、极端负责的职业理念根植于白求恩的内心。他曾多次强调："一个医生，一个护士，一个护理员的责任是什么？只有一个责任，就是使我们的病人快乐，帮助他们恢复健康，恢复力量。"这正是白求恩尊重病人、置病人利益于首位的职业信念的体现。在这样的职业信念的驱使下，白求恩一生坚持着严谨的工作态度，一丝不苟的工作作风，在救死扶伤、在无私奉献中体味着生命的价值。

　　"对技术精益求精，对工作极端负责，对人民极端热忱"，战争炮火中诞生的白求恩精神，早已成为鼓舞和激励几代中国医务工作者的宝贵精神财富。即使时代在变，环境在变，观念在变，但白求恩作为一名医务工作者，其坚定的职业信念与严谨的职业作风却一直是指引我国数百万医务工作者的力量源泉。"我随时随地都是值班医生，无论是什么时候，无论在什么地方，救治危重的孕妇，都是我的职责"，这是我国著名妇科、产科医生、医学科学家、现代妇产科学的奠基人之一林巧稚女士对自我职业的评价。与白求恩医生相似，林巧稚医生也是在自己的童年时期，便产生了对医学的好奇与憧憬，她曾为自己的医学理想而坚定求学，曾坚守在妇产科的岗位数十年如一日勤勉工作，她将产妇与胎儿的健康与安全视为第一要务，无论何时何地，时刻准备履行一名医生的职责。她尊重病人，秉承着将病人的利益置于首位的职业信念，用她的双手迎接了千千万个新生命的到来，她对医疗技术精益求精，她忠于职守、乐于奉献，数十年如一日，从未停歇，她走上了事业的巅峰，赢得了世人的尊重，但她却总是笑着说："我是个医生。"

　　"我是一个医生"，这是对医学职业本身最朴实却最伟大的诠释，是医疗从业人员必须坚守的最基本的职业理念，是医疗工作者行医征程的领航灯，它的形成是一个逐渐完善、不断升华的过程，需要医务工作者在走进医学殿堂、攀登医学高峰的过程中，不断学习，不断沉淀。医疗职业信念和职业作风的形成过程，既需要掌握渊博的医学知识、精湛的医疗技术，又需要具有深厚的人文底蕴；既需要具备科学思维、科学精神，又需要具有人文意识、人文精神。作为一名优秀的医生，既需要具备对技术精益求精、对工作极端负责、对患者极端热忱的职业素养，更需要发扬毫不利己、专门利人的奉献精神。而这些也正是白求恩式职业信念与职业作风的内涵所在。因此，要培养优秀的医学人才，就要积极开展白求恩医学人文思想教育，运用榜样的力量，引导学生学习和继承白求恩式的职业理念，培养白求恩式的医学人才。将白求恩医学人文思想纳入医学人文教育之中，用白求恩精神塑造医学生的人文素养、人文情怀，帮助其逐渐树立尊重病人、置病人利益于首位的职业信念，形成忠于职守、爱岗敬业、乐于奉献的职业作风。

对医学生进行职业信念与职业作风的培养，首先要充分认识到医学人文教育的重要性。医学生的人文修养会直接影响到他们走上工作岗位后从事医疗行业的职业作风形成，也会对整个社会的道德环境和社会稳定造成影响。古今中外，无论是西方的希波克拉底誓言，还是中国的"医者仁心""大医精诚"的医学理念，都倡导以医德为核心的医学人文情怀教育。对医学生而言，进行人文精神的培养是医学生职业教育及职业情感的需要，是现代社会发展的需要，也是现代医学教育模式的需要。因此，我们的医学教育无论何时都要把医学生的人文教育放在首位。

其次，医学生的医学人文教育是一个长期且系统的教育过程，不可能一朝一夕间完成，医学生的医学人文教育应该贯穿于医学培养的全过程。2017年7月，《国务院办公厅关于深化医教协同进一步推进医学教育改革与发展的意见》中已经明确指出，"把思想政治教育和医德培养贯穿教育教学全过程，推动人文教育和专业教育有机结合，引导医学生将预防疾病、解除病痛和维护群众健康权益作为自己的职业责任"。医学生自中学走入大学，是其一生中的重要转折点，作为步入医学殿堂的第一课，"医学生誓言"可以作为医学生医学人文教育的起始点。同时，在医学理论学习的过程中，需注重医学人文教育与医学科学教育的有机结合，引导学生了解及思考当代医学生的历史使命感与责任感，端正学习态度，明确学习的目的。在实习阶段，医学生会把医学理论及医学实践相结合，并开始接触社会、接触医疗行业、接触患者，这一环节的医学人文教育更为关键。言传身教，是这一阶段医学人文教育的主要途径，导师的正确引导将在很大程度上影响医学生职业信念与职业作风的养成，因此，正如习近平主席在全国高校思想政治会议上的讲话指出的那样，高校教师应做到"坚持教育者先受教育，努力成为先进思想文化的传播者、党执政的坚定支持者，更好担起学生健康成长指导者和引路人的责任。要加强师德师风建设，坚持教书和育人相统一，坚持言传和身教相统一，坚持潜心问道和关注社会相统一，坚持学术自由和学术规范相统一，引导广大教师以德立身、以德立学、以德施教"。

此外，医学生的医学人文教育有别于医学知识传授和临床技能培训，医学生人文素养的形成，有赖于优秀医学精神的涵养，尤其是有赖于体现着优秀医学精神的医学先进人物的感召。以吉林大学为例，近年来广泛开展"重走白求恩路，重铸医学魂"的系列活动，学习白求恩事迹、弘扬白求恩精神，让白求恩、白求恩精神、白求恩式的好医生，深入医学生的内心。 此外，国家或地方以各种方式评选出的"白求恩式好医生"、中央电视台组织评选的"感动中国人"等节目也涌现出了不计其数的楷模人物，他们的事迹感动了中国、感动了世界。这些人、这些事、这些优秀的精神品质，不能游离于医学人文教育教学之外。这些楷模人物体现着医学精神，充满着积极向上的正能量。因此，医学生的培养应充分发挥楷模效应，以医学楷模的先进事迹和崇高精神为素材，用榜样的力量感染医学生，使医学生能够从榜样人物的典型事迹中受到启迪与鼓舞，能够不断借鉴、效仿身边榜样的模范行为，能够将榜样人物在从医过程中体现的精神、信仰转化成对自身的激励作用。

总之，重视与加强医学生的职业信念与职业作风的养成，即完善医学生医学人文教育体系的建设，对于进一步推进我国医疗卫生行业乃至整个社会的精神文明建设，具有重要意义。医学生医学人文教育是一项长期而艰巨的任务，是贯穿于学生整个教育阶段的全程、全方位的系统工程，努力打造白求恩式的好医生，需要我们继续探索医学人文教育的新思路、新举措，结合工作实际与时俱进，努力促进医学生良好职业信念与职业作风的形成，积极营造良好的社会医疗环境。

【本章结语】2018年8月在中国召开的第24届世界哲学大会，确立的主题是"学以成人"。人要通过学习、学习，不断的再学习，才能成长、才能进步、才能成为对国家和社会的有用之人。此中的"学习"，既包括知识技能在内的工作能力的逐步形成，更包括道德品质在内的人之修养的不断提升。从小立志学医的白求恩，是通过医学专业学习，通过接受系统而全面的医学教育，才使其具备了实现理想的前提。1910年亚伯拉罕·弗勒斯纳受卡内基基金会委托，对美国和加拿大的155所医学院做了系统性调查研究，发表了著名的Flexner报告。该报告以强调医学乃至医学教育的科学性为主要特征，奠定了科学化的现代医学教育体系和模式，彰显了以严谨、客观、实证、创新等为本质特征的医学的科学精神。与其同时代的加拿大医学家、医学教育家，被誉为现代医学之父的威廉·奥斯勒（William Osler），积极倡导医学的实践和医学的人文精神。他首创了"病床边"（bedside）的教学观念，提出"医学是在床边学习的，而不是在教室里学的（Medicine is learned by the bedside and not in the classroom）"。白求恩就是在这样的背景下接受的医学教育，从而形成了良好的医学知识结构、医学能力结构和医学人格品质。这一点，在其日后的医学生涯中得以淋漓尽致的彰显和验证。那个时代背景下的最先进的医学教育赋予了白求恩践行医学使命、服务社会大众的能力素养。

第三章 作为外科医生的白求恩

"接受风险高的病患是外科医生的责任，患者有可能会死在手术台上，但如果不接受外科手术，他们将必死无疑。"

——白求恩

外科医生白求恩 张修航 绘

【本章导语】自从有了人类，便有了医学。没有医学的相随相伴，人类怎会繁衍至今。医生，作为以医为业者的通称，是一种社会职业，肩负着"健康所系、性命相托"的医学使命，被誉为"生命的守护神"。千百年来，人类社会对医学这个学科，对医生这个职业寄予着超乎寻常的厚望与期待。"医德高尚，医技精湛"，既是社会大众对良医的赞誉，更是对医生这个职业的特殊要求。

从多伦多大学医学院学有所成的白求恩，如愿以偿地成为一名医生，成为他期待已久的外科医生。在那些特殊的年代、特殊的社会背景下，白求恩成为了怎样的一位外科医生，他在外科学领域做出了怎样的贡献，他以外科医生这个职业为切入点为社会做出了怎样的贡献，他有着怎样的医学情怀，有着怎样的社会责任意识，更是怎样地把握着外科医生手中的手术刀。

第一节　精湛高超的医疗技术

从14世纪起，白求恩家族就出过不少成功的医生。直接受祖父诺尔曼·白求恩的影响，童年时期的白求恩就对从医表现出强烈的意愿，并决心长大也做一名外科医生。他把祖父的医生铭牌挂在自己卧室的门上，并将其名字"亨利"更改为"诺尔曼"。

1916年12月11日，白求恩顺利获得了学士学位，顺利地成为一名外科医生。为了精进技术，1919年2月1日，白求恩来到伦敦开始了住院外科医生工作，经历了为期三年的实习工作，他始终坚信自己一定能成为一名伟大的外科医生，他也为之付出了许多努力。

图3-1-1　白求恩在伦敦实习期间与同事的合影
图为2018年6月石家庄白求恩医务士官学校齐明提供

1923年，白求恩在去爱丁堡参加外科医学会的会员考试时，一次际遇，遇到了弗朗西斯·坎贝尔·彭尼。很快，两人坠入爱河并顺利地步入了婚姻的殿堂。两个幸福的年轻人便于1924年春天抵达欧洲，一边度蜜月，一边求学。除此之外，在这一年期间，白求恩分别于巴黎、维也纳、柏林观摩了许多欧洲外科名医的手术。

图3-1-2　1923年8月，白求恩与弗朗西斯·坎贝尔·彭尼结婚

图为2018年6月石家庄白求恩医务士官学校齐明提供

　　结束了蜜月旅行和游学之旅后，1924年12月，白求恩开始了挂牌行医之路，他选择了底特律这个蓬勃发展的城市，在卡斯街和赛尔登街的拐角处的一套小公寓里开始了私人行医的职业生涯。作为一个名不见经传的外地医生，白求恩的诊所门庭冷落，生意开展得尤为艰难。况且底特律这个充满了成功和金钱的城市里也隐藏了许多贫穷和破败。经历了一段时间后，他发现了一个书本上从来不会提到的问题：最需要医疗的人，正是最出不起医疗费的人。

　　一次，附近食品杂货店老板请白求恩去给他的妻子看病，他妻子的一条腿严重肿胀，之前已经有医生断言这条腿除了截肢别无他法。白求恩在询问病史，检查体病人后，决定将脓肿切开引流。经过白求恩几天的细心处理后，病人脱离了生命危险。杂货店老板十分感激，但并没有钱来支付诊费，只能以店里的杂货支付，白求恩也因此解决了生活中的食品来源问题。随后，白求恩又医治了一家肉铺、一家五金店和一家家具店的病人，解决了肉和厨具、家具等问题。

　　很长的一段日子里，来找白求恩看病的都是附近的穷人，根据病人的实际情况，有时诊费也是分文不取的。大多数病人经常病情严重到无法医治了才找他就医，而不是在病情刚一出现还有医治可能的时候就诊，对此白求恩心里时常愤懑。归根到底，限制病人就医的绝大多数原因就是贫穷。

　　不过，无论碰到什么样的病人，无论贫穷或者病情怎样，他都会一心一意地诊治。病人起死回生时，他也会感到信心满满，精神振奋，他的医疗技术也在这段时间的医疗实践中不断得以提高，使他成为了一名充满信心的外科医生，等待他崭露头角的时机的到来。机会通常提供给有准备的人，白求恩便印证了这一点，他所等待的时机也随之而来。

一次偶然，白求恩在私人执业期间找到了一家州立医院兼职的工作，而工作的内容是做一些简单的外科手术。一天，他刚刚走出手术室，一位衣着考究的中年人拦住了他，这个人就是底特律最有成就的开业医生之一——兰特·马丁大夫，马丁大夫邀请白求恩来到了他的家里，在这里白求恩见到了许多当地的名医及社会名流，白求恩与他们相谈甚欢。

这次偶然的机会，也宣传了白求恩私人诊所的名声，为他带来了大量的病人，也为他以后的医学道路产生了一定的影响。仿佛一夜间，白求恩一跃成名，源源不断的病人找他预约做外科手术……

在此期间，提高外科技术的同时，他的收入水平也节节攀升。很快他便搬到了当地头等住宅区的豪华公寓里居住。虽然诊治的病人越来越多，生活条件越来越好，然而白求恩的内心并不愉悦。原因是他厌恶这种医生之间互相照顾、通过介绍病人来收受回扣的赚钱方式。

这段时期，他的身体情况每况愈下。由于病人越来越多，纷繁复杂的工作常常令白求恩的精力显得不足。然而他没有拒绝过给人看病，特别是穷苦的病人。他的身体逐渐消瘦，两颊总是红红的，经常半夜惊醒，冷汗湿透了衣衫。终于有一天伴随着咳血，他支撑不住，倒下了。

这位冉冉升起的外科医生新星被诊断为肺结核。按照当时的医疗条件，这是被视为绝症的一种病。在经过了很久的思想斗争后，他主动结束了他的婚姻。

在当地一个医院里医治了几个星期后，转到了白求恩家乡——格列文赫斯特蜜月湖畔的卡利多疗养院接受治疗。

为了得到更好治疗，1926年12月16日，白求恩转到了特鲁多疗养院，这所疗养院是由北美养疗法倡导者爱德华·利文斯通·特鲁多创办的。和白求恩一同住院的病患也是几名医生，然而不同的是白求恩没有像其他人一样听天由命，而是积极寻求治疗方法。

在此期间，他查阅了大量的相关医学资料。一次在阅读约翰·亚历山大大夫所著的《肺结核外科疗法》时，作为外科医生的白求恩敏锐地捕捉到了肺结核外科治疗的可能性。在此之后，他又在职工阅览室查阅了几乎所有能找到的关于肺结核外科治疗的出版物。查阅了大量的相关资料后，他的思路也随之逐渐清晰，而将注意力锁定在人工气胸和胸廓成形术。

图3-1-3　1928年元旦白求恩（前左二）病愈后在特鲁多疗养院与休养员和医护人员合影

图为2018年6月石家庄白求恩医务士官学校齐明赠送

人工气胸是把一根空心针插入胸腔，向内打气，造成气胸，使肺脏压缩到一定程度，使其得到休息，持续数星期、数月，直至肺脏恢复健康。但是同时，风险与机遇并存，白求恩发现这一有可能挽救肺结核病人生命的治疗技术在加拿大只有17名医生采用过，过去七年在全美洲也只进行了300次，而单单加拿大就有数万名肺结核病人。

经过反复思考验证后，终于有一天，白求恩冲进特鲁多疗养院的办公楼，向医生们提出了他要选择人工气胸疗法治疗的想法。特鲁多疗养院一直是北美肺结核治疗最前沿的治疗机构，推行肺结核外科疗法的肺结核专家约翰·亚历山大大夫和爱德华·阿齐博尔德大夫也都在这所疗养院工作过。虽然这里的医生也知道人工气胸疗法，但因该疗法仍处于试验阶段，在白求恩主动提出要求采用这种疗法时，第一时间就和白求恩说明了这种疗法可能存在的危险性，但白求恩毫不畏惧，表示愿意承担风险，愿意担任医学事业的试验品。

实施人工气胸疗法后，白求恩的咳嗽等症状逐渐好转，不到一个月，痰便没有了，白求恩自己也感觉到精力不断好转。白求恩发现自己好转后，遂制定了重回正常生活的康复方案，同时更深入地钻研肺结核的外科疗法，为重新工作做准备，甚至开始在疗养院主办的米尔斯护士学校担任生理学和解剖学课程的教学工作。

两个月后，经过细致检查，白求恩被判定可以出院了。与病友短暂告别后，白求恩毅然踏上了离开特鲁多的火车，上车前，白求恩给他的前妻弗朗西斯发了一封电报，内容大致是期待自己病愈后能够与其复合。

这次死里逃生的经历，使得白求恩的思想也随之发生了转变，病人在他眼里，从一个漠不相关的生物或一个单纯技术上的问题，转变为一个有血有肉有理想的人，白求恩不但要治疗肉体，同时还要拯救他们的理想。他更是励志成为一个医学的探求者、一个技术精湛的外科医生。

在纽约州立结核病医院工作了将近两年后，1928年3月，白求恩来到了蒙特利尔的皇家维多利亚医院，这是肺结核专家爱德华·阿齐博尔德大夫工作的医院，白求恩在此成为了一名胸外科医生，并做了阿齐博尔德的第一助手。在白求恩跟随阿奇博尔德大夫以及独立治疗患者的过程中，其外科技术也得到了迅速的提升。

与此同时，白求恩也在麦吉尔大学任教，他出色的手术示教给学生们留下了深刻的印象，在大学里十分受欢迎。偶尔，白求恩也会回到特鲁多疗养院，然而不是作为病人，而是去讲学和进行胸外科手术示教。随后不久，此前白求恩在离开特鲁多上车前发出的电报也得到了回信，在经过反复沟通后，白求恩和弗朗西斯再次结婚了。

一次，在皇家维多利亚医院会诊时的一位病人是一位右胸间隙脓肿手术后两年感染复发的高龄病人。白求恩从病人胸中吸出了500毫升的脓液，检查后证实是链球菌和其他杆菌的感染，没有结核菌。白求恩考虑到病人年龄大，无法耐受长时间的手术，所以选择采取了一种新的方法治疗。在手术切开脓肿敞开引流9天后，白求恩向敞开的伤口内置入了一试管的活蛆虫，并用一块铁纱覆盖伤口，外面放置一盏电灯把蛆虫驱赶到伤口深处进行清创。放置蛆虫后3天，蛆虫逐渐死去，伤口的脓液逐渐减少，化验显示链球菌数量明显减少，创面基底也比之前更加新鲜。把死亡的蛆虫用盐水冲洗出来2天后，再次置入了活蛆虫，6天后再次把蛆虫冲洗出来，之前感染造成的脓腔空洞缩小了5倍。又过了6天，病人能够起床，两个星期后，伤口完全愈合，病人出院，之后感染再也没有复发。白求恩应用创新、大胆的方法治愈了这位病人，还进行了进一步的实验和研究，并把研究结果发表在了《加拿大医学会学报》和《胸外科学报》上，引起当时医疗界很大的反响。在这种追求极致的工作态度下，白求恩的医疗技术愈趋精湛，发表的学术论文水平也逐渐提升，成为了美洲大陆胸外科医生各种集会上的名人，并被认可为胸外科著名的专家。白求恩也因此获得了很多社会兼职的荣誉：他成为了美国胸外科学会理事会的理事，被聘为圣阿加莎·德蒙的疗养院以及联邦政府和若干省政府卫生部的卫生顾问等，他的胸外科医术在加拿大、英国和美国医学界享有盛名。

如今，作为麦吉尔大学的附属医院，皇家维多利亚医院已经乔迁新址，建成了更加现代化的综合医院。在这家医院的新址内，在医疗空间紧张的情况下，仍然为白求恩保留了一席之地，在这里展示了白求恩曾经用过的医疗手术设备[①]。

---

① 2019年2月，《寻根白求恩》编撰组赴加拿大调研所得素材。

图3-1-4　皇家维多利亚医院新址　钱磊 摄

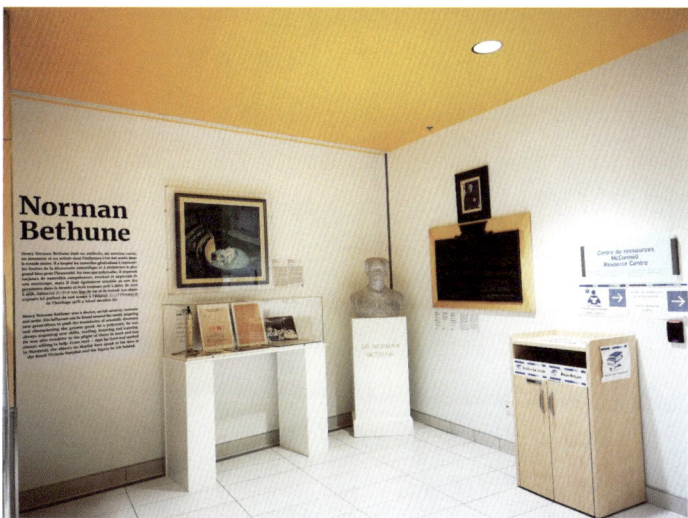

图3-1-5　皇家维多利亚医院新址中白求恩纪念展区　钱磊 摄

皇家维多利亚医院眼科主任陈展强教授，不仅是一位医术精湛的专家，同时也是加拿大当代白求恩行动促进会的副会长。陈展强教授是台湾人，对中国传统文化有着深刻的理解，在其求学和工作的过程中，更对加拿大社会十分熟悉。他本身就是中国和加拿大文化和友谊的纽带。多年来，他自费志愿参加加拿大当代白求恩行动促进会的各项活动，带病坚持为中国偏远地区患者义诊。他还积极思考医学生教育的问题，提出了"六个花瓣框架"①的特色理论，对于白求恩精神在思想层面和行

---

① 六个花瓣框架（Can MEDS）：是一个通过加强医师培训标准框架。由皇家学院在20世纪90年代开发，其主要目的是确定医生在所有医疗实践领域所需的必要能力，为加拿大医学教育和实践提供全面的基础。自1996年皇家学院正式采用以来，已成为世界上最广泛接受和应用的医师能力框架。

动层面的促进，都有着深入研究和体会[1]。

图3-1-6　维多利亚医院调研　《寻根白求恩》编撰组　摄

　　加拿大当代白求恩行动促进会的会长马楠教授，是白求恩医科大学1977级的校友。她时刻以白求恩学子的责任感和使命感，多年持续不懈地为弘扬白求恩精神和促进白求恩行动默默努力和奉献着。在她倡导的各项活动中，有很多像陈展强教授一样的人，他们牺牲自己的宝贵时间，自费到中国最偏远、贫困的地方去，为那里的人们送去关爱和救助，这个公益的团队是无数当代白求恩的代表之一。

　　1933年春天，白求恩得到机会去美国最大的医院之一——底特律的赫尔曼·基弗医院临时负责胸外科，在原胸外科主任爱德华·奥布赖恩大夫受伤痊愈之前代理胸外科。在这大半年时间里，白求恩研究并实践了所有的胸外科手术技术，也为成长为一名优秀外科医生积累了大量经验。

　　在赫尔曼·基弗医院胸外科原主任爱德华·奥布赖恩大夫痊愈复职后，白求恩向多所医院递交了求职信，其中，圣心医院邀请他担任新设立的胸外科主任。于是，1933年，白求恩怀着满腔的热情来到了圣心医院。

　　圣心医院和维多利亚医院一样，都是蒙特利尔大学的附属医疗中心。白求恩赴西班牙前一直在这里工作。在他的主持下，胸外科从刚刚成立发展到一年内可以收治1100名肺结核病人，每年手术量近300次，其中包括73次胸廓成形术。在忙碌的临床工作中，白求恩仍然坚持提高医疗技术，寻求创新。

　　由于历史原因，蒙特利尔属于英语和法语双语区，而圣心医院所在的区域主要的语言是法语。2018年，圣心医院建立了以白求恩名字命名的图书馆，并展示了白求恩曾经使用过的手术器械。

───────────

[1]　2019年2月，《寻根白求恩》编撰组赴加拿大调研所得素材。

图3-1-7　圣心医院白求恩图书馆及馆内展品　朴美花 摄

青年时期的白求恩所展现出的医学能力、医疗技术、医德风范以及医疗作风，描摹和展现一个能够承担起为社会服务，具有医者应有的责任感和使命感的立体式外科医生形象。此形象，同样也是现时代中国医学教育所追寻的培养目标之鲜活而具体的体现。

第二节　勤于创新的科研意识

一、医疗科研的技术创新

时至今日，人们对白求恩在抗日战争时期为中国人民无私奉献的故事都已耳熟能详了。他一生致力于医学事业，对技术精益求精，坚持不懈地探索、钻研和创新，在攀登医学高峰的艰辛历程中，取得累累硕果，白求恩精神已然成为一个时代的符号，激励和鼓舞着一代又一代医务工作者走上救死扶伤的崇高医学道路。然而鲜少有人知道，白求恩在来中国之前就已经在国际上有了很高的声誉，研制出了多种方便实用的医疗器械，是一名十足的科学家。

我们需要引领时代、民族、行业的英雄，我们需要这样的时代英雄。创新是面对未来，是在向未知世界渗透。医学创新的起点必然是思想的解放，临床创新是应用科学智慧解决问题，即在临床存在的问题与理想解决方法之间建立新思想描绘的桥梁。研究的过程是桥梁建设的过程，需要科学的方法、艰苦的实践，由此而铺就通向成功的道路。我们需要创新图强的勇气，而白求恩恰恰在意识创新方面给我们作出了榜样。

一帆风顺的生活和工作中的白求恩时常会因手术器械用得不顺心而大发雷霆。但冷静下来后经过琢磨思考后，他找到医院的工人，向工人展示并说明了他自行设计的剥离器草图。一个星期后，工人制作出了根据白求恩提供的设计方案所重新设计出的肋骨剥离器，随后也在临床实践中得到了良好的反馈，就连阿齐博尔德大夫在使用过后也觉得比原来的剥离器要好很多。此后白求恩所设计的剥离器便成为了医院胸外科的标准器械。

剥离器只是白求恩发明创新的第一步，白求恩对创新手术器械产生了浓厚的兴趣，因为白求恩认为，在外科学蓬勃发展的过程中，一些外科器械还处于落后阶段，科技的进步不但没有推动外科技术的发展，有时反而限制了外科技术的发展。随后他又对工作中多个使用不方便的手术器械进行了重新设计。

新的人工气胸器械、机械牵开器等一系列新手术器械便应运而生了，且获得了多个医院的广泛应用。这些器械的发明正是白求恩对外科技术不断精益求精的副产品。当然不是所有的新发明都会成功，白求恩在设计一个处理胸腔粘连的器械时，经过反复试验证实其不及电凝固法，但白求恩并没有因此气馁或是不承认失败，而是把他的新见解坦诚地发表在《加拿大医学会学报》上。白求恩的这些开拓创新的想法和孜孜不倦追求新高度的态度也得到了阿齐博尔德大夫的高度肯定。白求恩工作积极，敢于创新，1927年一年就发表了四篇论文，在皇家维多利亚医院的年终评比中获得了"非常出色"的评语。

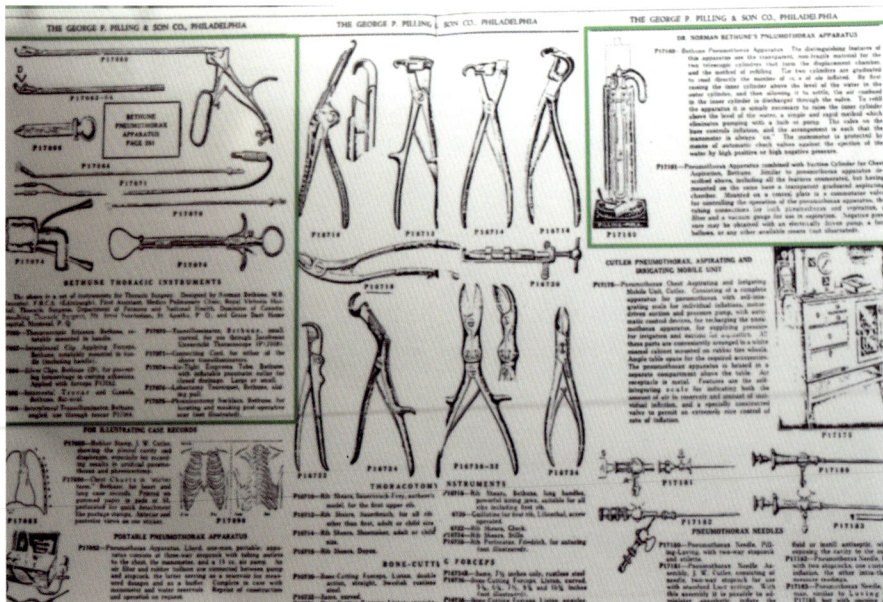

图3-2-1　人工气胸疗法介绍　钱磊 摄

同时期，白求恩的思想也发生了转变。他意识到肺结核的治疗不光需要局部处理，还应整体地认识这一疾病，肺结核不是单纯的肺部疾病，而是一种全身的疾病，如果不能认识到这点，所有单一的治疗都将失败。此后他的研究方向也从肺结核的外科治疗技术向肺结核的理论认识方面发展。

早在1931年夏天，白求恩发明和创造外科器械的消息就吸引了许多专业器械制造公司的关注。一次医学会议上，国际闻名的费城皮林公司的老板皮林先生专程会见了白求恩，申请获得制造并销售白求恩所发明的外科器械的专利。白求恩和皮林公司一拍即合，随即推出了一系列以白求恩名字命名的气胸器械、肋骨剪等。他的外科器械获得了许多证件和褒奖，他发表的医学论文也被大家认真研究着，他还经常被邀请进行外科技术演示。

那个时期，可以说，只要是治疗肺结核的地方，以白求恩命名的器械都是必不可少的。1926年夏天，白求恩患上了可怕的肺结核，1926年12月16日，住进美国纽约州特鲁多疗养院，在疗养院中，他倔强地拒绝"静养"疗法，坚决要求实行有风险且疗效不确定的"人工气胸疗法"。在疗养期间，白求恩创作了《一个肺结核患者的历程》，其在第九幅中写道：人工气胸疗法和膈神经切断术挽救了我的生命，后者是切断通往病肺的横膈膜神经，使肺的活动受到限制。1927年10月27日，他开始进行这种治疗，12月初身体就恢复，离开了特鲁多疗养院。

1928年4月进入维多利亚皇家医院工作，其间，白求恩研制和革新了三十多种外科器械，主要有美国费城皮林公司制造和发售，被命名为"白求恩式"肋骨剪等。当时胸外科手术普遍使用的万能肋骨剪使用起来笨拙、沉重又太锋利，但保守的外科医生们都被流传的一种说法所禁锢，即"只有能力差的外科医生才抱怨自己的器械"。而白求恩却不这样认为，对于外科大师留下来的各种外科器械，他从心底感到敬佩；而对于那些思想保守、抗拒变革和新技术的医生，他则从心底里蔑视，极力主张把现代科学技术应用到手术台上。他对他的同事们说："外科医生们往往因为偏见和惰性受到阻碍，自己蒙着自己的眼睛，看不见工业的发展可能使手术室得到各式各样的新器械。一句话，我们需要在手术室来一次大扫除。"

白求恩在1932年发表学术文章《一条膈神经切断术项链》，描述了为好莱坞影星芮奈阿道勒手术，同时找到遮挡瘢痕的方法的过程。

当德意法西斯侵犯西班牙时，39岁的白求恩亲赴前线为反法西斯的西班牙人民服务。在战场上，他对输血进行了很多探索性的工作，并发明了世界上第一辆流动输血车，它可以储备为500个人进行包扎和做100个手术所需的药品和器械。

白求恩一生致力于医学事业，对技术精益求精，坚持不懈地探索、钻研和创造，在攀登医学高峰的艰辛历程中，取得累累硕果。他说："医生要有一颗狮子般的心，一双巧妇的手，也就是说，必须胆大、坚强、敏捷、果断，但同时也得对病人和蔼、体贴。"

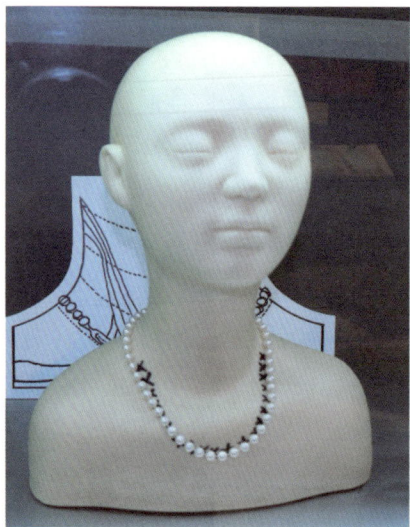

图3-2-2和图3-2-3　膈神经切断术项链以及接受手术的女星芮奈阿道勒　钱磊 摄

白求恩富于开拓创新的精神，使得他三十多岁就已经成了著名的胸外科专家，但他从来没有停止过在医学领域里的探索和追求。从组织战地医院到培训医护人员，从提高医疗技术到充实医学理论，白求恩都有独到的见解。

创新中既包含对历史的传承与肯定，也包含对历史的背叛与否定，本质则是对传统思想与行为的背叛，其脱胎于旧理念和旧事物，如破茧成蝶，如此新旧循环往复，生生不息。值得关注的是，虽然临床医学中一切新事物都源于临床创新思想，但是创新结果并不一定符合科学与人文精神，一切新事物都需要经历临床实践检验而完善。由此可见，原始创新从星星之火的意念，到临床惠及病人的成熟技术，是一项系统的工程，需要纵向与横向的比较。而科研活动，是一种运用科学知识进行探索、研究或创造的过程，是运用科学知识于研究实践的重要形式。临床医生作为医学科技水平的代表，其科研能力具有重要意义。

在目前以医疗为主导的医学社会职能倾斜的大环境下，难免导致了科研意识薄弱。临床医师时常苦于缺乏研究方向，实际上临床问题俯拾皆是，简言之，病人的疾苦就是研究的方向。临床医学不同于基础医学或其他自然科学，它不仅需要理论探索，更需要科学实践。在某种程度上，临床医学是一门技能学科。培养高素质的临床医师往往需要长期的临床实践和经验积累。疾病的特殊性和复杂性要求医师具备很高的综合能力，这一点充分体现在危重病人的救治过程中。在生物—心理—社会医学模式下，一个高素质、高水平临床医师不能仅满足于会看病、会做手术，而要具备认识、分析、综合、推断、总结和实践等诸多能力，同时要具有良好的心理素质和必要的人文科学知识。

此外，强化对现代信息技术的学习，提高对前沿医学信息的获取能力，增强对现有医学信息的分析、研究能力，通过对比国内外医学科研前沿领域的差距，找

准自身发展的方向。医疗技术创新的最终目的是应用于临床，服务大众，因此，技术创新要来源于临床，服务于临床。党的十九大报告中"实施健康中国战略"的论述，是对健康中国战略几个重点方面及近期重点工作的强调，也是对卫生健康工作重点的部署——深化医疗卫生体制改革。从"为群众提供安全有效、方便、价廉的公共卫生和基本医疗服务"到"为人民群众提供全方位全周期健康服务"这一变化，是卫生和健康领域对我国新时代主要矛盾转化为人民日益增长的美好生活需要和不平衡不充分的发展之间的矛盾这一重要判断做出的反应。

二、医疗体系的模式创新

党的十八大报告强调，人类只有一个地球，各国共处一个世界，要倡导"人类命运共同体"意识。党的十九大报告指出了三个制度和一个体系的建设要求。基本医疗卫生，包括基本医疗保障和基本医疗服务，只是满足基本需要，还要在筹资和服务两个方面满足日益提高、日趋多元化的医疗需求。因此，报告提出了全面建立医疗保障制度、优质高效的医疗服务体系和健全现代医院管理制度的任务。把医学建设作为党的十九大报告的重要部分，寻医学精神之根、铸医学精神之魂、振兴医学之根本，谋划着国家未来医疗事业的发展蓝图。

白求恩是加拿大第一个提出建立公共医疗制度的人，但在当时，他的建议并没有引起足够的重视，但白求恩尽自己所能为实现自己的理想做出了努力。

底特律行医期间，耳闻目睹的社会现实已经让白求恩开始厌恶医疗制度的不平等，很多需要救治的穷人因为没有钱，只能忍受病痛的折磨或延误治疗。白求恩在底特律医疗社团里大声疾呼，批评当时的医疗制度。但是，社团的其他成员并不赞同他的意见。

1934年，随着经济形势的恶化，他越来越清楚地认识到社会的不平等，以及医术对救助穷人的局限性，我们是医生，无法改变使人感染疾病的外部环境。贫穷、饥饿、卫生条件差、长时间的劳作和沉重的精神压力等都是经济学家和社会学家要考虑的问题。白求恩提出了建立全面的社会化医疗制度的建议，希望加拿大能够改革医疗制度。他说："我们面临的是一个社会和政治经济领域的伦理道德问题，而不仅是医学经济学的问题。医疗制度必须被看作社会结构的一部分。提供医疗保障的最好的形式是改变经济体制，消除无知、贫穷和实业。"

1936年2月，白求恩赴美国田纳西州孟菲斯城讲学，在美国中南部医学大会上发表了关于推动社会化医疗的见解。随后白求恩创立了蒙特利尔人民健康保障组织，它由100名医生、护士、牙医和社会工作者组成，为最需要医疗救助的人提供帮助。从白求恩的外科医师成长历程中，我们真切地感受到不论时代如何演变，在医学之路上，唯有不断进取才是通向进步的正确方向。

现代医学培养模式中，同样遵循这一原则。时至今日，医教研三者结合仍然是医务工作者保持自身不断进步的有效手段。而创新科研意识，恰恰是指引医疗、教学的基础。身教胜于言教，白求恩同志经历的，潜移默化地影响了一代代的医师和医学生，这正是白求恩精神的代代传承。

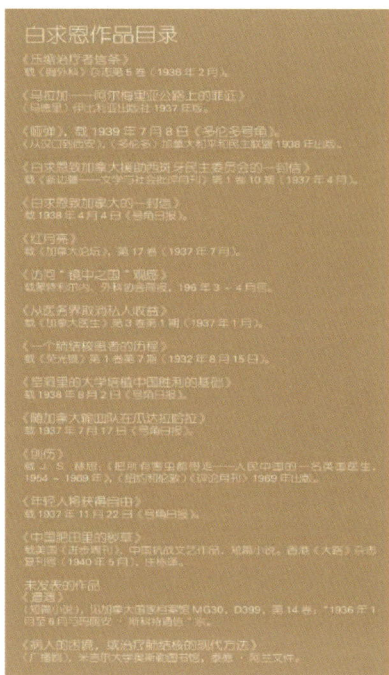

图3-2-4　白求恩部分作品目录　洪东旭 摄

白求恩在各种艰苦条件与复杂环境下，都能不断地有所发明创造。成为驰名欧美、享誉中国的胸外科专家，源于他那种锐意进取、勇攀高峰的创新精神。只要我们坚持解放思想、实事求是的科学态度，发扬勇于开拓、与时俱进的创新精神，创造性地开展工作，就能抓住继承和发扬白求恩精神的灵魂，永葆白求恩精神的生机和活力，引导广大医务工作者实现医学科技领域的理论创新与实践创新。

第三节　救世济民的人文情怀

一、人文情怀的树立

白求恩的一生，是不拘小节、对自己诚实、敢于担当、不麻木的悲天悯人、不轻易放弃理想、脚踏实地的一生。时至今日，我们弘扬的白求恩精神的内涵即"人文情怀"，人文情怀的培养也是一个民族文化建设的重要根基，其不是泛泛的，只有通过实践，才能够弘扬。白求恩的一生，突破了狭隘的民族意识，发展为一种拯救人类，施爱于全人类的博爱精神。

1936年，德、意法西斯支持佛朗哥发动西班牙内战，援助西班牙民主委员会请求白求恩去领导设在马德里的加拿大医疗机构，这时，39岁的白求恩已经是世界知名的胸外科医生，而且是加拿大年薪收入最高的医生之一，很多人都认为，这个请求不太现实，尽管接受邀请意味着经济上的损失，白求恩还是义无反顾地接受了；1936年11月3日，白求恩出发奔赴马德里，志愿参加反法西斯斗争。在枪林弹雨的前线战场，白求恩为外科事业发展做出了重大贡献。所以不管是哪里的斗争，只要当战争的号角响起，为了正义和在战火中受伤的战士，他都毅然放弃了熟悉的环境和舒适的生活条件，远赴战场，医治更多的伤员。白求恩的这种跨越民族、国家，心系全人类的精神正是国际人道主义的体现。

当代白求恩医学人文思想体现着救死扶伤、极其负责的职业理念，扬正抑邪、无私利人的价值取向，精益求精、一丝不苟的科学精神，故时至今日弘扬白求恩人文思想对于推进人文教育具有重要的时代意义。作为一名新时代的医疗工作者，承载着建设中国特色社会主义的历史重任。对于医疗工作者来讲，不忘初心就是能够不断提升医疗技术，强化医疗服务，始终以人民为中心。医生对病人时刻牵挂、时时担心，始终把依法、诚信、规范的理念作为自己的职业操守，把病人的健康作为职业要求。为人民服务，才能真正实现自己的人生价值与追求，为实现中华民族伟大复兴的中国梦贡献自己的初心与力量！

二、人文情怀的"长成"

众所周知，白求恩的一生曾从事过多种职业，最为世人所熟知的就是医生。医生既是一种常见的社会职业，又有别于其他职业，特殊性在于它的服务对象是人，服务内容与人的生命息息相关，服务目的是维护人的健康，拯救人的生命，其社会价值是其他职业无法比拟的。医学的本质决定了医生所从事的是一个崇高的职业，一个最能体现爱心的职业。

美国著名医学教育家奥斯勒告诫学生，行医是一种艺术而非交易，是一种使命而非行业。自医学诞生以来，医学人文情怀滋养着医生的职业生涯，也促使着医学不断前行。《希波克拉底誓言》中提到，"我愿以此纯洁与神圣之精神，终身执行我职务"。

自觉的医学使命感应成为医生心中的崇高道德律，医学人文情怀应是医生必备的职业素质，深刻的人生价值思考应是提升医生人格的必修课。同为医生，价值取向不同，运用科学与商业的结果必然不同。具有强烈社会责任感的医生，掌握医学科学技术越多，给病人带来的福祉越多，就好比具有正义感的机构或人，运用商业手段越熟练，给社会带来的福利越多，反之，则危害越大。在价值取向多元化的社会大环境中，选择医生这个职业，而没有医学使命感，从起步就迷失了方向，其结果必然与医学本身的崇高目标渐行渐远。

1993年世界医学教育高峰会议，明确规定医生的任务是："医生应促进健康，防止疾病，提供初级卫生保健。医生要遵守职业道德，热心为病人治病和减轻病人痛苦。医生还应是优秀的卫生工作管理人才；病人和社区的代言人；出色的交际家；有创见的思想家，信息专家，掌握社会科学和行为科学的开业医师和努力终身学习的学者。"这段话和弘扬白求恩精神也是相当吻合的。当下医生最缺乏的不是专业知识，不是技术手段，而是对医学终极意义上的精神追求的冲动。清醒认识到这一点，唤醒和调动医生对医学终极意义上的精神追求的冲动，这是迫切而现实的问题。今天，学习白求恩的医学人文精神，应作为每个医务人员必备的职业素质，充实人文知识，丰富人文情怀，以善良之心，怜悯之情，对每个病人尽可能地去安慰，去帮助，去治疗，就显得更具现实价值和深远意义。

白求恩从选择学医那天开始，就怀着强烈的医学使命感，在他的内心深处有着对生命的尊重，勇于承担风险拯救病人的生命。当下我们学习白求恩，弘扬白求恩精神，仅有道德的呼唤是不够的，必须唤醒医务人员内心深处对生命的关爱，对职业的尊重与热爱，使其自觉树立医学使命感，把病人利益置于个人利益之上，拒绝各种名利诱惑，为医学而献身，做一个脱离低级趣味的人，一个有益于人民的人。自觉的医学使命感应成为医生心中崇高的道德准则。生命是人最基本的价值，看清生命的价值，一个人活着的价值何在，白求恩给我们很深刻的回答——人的价值要为人类福祉做事情。坚持真理、忠诚信仰，是白求恩精神体系的制高点，是新世纪、新阶段医务工作者必须牢牢坚守的精神体系中最根本的内容。这是贯穿于白求恩一生的主线，也是白求恩精神的灵魂。有了这样的精神支撑，就有了立身之本、动力之源，就能顶住各种歪理的影响，经受住各种诱惑的考验。

每个人的生命都是平等的，都是最珍贵的。尊重生命、摒弃私利，是医务工作者坚持职业道德、践行以人为本理念的基本要求。白求恩医生曾呼吁："让我们把盈利、私人经济利益从医疗事业中清除出去，使我们的职业因清除了贪得无厌的个人主义而变得纯洁起来"，他要求医务人员"必须运用技术去增进亿万人的幸福，而不是用技术去增加少数人的财富"。我们既不能走只讲精神、不求报酬的道路，也绝不能陷入只贪图物质享受而放弃精神追求的泥塘。两极意义上的选择，在理论上是有害的，在行为上也是危险的。

作为一名医生，白求恩的情怀体现在一切以伤员的康复为宗旨，工作极其深入细微，在每次为伤员进行手术前，都要认真、细致地观察伤员病情，认真研究探讨手术方案，大大减少了伤病员的死亡，挽救了许多战士的宝贵生命，最大限度地减少了伤残，有力地保障了战斗力，同时努力提高医护人员的医疗水平。白求恩一生以手术刀为武器，用高超的医术，博大的胸怀，帮助饱受病痛折磨的病人，挽救生命垂危的战士，努力实践着伟大的理想。他在医学上的成就，是他伟大人格的载体和表现形式，同时也是其精神的具体外在体现。

当代，白求恩人文情怀的内容更加殷实，逐渐融入了医学职业精神和人文医学理性的元素，包括极其坚定的人道主义理想、医学职业道德信念和医学理性情怀。该内涵规范医务人员的"救死扶伤"行为和升华心灵的"真善美"，进而可以鉴定医学理性，它是善良总原则的升华。毫不利己、专门利人的奉献情怀，其中包括对工作高度负责任。从善良总原则出发，要求和规范医务人员对医疗消费者的健康和生命高度负责，不得有偏私和狭隘，更不能触及医学职业道德的底线，对同行、对患者要热忱；要求和规范医疗服务群体以患者为第一因素，以善良之心保护医疗消费者的权益，维护其整体声誉。以医疗为职业，对医学技术精益求精，争取德才兼备，彰显医学人文情怀，是白求恩情怀的本色。

作为一名医务工作者，我们要自觉树立高尚纯洁的医疗道德观念，摒弃私利，满怀大爱，不应将这一神圣的职业变成捞取钱财的"平台"；要"爱行业、爱患者"，常思患者之忧，常想患者之痛，始终把他们的利益放在首位，竭尽全力消除他们的病痛，千方百计减轻他们的经济负担。白求恩的精神教育影响一代又一代医务人员高举旗帜、牢记使命，为完成各项重大任务和维护全民健康做出了重要贡献。

三、人文情怀的升华

白求恩是一个无私的行动者、一个正义的志愿者、一个充满人文精神的思想者，同时也是一个化腐朽为神奇的教育者。医生要维持生存，必然会关心个人的物质利益；而医生作为社会人和职业人，势必追求精神上的满足和个人发展。二者之间的平衡与处理，可以体现人格的高低，价值的大小，白求恩也曾陷入这种痛苦的平衡与处理之中，留恋过物质的享受，有过自我欣赏的举动，但是，他是一个敢于挣脱束缚、自我革新的人，最终，他从一位驰名北美的胸外科医生成为一名伟大的国际主义战士。

让我们把时光的指针拨回到1935年。日历上的日期已经是11月了，加拿大微冷的冬天让生活在那里的人们不断地套上了厚重的衣服。而就在这个万物即将归于沉寂的时候，白求恩却发出了一声怒吼。随着庄严的誓词宣告完毕，白求恩成为了一名真正的共产主义战士。也就是从这一刻起，白求恩确定了他一生为共产主义胜利而奋斗的最高理想。白求恩在此时的工作是一名医生，而在成为医生之前，他还有很多身份。比如餐厅的侍者、伐木工人、纸童等。正是这些来自社会最底层的工作让白求恩和劳苦大众们结下了深厚的友谊。生活在资本主义社会里，亲眼目睹了社会最底层人民的悲惨生活，让他更迫切地希望加入到共产主义的大家庭中来，去寻找解救劳苦大众生活的出路。

白求恩为共产主义奋斗的战争很快就打响了。1935年加拿大工人阶级爆发了大规模的罢工斗争，白求恩当然也走上街头振臂高呼，希望同胞们为共产主义的胜利而战斗。正是在这种火热的斗争环境中，白求恩彻底地被锻造成为了一名合格的共产主义战士。在欧洲，法西斯的铁蹄正在无情地摧残着这个美丽的大陆，战争的硝烟正在向每一个角落蔓延。处在欧洲西南部的西班牙自然也不能幸免。1936年7月，西班牙内战全面爆发。为了阻止这个世界变成"屠宰场"，作为共产主义战士的白求恩也于同年10月份启程来到了西班牙。在西班牙短短的八个月时间里，白求恩为这个国家或者说是共产主义事业做出了巨大贡献，包括建立流动输血供应车、组建移动抢救伤员的系统等。

在西班牙战场上，白求恩为战争中死去的许多孩子心痛不已。他目睹了一个女孩在阿梅利亚（Almeria）的残酷轰炸中被炸死。当时她的手里紧紧地捧着一个小小的古朴笔记本。白求恩为握着笔记本的亡童拍下照片，取名《亡童的笔记》，并且将这个笔记本带回去，交给了自己的好朋友帕斯科娃·克拉克（Paraskeva Clark）。后来，这个笔记本由帕斯科娃·克拉克捐赠给白求恩故居纪念馆，保存至今。

Dead Child's Notebook

Bethune was broken hearted by the number of children that perished in Spain during the conflict. He picked up this child's notebook, after she was killed in the brutal bombing of Almería. Later he gave it to his good friend Paraskeva Clark, who donated it.

Carnet d'une enfant décédée

Bethune était bouleversé par le nombre d'enfants qui périrent pendant la guerre civile espagnole. Il récupéra ce carnet appartenant à une fillette tuée lors du violent bombardement d'Almería. Don de Paraskeva Clark, une bonne amie à qui il l'avait remis par la suite.

亡童的笔记

在西班牙，白求恩为战争中死去的许多孩子心痛不已。一个女孩在阿梅利亚（Almeria）的残酷轰炸中被炸死。白求恩捡到了她的笔记本。后来他把笔记本送给了好朋友帕斯科娃·克拉克（Paraskeva Clark）。帕斯科娃·克拉克捐赠。

Military Badge

This is a Spanish C____ embroidered with ____ ____ ____ ____ represent the rank of Captain.

图3-3-1　亡童的笔记　钱磊 摄

结束对西班牙的援助后，白求恩回到了家乡北美洲。在这片土地上，他继续着自己的共产主义理想。与此同时，另一位来自遥远东方的客人也出现在了这片土地上。他就是陶行知。这位志在联合广大华侨和国际进步人士去拯救祖国的教育、思想家，此时正自费往来于欧美各国寻找可以提供支持的人。历史的改变往往来源于必然的规律和偶然的巧合。当时的洛杉矶还没有现在这般繁华景象，但也总是各种宴席聚会举办不断。在一次医友晚餐会上，历史的巧合终于让这二人相遇了。陶行

知痛心而又担忧地介绍了自己祖国面临的严峻形势。白求恩在认真聆听后，不但深表同情，更坚定果断地希望自己能够前往中国，帮助中国军民去对抗日本法西斯。陶行知在白求恩表达完要来中国的请求后，立即激动地连说了两句"谢谢"来表达自己的欢迎之情。做完这个改变自己一生命运的决定后，白求恩也许不会想到这次宴会有可能是他最后一次在北美洲的医友聚会。也许不会想到自己接下来会面对怎么样的征程。但是我们相信那个时候的白求恩眼睛里闪烁的一定是为共产主义理想而奋斗的坚毅目光。

宴会上，陶行知与白求恩的想法一拍即合。宴会后，白求恩在前往纽约向国际援华委员会报名和表达组建医疗队的请求后，就立即回到加拿大展开了援华准备工作。白求恩在北美的各大城市往来穿梭，不断地发表关于日本法西斯在中国犯下滔天大罪的演说。通过不断的奔走，白求恩组建了一支共产主义医疗队，还筹备了大批的医疗物资。终于在1938年1月份通过宋庆龄"保卫中国同盟"的渠道，白求恩带着这支医术精湛的团队和大量的医用品从加拿大温哥华出发了，而他们此行的目的地就是一切都还未知且很遥远的中国。站在海轮的甲板上，望着没有边际的大海，白求恩的内心一定是激动无比的。为共产主义的胜利而奋斗是每个共产主义战士最高尚的目标。"全世界无产者，联合起来！"《共产党宣言》伟大的战斗口号，强有力地吸引着白求恩去参加这场艰苦卓绝的战斗。正是在这种强烈的国际共产主义精神和热切的人文情怀支撑下，海轮在1月27日顺利抵达香港后，白求恩于23日便飞抵当时尚未陷落的全国抗战大本营汉口。作为一名医生，哪里有伤病，他就会在哪里工作，救死扶伤是医生的天职。但是，白求恩拒绝了汉口医疗部门的挽留，因为他心中的共产主义理想在这里实现不了。终于在2月22日，他离开了汉口踏上了奔赴延安的征程。一路上白求恩突破了层层阻挠，终于在同年3月底到达了中国革命的圣地——延安。

白求恩终生奋斗的就是一切为了全人类的解放。他信仰马克思、恩格斯在《共产党宣言》中倡导的共产主义，认为这是真正意义上没有阶级压迫和阶级差别的人类最美好社会。为了实现这一崇高理想，他全身心地投入到国际共产主义运动和反法西斯侵略的斗争当中。虽然他的整个人生轨迹在此只有寥寥数笔，然而从此，这位伟大的国际主义战士成为神州大地家喻户晓的英雄。他崇高的精神和人格力量鼓舞和激励了一代又一代中华儿女，白求恩精神是一面旗帜，他的情怀早已融入到我们民族的血脉之中，成为中华民族优秀品格和高尚无私奉献的情怀。

尽管白求恩已经逝世80年，但其人文情怀的影响甚为深远，尤其是在新世纪新阶段，面对经济全球化和思想文化多元化的发展趋势，白求恩的人文情怀进一步升华为对发展的马克思主义的深刻认识、坚持走中国特色社会主义道路的坚定信念和为实现中华民族伟大复兴而拼搏进取的实际行动。正是有了这样的人文情怀做支撑，就有了立身之本、动力之源，就能顶住各种歪理的影响，经受住各种诱惑的考验，真正做到一辈子坚信党的领导不动摇，一辈子坚持用先进的创新理论武装头脑不放松。

【本章结语】作为外科医生的白求恩，不论是军队的军医，还是地方医院的医生；不论是在西班牙战场，还是中国的抗战前线；不论是作为主刀医生，还是医疗技术的发明者；不论是作为医院的建设者，还是医学人才的培养者……他走到哪里，就把满怀的希望和沸腾的活力带到那里，尤其是将一位医者所特有的仁心关爱带到那里。不论他做什么，都竭尽全力地将他的热情、他的学识、他的才智和他的心血倾注其中、奉献其中。在白求恩的身上，充分展现了一位优秀医者的职业素养，他的医学科学品质、他的医学人文情怀、他的医学价值理念、他的医学道德追求，都酣畅淋漓地体现在他的医学生涯之中，体现在他践行医学使命的社会实践之中，体现在他为理想和信念不懈奋斗的生命之中。2010年，在著名的Flexner报告发表百年之际，《柳叶刀》（Lancet）发表长篇专论文章，倡导以医学职业胜任力为核心推进医学教育改革的第三次浪潮。当我们细细研究这篇文章的时候，当我们深究医学职业胜任力的概念及其诸多要素的时候，尤其是当我们在寻根白求恩和研究白求恩的时候，能够深切地意识到，白求恩用他一生的医学实践早已对此做了鲜活而具体的诠释。

第四章 作为共产主义战士的白求恩

"帝国主义的不义之战爆发了，人民的胜利就不远了。人民革命一定会在这场帝国主义为争夺财富发动的战争里得到成功。真正的战斗在中国！"

——白求恩

奔赴中国战场的白求恩 张修航 绘

【本章导语】黄河在咆哮、黄河在怒吼、黄河在呐喊，中华民族到了最危险的时候。面对日本侵略者，中华儿女万众一心，用血肉筑就起新的长城。中国人民的苦难、中国人民的生死命运、中国人民不屈不挠的艰苦卓绝，深深地打动着大洋彼岸的一位外国人，他就是加拿大的共产党员白求恩大夫。白求恩听到了黄河的呼唤，听到了中国人民的呼唤，听到了全世界反法西斯正义的呼唤，他不远万里来到中国，来到了抗日前线，来到汹涌澎湃的黄河两岸。

在生活环境极为艰苦的抗日根据地，在工作条件极为简陋的战地救护所、战地医院，在枪炮声不断的最危险的战斗前线，作为一名战士的白求恩，以手术刀为武器，与死神搏斗，拯救着无数的八路军伤病员和百姓的生命……在短暂的674个日日夜夜，用他的生命书写着一位国际共产主义战士怎样的英勇而伟大的战斗画卷，铸就着一位外科医生怎样的崇高而纯真的精神魂魄。

第一节　白求恩援华之路

1937年的中国，时局动荡，危机四伏。已经占领东北地区达6年之久的日本军队并没有收敛贪婪的本性，他们把目光转向了土地肥沃、交通便利的华北，企图通过华北占领中国，实现虚妄的帝国梦。7月7日，震惊世界的"卢沟桥事变"爆发，日本军国主义不再虚掩欲望，直接挑起战争。

大洋彼岸，此时的白求恩刚刚从西班牙的反法西斯战场返回多伦多，随即在加拿大和美国进行巡回讲演，作报告，搞募捐，为他在西班牙未完成的输血工作筹款，以支持西班牙反法西斯战争。他的足迹遍及魁北克、不列颠哥伦比亚、温尼伯、温哥华、加利福尼亚、芝加哥、马里塔等地。当白求恩得知"七七事变"的消息后，他激昂地讲道："章鱼状的垄断资本主义已四处伸出触手，日本侵略中国即是一例。"

有着坎坷经历、热情且极具冒险精神的白求恩，对帝国主义深恶痛绝的白求恩，理想信念坚定、追求美好精神世界的白求恩，一心想要"为人类福祉做贡献"的白求恩，有着崇高共产主义信仰的白求恩，当即决定，前往中国。

一、穿过硝烟，万里抵延安

抗日战争爆发后，美国女作家、著名记者艾格妮丝·史沫特莱与毛泽东主席联名给国际红十字会和美国共产党总书记厄尔·白劳德写信，呼吁他们派医疗队来华，到敌后为八路军服务，并援助救护车和医药物品。不久，美国红十字总会副会长回信答复："史沫特莱女士，您与毛泽东联名写的呼吁书我们收到了，您为中国伤兵申请援助，不辞劳苦，多方奔走，向国际和美国红十字会组织呼吁，所提供的材料真实，生动感人，我们将发扬人道主义精神，实现援华计划。"可是，事隔半年之久，美国援华医疗队却迟迟未来，大部分的国际红十字会援助，被国民党政府接收，并没有留给八路军。

这个时候的白求恩，失去了对西班牙输血管理所的管理权，十分反感加拿大医疗制度的现状，同时也厌倦了资产阶级奢华的生活方式，对资本主义国家的腐朽和

官僚主义更加失望。1937年7月30日，美国洛杉矶，中国著名教育家陶行知应邀参加欢迎西班牙人民之友的宴会。像中国其他有理想、有抱负的有志青年一样，他为了联合华侨和国际人士支持国内抗战，促进国际反法西斯斗争力量联合，抓住一切机会宣传抗日，呼吁民主运动。恰巧，白求恩大夫也参加了这次宴会，一听说陶行知来自中国，立即握住了他的手。[①]在了解了"七七事变"后中国的基本形势，白求恩立即毫不犹豫地表示，他可以提供医疗救援，他要去中国。

筹备工作是紧张且充满波折的，白求恩奔走呼吁，得到了加拿大共产党的大力支持，美国援华委员会、和平民主同盟也同意筹措资金购买医疗用品。此外，白求恩四处邀请他认为有能力的医生同他一道前往中国。经过两个月的忙碌，最终，白求恩同琼·尤恩护士、查尔斯·爱德华·帕森斯医生一起，组成了加美援华医疗队，连同采购的药品器材，于1938年1月8日，乘"亚洲女皇号"邮轮启程了。

图4-1-1　1938年1月8日，白求恩和加美援华医疗队成员乘邮轮自加拿大温哥华启程奔赴中国
前排左起：白求恩、琼·尤恩、帕森斯　图为2018年6月河北唐县
白求恩柯棣华纪念馆原馆长陈玉恩提供

这是一艘仅有九十位乘客却配备五百多名工作人员贴心服务的豪华邮轮。在轮船上，白求恩邂逅了前往北平燕京大学任教的英籍学者林迈可。林迈可在白求恩来华后给予他很大帮助。白求恩十分珍惜这来之不易的中国之行。他努力克制自己，并没有贪图享乐。不仅如此，他还以这样的标准，严格要求同行的二人。所以当1月下旬邮轮到达香港后，爱憎分明的性格使他开始对帕森斯极度反感。考虑到加美援华医疗队所承担的职责和使命，以及中国之行可能会面临的问题，白求恩以大局为重，暂不予计较。到达香港后，加美援华医疗队能否顺利抵达中国共产党领导的抗日根据地仍然是个未知数。

---

① 赵拓.白求恩来华"是受陶行知邀请的"吗? [J].文史精华, 2000（1）: 62-63.

得知负责联络在华事宜的史沫特莱女士在汉口，3天后，白求恩一行搭乘飞机赶往汉口。

初至汉口，战争的硝烟，骤然响起的防空警报，机场上被伪装网遮盖的飞机，让医疗队一行人见识到了中国战时的紧张气氛，中日双方的战斗装备等相差悬殊，手无寸铁的平民被屠杀[①]。时任中共中央革命军事委员会副主席的周恩来同志正在武汉八路军办事处工作，得知白求恩的到来，立即安排时间进行会见。

周恩来同志详细介绍了抗日战争的形势和中国共产党的政策，告诉他八路军已挺进敌后，太原失守后八路军总部已转移到晋东的沁县，还介绍了战区的医疗卫生状况。白求恩则表达了想要去前线的渴求，还告诉了周恩来同志他在西班牙反法西斯战争的所见所闻。这次会面，中国共产党人迎来了国际共产主义的关怀与帮助[②]，同时也让白求恩初步了解到中国共产党人所面临的困境。史沫特莱还介绍白求恩等人与中国红十字总会的林可胜见面，白求恩当即恳请林可胜允许他立即投身抢救伤员的工作。

所以在汉口，白求恩正式开始了医治伤员的工作，第一次感受到了中国医疗配置和卫生条件的落后。在这里，医疗队也发生了重组，加拿大的理查德·布朗医生同意请假加入队伍，帕森斯返回美国。由于物资还没有到达，医疗队不得不暂时等待，这让心急的白求恩不能忍受。在他的反复说服之下，史沫特莱同意在汉口购置基本器械和药品。2月22日，白求恩和尤恩带着装满物资的笨重行李，乘火车离开武汉，踏上了去延安的行程。

图4-1-2　白求恩在汉阳西大街采购药品和医疗器械　洪东旭　摄

---

① 杨晓华.武汉：白求恩进入中国第一站[J].纵横，1996（6）：48-49.
② 王炳南.白求恩同志和周恩来同志的一夕谈[A]//天津市卫生局编，纪念白求恩文荟，1991.

然而这一路并不顺利。面对日军不断的炮火袭击和轰炸，白求恩一行艰难地前进着。行至郑州，他们换乘陇海路火车，取道潼关、风陵渡过黄河，经运城、侯马去临汾，终于在2月26日到达，却赶上了敌人发动晋南战役。日军调集三万多兵力分三路进攻临汾，八路军总部已经转移，到处是逃难的群众、溃退的国民党士兵和伤兵。硝烟弥漫，险象环生，在中国看到的一切已经超出了白求恩的预料。但这并没有吓退他。

后面是不断逼近的日军，前面是正在撤退的中国军队。因为日军不间断的空袭，火车司机拒绝发车。再往前走不能坐火车了，为早日赶到前线，白求恩一行在八路军民运科长李真的带领下，换乘马车，取道西安，转往延安。2月28日在八路军临汾兵站的安排下换乘马车，渡汾河西行，经新绛到山西省河津县，再经禹门口过黄河进入陕西。离开临汾后，白求恩一行人遇到敌机的轰炸，导致4人受伤、15头骡子被炸死、12头骡子被炸伤，原有的42辆大车只剩下20辆。

山西省河津县位于黄河东岸，3月3日，白求恩在这里度过了48岁生日，庆祝方式是给伤员上药包扎。3月7日，医疗队在日军马不停蹄的追赶下抢渡黄河。在这里，敌我双方发生交火，日军已经抵达河对岸。仅一河之隔，就在这种情况下，白求恩仍然坚持带上物资。多亏了他的执拗与坚持，人和物资安全到达韩城。在陕西韩城住了一个多星期，八路军办事处派卡车来接，在路上又走了两天才抵达西安。

在西安，医疗队受到了陕甘宁边区政府主席林伯渠的热情接待。后者为白求恩引荐了时任八路军总指挥的朱德。两人一见面就互致问候，热烈拥抱。朱老总详细地介绍了山西前线的情况，日军虽然占领了太原，但广大农村还在我们手里。白求恩十分欣赏朱德，用尤恩的话来说，白求恩"欣喜的样子宛若一个新娘子"。

3月30日，经历了重重磨难与波折，白求恩乘卡车出发前往延安。延安位于古长城以南二百千米处，是北方各地通往西安的必经要道。自1937年1月起，这里就成为中国共产党和八路军的政治、军事中心。白求恩对即将开始的全新旅程兴奋不已。等候多时的毛泽东郑重会见了白求恩和尤恩，在一旁的还有负责医疗工作的姜齐贤。[①]谈话围绕时局展开，白求恩表达了自己坚定的立场和信念，提出要组织战地医疗队到前线抢救伤员，并表示会联系国际援华委员会争取拨款支持。[②]

与毛泽东会面后的白求恩，久久无法入睡。白求恩在日记中回忆，他之所以积极促成这件事情，是因为他从毛泽东的谈吐中，感受到一种宏大的气魄和成竹在胸的信心。毛泽东介绍的红军所经历的二万五千里长征，让白求恩倍感动力，这是怎样一种精神与执着，这不就是自己一直坚持的信念、一直寻找的勇气么？[③]

---

① 王博.白求恩在延安的传奇日子[J].党史博览，2003（8）：49-52.
② 冀军梅.毛泽东会见白求恩[A]//张业胜汇编.白求恩纪念文集.
③ 张诚.1938年，毛泽东延安会见白求恩[J].福建党史月刊，2015（6）：15-16.

在延安，白求恩还见到了日后成为好朋友的美国医生马海德，为抗日军政大学、延安工学院、东北干部训练团作了报告，当然，还有最重要的工作——探视病人。

图4-1-3　白求恩在延安八路军总部与马海德交谈
图为2018年6月河北省唐县白求恩柯棣华纪念馆原馆长陈玉恩提供

二、心怀大爱，奔赴晋察冀

"我们不能面对着敌人的残暴静坐旁观，不能看着我们的战士流血牺牲而不走上前线。"

——白求恩

起初，姜齐贤怕48岁的白求恩承受不住敌后抗日根据地的艰苦生活，想要白求恩从延安去延川，那里有一家八路军医院，有300张病床。白求恩自然不同意，他明确表示，距离战场越近，他的作用才能发挥得越大。无论如何，他坚持要去前线，去晋察冀。这个区域由山西、察哈尔和河北三省组成，是根据1937年国共两党达成的抗日民族统一战线建立的两个边区之一。停止内战期间，共产党对边区直接管辖，晋察冀的战略地位十分重要，北部边界距北平（今北京）南部只有15千米，是日军进攻中国腹地的重要道路，战事非常紧张。

白求恩在延安等待出发的日子里，理查德·布朗终于从西安赶了过来，并且他支持白求恩立即赶往晋察冀的决定，这让白求恩高兴不已。

图4-1-4　1938年5月白求恩从延安出发，赴晋察冀抗日根据地
图为2018年6月白求恩精神研究会常务副会长兼秘书长栗龙池提供

二人没等去西安取物资的尤恩回到延安，便于1938年5月2日，在姜齐贤同志的陪同下，带着骡子驮的器械、药品，途经二十里铺、延川、米脂，于5月8日到达陕西省神木县贺家川。

贺家川地处黄河西岸，这里驻有一二○师后方医院第三所。这个所有近200名伤病员，其中重伤员约50名，都是在雁门关附近作战负伤的伤员。如果说汉口的医疗条件让白求恩不忍直视，那么这里的情况就可以说是惨不忍睹了。[①]

他连夜进行检查和手术，把伤员分类，连续10天才把手术做完。

1938年5月27日，安顿好伤员后，白求恩和布朗动身去岚县，那里驻扎着八路军120师部。5月30日，白求恩一行到达山西岚县，受到了120师贺龙师长，关向应政委，肖克副师长，周士第参谋长的欢迎。白求恩的事迹已经先一步传到贺龙师长的耳朵里，所以他对白求恩特别感激和尊敬。

白求恩大夫希望尽快去五台山，但在岚县检查伤病员、做好过同蒲铁路的准备工作、与晋察冀军区联系等又耽误了几天，分别之际，师部为白求恩和布朗配备了马匹，并派了一个排的兵力进行护送。路上沿途的景色让他陶醉，眼前高耸的山脉和绿色的山谷仿佛把人带入"天堂"。去往前线的路总是让他非常开心的，正如他在给毛泽东的信中写道：

"我们在这里的工作很愉快，见证了英勇的中国人民为谋求祖国和亚洲解放所进行的壮丽事业，我为自己能尽绵薄之力而感到自豪。"

---

① 王恩厚.白求恩同志在贺家川[A]//张业胜汇编.白求恩纪念文集(第三集).

6月16日，医疗队到达山西省五台县豆村晋察冀军区二分区司令部，受到分区司令员赵尔陆、卫生部长贺云卿的热情接待。6月17日，天刚蒙蒙亮，医疗队就出发了。

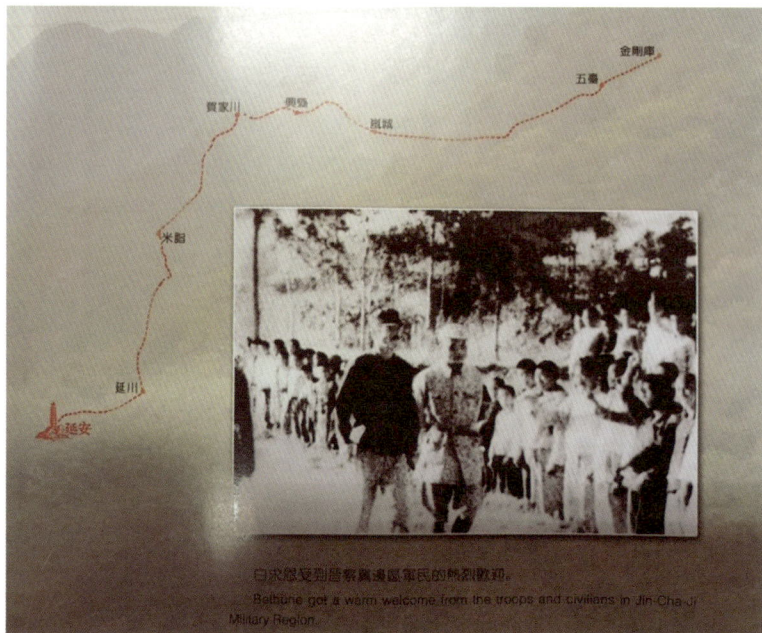

图4-1-5　白求恩受到晋察冀边区军民热烈欢迎

图为2018年6月白求恩精神研究会常务副会长兼秘书长栗龙池提供

上午10点钟，在金刚库村的村头，当地军民近千人列队欢迎白求恩和他的医疗队。聂荣臻司令员身着整齐的军装，精神焕发，站在队伍的前头，显得特别兴奋。前来欢迎的首长还有参谋长唐延杰、政治部主任舒同。司令部还派出骑兵通讯员跑出五千米路去迎接。在欢迎声中，聂司令员陪同白求恩进了村。欢迎人群和医疗队员热情交谈，场面隆重，后边是浩浩荡荡驮运物资的运输大队①。热热闹闹的欢迎仪式，标志着白求恩一行经过长途跋涉，终于来到了前线，来到了晋察冀边区。自1938年2月22日从汉口出发，同年6月17日辗转来到晋察冀敌后抗日根据地，原本仅需数天的行程，却因处于战争特殊时期，历时3个月26天。②

三、坚守前线，铸就医魂

也许在1938年6月17日踏上山西省五台县金刚库村土地上的时候，白求恩终于找到了归属，这里才是他心驰神往的战争前线。白求恩终于不用只靠演说来宣传共产主义信仰，而是可以通过改革来促进八路军卫生工作的建设，来挽救更多的生命。他希望八路军能尽快组建合格的医疗护理队伍。来到晋察冀边区的白求恩不再像之前那样颠沛流离，急躁不安，而是深入后方，风风火火地干起事来。在五台县松岩

① 梁正. "我是八路军医生！" ——白求恩在晋察冀边区[J].党史纵横, 1997（9）: 24-25.
② 冀国钧, 张业胜.诺尔曼·白求恩在中国[M].北京: 中国协和医科大学出版社, 2007.

口，他筹建模范医院。后来，为避开敌人的"扫荡"，转移到平山县，历时一个多月建立起来的医院就这样被日军烧毁了。这让他意识到大张旗鼓地建立正规医院不符合当前游击战争的需要。

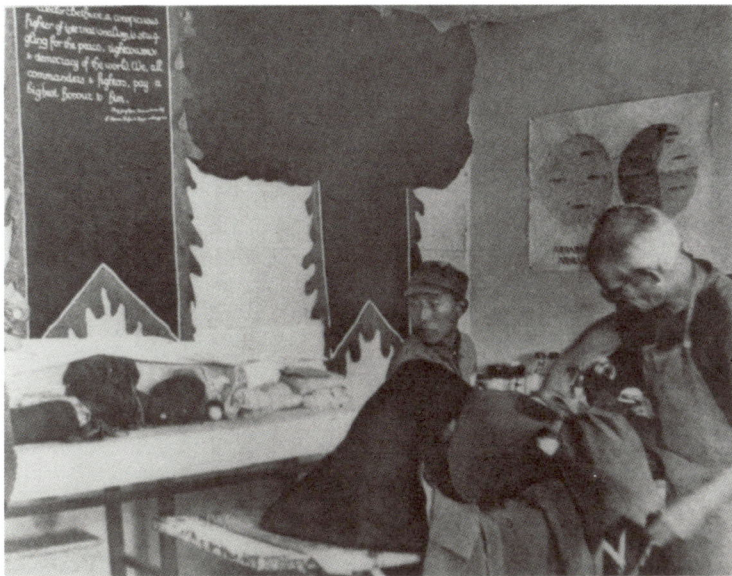

图4-1-6　白求恩在山西五台县模范病室为伤员做手术
图为2018年6月河北省唐县白求恩柯棣华纪念馆原馆长陈玉恩提供

　　10月份，在平山县，医疗队奔忙于多家医院之间。11月末，医疗队辗转来到雁北地区，359旅的指挥部和后方医院都在此地。在广灵公路伏击战中，他在黑寺小庙搭起了第一个接近战场的手术台，48小时内，为71名伤员进行了手术。这带给他的启示就是：只有让医生接近战场，才可以大大降低伤亡率。战事空隙，他建立了规模较小、结构简单的特种外科医院，方便救治与转移。与跋山涉水的颠簸相比，在杨庄，他可以短暂休息。这一阶段，白求恩医生的身体和精力大量消耗。他前所未有地消瘦与憔悴，身体免疫力下降，受的伤恢复很慢。然而休养期间他并不安分，而是编写教材，写信求援。12月末，在牛眼沟村，白求恩见到了凯瑟琳·霍尔，说服她为八路军购买医疗用品。白求恩最初是想要同霍尔一起去北平的，但是聂荣臻司令员考虑到他的安全，便邀请他参加党代会商讨新的对敌策略。会上，白求恩担起率领医疗队东征巡视的任务。

　　1939年2月20日，白求恩一行人在宋家庄取得霍尔购得的物资后，向冀中进发了。沿着唐河，穿越敌人的封锁线，经过大邑村、吕汉村、大团丁村、齐会村、温家屯村、四公村、莲子口村……时至6月28日返回唐县和家庄晋察冀军区司令部，东征医疗队在冀中抗日根据地行进约750千米，视察了这个地区所有的医院，为齐会战役及其他战役提供医疗救援，路途艰辛，困难重重，但并没有妨碍白求恩所在的东征医疗队完成战场手术315例，还将冀中的1000余名伤员安全转移。

图4-1-7　凯瑟琳·霍尔，新西兰传教士、护士　尚祖光 摄

1939年7月，河北省遭遇了百年不遇的洪涝灾害。残酷的战事稍有缓和，也给白求恩开展医院建设、医护培训等工作提供了机会。回到唐县和家庄后，白求恩就开始着手建校事宜。9月18日，晋察冀军区卫生学校在牛眼沟村成立。

1939年10月，此时战事日渐胶着，八路军物资奇缺，白求恩大夫初来中国时携带的药品器材也已几乎用完。白求恩正准备回国募集药品器材，但是当他听说日寇调集两万多兵力分12路对冀西山区发动大规模"冬季扫荡"后，他改变了回国计划。

10月28日，白求恩在孙家庄小庙准备妥当，开始陆续为伤员做手术，10月29日，在为最后一名伤员——朱德士进行腿部手术的时候，碎骨刺破了他手指。[①]10月30日，他们转移到甘河净村，继续抢救伤员。11月1日，他在给一位颈部患丹毒合并蜂窝组织炎的伤员手术时不幸感染。[②]高烧不退、病情恶化的白求恩在其他医生的劝说下走下手术台，进行调养。当听说大平地附近有战事的时候，他挣扎着要起来赶往那里。虽然，他勉强支撑着走出去，但是却连马背都上不去。赶了几个小时的路来到旺家台村，当时，一分区司令员杨成武来看望白求恩，立即下令将他送往花盆村的后方医院。当天下午，他们抵达黄石口村，留宿邸俊星家。[③]

①　征季. 白求恩病逝的前前后后[J]. 新长征, 2015（3）：49-50.

②　陈志忠, 段霄, 选军. 白求恩在中国的最后时刻[J]. 军事历史, 1996（4）：50-52.

③　罗德里克·斯图尔特, 莎朗·斯图尔特著. 不死鸟：诺而曼·白求恩的一生[M]. 柳青, 译. 北京：中国青年出版社, 2013.

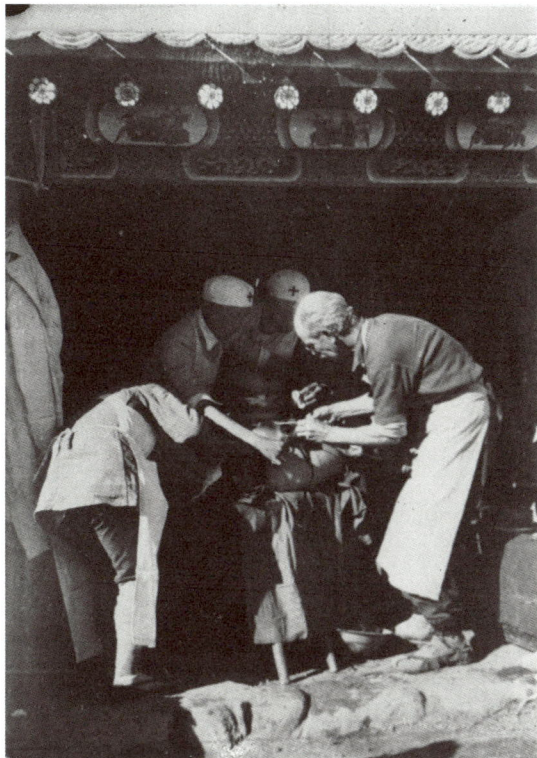

图4-1-8 白求恩在孙家庄小庙做手术
图为2018年6月河北省唐县白求恩柯棣华纪念馆原馆长陈玉恩提供

一个伟大的生命魂落于此，白求恩援华的伟大征程就此终结。

这一路，坎坷崎岖；这一路，西战东征；这一路，无怨无悔；这一路，永存史册。

就是这样一位医生，受加拿大共产党和美国共产党的派遣，不远万里来到中国，以医治伤病员来援华抗战。他不分昼夜，冒着敌人的炮火坚持手术……最终献出宝贵的生命。医者仁心，大爱无疆，有着鲜明个性的白求恩大夫在伤病员面前是那么温柔。在那个战火纷飞的年代，处于异常艰难的环境，白求恩不忘医生本色，践行希波克拉底誓言，与硝烟和病魔抗争。坚守前线的伟大军医就此陨落，可歌可泣的白求恩精神永存世间：是因为有着共产主义精神、毫不利己专门利人的精神，白求恩大夫坚守在前线，毫不畏惧；是因为有着对工作极端热忱、精益求精的精神，白求恩大夫争分夺秒，与时间赛跑，创造了无数个生命奇迹，留下了宝贵的建设经验和知识财富。

一路上，白求恩昼夜兼程，与敌军"紧密相随"，面对这样危险的情形，谁不惧怕？然而他毫无退缩之意，执意前行的同时，在沿途停留之处，还不忘救治伤员和当地的百姓。他一方面感慨于八路军将士们不畏伤痛、一心抗日的顽强精神，一方面也为中国老百姓坚韧不拔的性格所折服。殊不知，当白求恩大夫出现在中国救死扶伤的时候，就已经让中国共产党人深感温暖，让中国的百姓们感恩。他用身体力行诠释了信仰的力量，诠释了共产党人的精神和意志，让我们知道，世界各国的共产主义者和仁人志士们，都时刻关注着中国的抗日战场，对中国人民乃至全世界的解放事业都毫无保留地奉献着自己的力量。

第二节　生命焰火绽放的674天

1938年2月底，香港的一份报纸报道白求恩大夫不幸遇难——说他死于一次日本飞机的轰炸，足见当时战况的险恶。随着白求恩穿过硝烟，克服种种困难，最终现身晋察冀边区，不实消息不攻自破，顽强的生命力和一心想要奔赴前线做贡献的坚韧，为饱受战争摧残的中国带来了希望。

一、白求恩的吃惊与困惑

1938年2月25日，在山西境内离临汾只有25千米的一个叫高显的小镇，白求恩在去往延安的途中首次遇到日军飞机的轰炸，好在有惊无险。当时白求恩被炸晕，醒来后看到的第一张脸是一位不满14岁、叫"二柱子"的八路军战士。第一次与八路军的接触，就让白求恩产生了一个困惑。他在日记中这样写道："他们对大米的兴趣远甚于对药品的注意，在这里填饱肚子显然比医疗病痛更重要……"更为震惊的是：日军飞机的二次轰炸让白求恩亲身感受到敌人的残暴，他们无视国际法，对无辜平民肆意杀戮。白求恩在给他的前妻弗朗西丝的信中这样描述："……我在西班牙的经历不能给我，也不能给任何人以静坐旁观的权利。它是我心上的一个创伤，这种创伤让我想起我一生所经历的所有的痛苦。这个世界只要还有流血的伤口，我的内心就一刻不得安宁。而中国，则是我目前见到的最大的伤口……"字里行间，无不透露出一位医生悲天悯人的情怀和对日本帝国主义的痛恨。

还有一件事也让他十分震惊。那位专门负责保护白求恩的二柱子，在敌机的第二次轰炸中为了保护白求恩而负了重伤。但他没有声张，直到实在挺不住了才被白求恩发现。在急救时，因条件所限，白求恩自己用嘴通过一根管子把小战士胸部感染所致的已发出恶臭的脓血吸出，从而挽救了这个不到14岁小战士的生命。可能白求恩也没有想到，在中国为八路军做的第一个手术是在这样的情况下完成的，而且这第一个手术完成之日，恰好是他的48岁生日。新中国成立后，在全国卫生医疗行业中，经常看到或听到有的医护人员因情况紧急，不顾自身被感染的危险而帮助患者嘴对嘴吸痰等舍己救人的行动，这不正是白求恩一心只为病人，不顾自身安危的大医精神的体现和延伸吗？

白求恩从延安出发，向晋察冀边区行进中，十分留意八路军医院的状况。在未

过黄河前的贺家川，他看到了120师后方医院的状况。他在写给朋友的信中是这样叙述的："这里有175名伤员，散住在各家农户。他们躺在硬邦邦的土炕上，下铺少量干草，令人不忍目睹。一部分人没有床单，没有一个人有毯子。全身长满虱子，穿在身上的仅有一套军装，也因几个月来的战斗生活而尘满垢积，肮脏不堪，他们的绷带几经洗涤，早已变成烂布条子了……"①

1938年4月10日，在傅连暲医生②的邀请下，白求恩来到陕甘宁边区一家医院参观。医院距白求恩住地大约40千米，位于延安和延川之间，依山修建的一排窑洞就是病房。每间两米高、三米宽。一个靠着墙的土炕上躺着八位病人。病房通往医院的唯一通道是一条又窄又陡的小路，遇到雨雪天更是异常危险，而医院坐落在距地面一百五十米高的山坡上。病房里没有棉被，病人们睡在肮脏的草席上，身上搭着破破烂烂、爬满虱子的旧军装。窑洞中弥漫着血腥、脓臭和大小便的气味。这里根本没有什么卫生设施，甚至没有自来水和公共厕所。粪便都装在大桶里，苍蝇飞来飞去，等装满了就拎出去浇地施肥。医院缺少药品和器械，只有手术室供电。白求恩被眼前的一切惊呆了，半天都缓不过劲儿。③

6月17日，白求恩到达五台县金刚库村，未曾休息便来到军区后方医院松岩口。林金亮④医生回忆："我将白求恩大夫带入我们的手术室。手术室是利用一个小学校的教室改造的，墙壁用石灰粉刷了一下。顶棚挂着白布。白求恩查看了我们的器械，有十几把止血钳子、几把剪子和刀子，还有自制的一把骨锯、一把骨凿、一个骨锤和一个麻醉口罩。手术床是用木头钉的架子放块门板搭成的。他看了以后，用怀疑的眼光看着我，问我：'就这些东西？'我说：'是的，这是我们的全部家当。'他摇着头不相信地说：'我来以后，咱们要一起工作，你不要瞒着我呀！'当时，在场的医院总支书记刘小康同志告诉他，确实就是这些家当。这时他惊讶地把那些器械一件一件地拿起来，仔细端详了一番。接着，他看了我们的药房，看我们炮制的丸、散、膏、丹等中药，用土棉和纱布自制的脱脂棉和纱布绷带，自制的羊肠线和镊子、钳子等外科换药器械。白求恩不断点头称赞。同时他发现所有的医

① 冀国钧，张业胜.诺尔曼·白求恩在中国[M].北京：中国协和医科大学出版社，2007：47-48.

② 傅连暲，1894—1968年，中国人民解放军和新中国医疗卫生事业的奠基人、创始人之一。他是新中国成立之初的一位将军，开国中将；新中国成立后，历任中央卫生部副部长，中央军委总后勤卫生部第一副部长，中华医学会会长，全国政协第二、三届常务委员，中共第八届全国代表大会代表。

③ 罗德里克·斯图尔特，莎朗·斯图尔特. 不死鸟：诺而曼·白求恩的一生[M]. 柳青，译. 北京：中国青年出版社，2013：295.

④ 林金亮医生，1911—1983年，1930年初参加红军，1934年加入中国共产党。1932年调瑞金中央苏维埃红军医院，作为院长傅连暲的助手。此后，历任连长、主治军医、医务科长、医务主任等职。抗日战争时期，历任八路军第115师晋察冀军区卫生部巡视团主任，晋察冀军区后方医院院长，他作为国际主义战士白求恩亲自培养的主要助手，参加了创建晋察冀军区战地医院和伤员救护工作，享有"华北第一刀"的称号。在白求恩病重时，主持了抢救工作。解放战争时期，历任冀中军区卫生部长、河北省军区卫生部长等职。新中国诞生后，历任河北省军区后勤部副部长兼卫生部部长，军委总后勤部卫生部中心血库主任，军委青岛第一疗养院院长，济南军区后勤部副部长等职。

院都缺乏医务干部，尤其是技术水平高的医生；缺乏医疗器械和药品；缺乏管理医院的经验。而这种情况是远远不能适应战时的需求的。"①

图4-2-1　白求恩在山西五台县松岩口模范医院用过的自制手术器械　洪东旭 摄

白求恩在边区所见、所闻的这种种现实状况，让他困惑和震惊，但也逐渐形成了一些对边区医疗体系改革和建设的设想和计划。

二、白求恩与他的六位翻译

在中国工作的674天，白求恩克服了生活上和工作上种种困难，奋不顾身地投入到中国军民抗击日本帝国主义的侵略战争中。这一切的一切当然得益于为白求恩做翻译的同志们，甚至有的翻译还兼医疗助手工作。很多文献达成的共识是，白求恩有两位翻译：第一位是董越千，第二位是郎林，这可能是考虑了工作时间的长短和对白求恩工作的帮助程度。笔者仔细查阅了大量文献，也征询过唐县白求恩纪念馆的原馆长陈玉恩先生，的确还有其他四位同志做过翻译工作。尤其是白求恩的最后一位翻译不能不提，因为他的细心，我们才得知了白求恩最终去世的准确时间。值得一提的是，第一位将白求恩介绍给八路军的名叫罗宵的国民党少校，在护送白求恩到边区的途中被日军飞机炸死。按时间顺序，下面笔者将所有为白求恩提供过语言帮助的人都作为翻译来一一介绍。

第一位翻译：琼·尤恩（1911—1987年），1933年毕业于加拿大温尼伯的圣·约瑟夫护理学校，其父亲是加拿大共产党创始人之一。她毕业后来到中国山东天主教会诊所工作，1937年6月回到加拿大。1938年2月，作为白求恩的翻译和助手再次来到中国。1939年6月，返回加拿大。1985年，74岁的尤恩在女儿陪同下访问中国，1987年10月，因病去世，她的骨灰安放在河北唐县晋察冀烈士陵园白求恩墓的北侧。著有《白求恩随行护士自述》。1937年12月—1938年4月作为白求恩的翻译，对白求恩尽快适应边区的生活和工作起到了很大的作用。另外，作为白求恩的医疗助

① 冀国钧, 张业胜.诺尔曼·白求恩在中国[M].北京: 中国协和医科大学出版社, 2007: 48.

手也对白求恩的工作做出了很大贡献。她对白求恩的评价是：固执，健谈，直爽，心肠好，敬业，有时也不乏风趣幽默。她后来谈起与白求恩的这段经历时，说道："从战士的骨头、肉和肠子中取出子弹的数目，谁也比不上白求恩；给战士进行的接骨或截肢手术的数量，谁也无法跟白求恩匹敌。"①

图4-2-2　琼·尤恩，加美援华医疗队护士

图为2018年11月武汉第五医院武汉白求恩纪念馆辜丽提供

2018年6月13日，笔者作为吉林大学白求恩第一医院《寻根白求恩》调研组的一员到河北调研，在唐县军城镇南关晋察冀烈士陵园的"白求恩之墓"北侧的尤恩女士的墓棺和墓碑前鞠躬致敬，到墓前时恰逢天降暴雨加冰雹。面对这样一位国际友人，让中国人民永远记住的伟大女性，让人思绪激荡，这不仅仅是墓棺相随这么简单，更可敬可贵的是她对白求恩精神的追思和跟随，笔者感慨万千，以四句拙诗记之：六月冰雨降陵园，风云激荡心难安。昔日相助伯琴君，而今异国伴君眠。

第二位翻译：理查德·布朗（1898—1963年），出生于英格兰邓斯布尔，1909年移民加拿大。1927年多伦多大学医学院毕业。1928年来到中国河南的圣保罗教会医院工作，这家医院是多伦多圣公会圣保罗堂出资修建的。正是因为这位布朗医生在白求恩来延安之前，表示愿意加入白求恩援助延安的医疗组，才促成了白求恩奔赴延安的这一壮举。他在1938年4月—7月临时为白求恩做翻译，在他的帮助下，白求恩在很短的时间内就熟悉了边区的医疗状况，并迅速提出了自己的建议和改造边区医疗现状的报告。

---

① 罗德里克·斯图尔特，莎朗·斯图尔特著. 不死鸟：诺尔曼·白求恩的一生[M]. 柳青，译. 北京：中国青年出版社，2013：292.

图4-2-3　白求恩（左）、布朗（右）合影

图为2018年6月河北省唐县白求恩柯棣华纪念馆原馆长陈玉恩提供

第三位翻译：董越千（1914—1978年），北京人，1937年毕业于北京大学外语系，同年加入中国共产党。曾任河北阜平县县长、晋察冀边区政府秘书、晋察冀一专署秘书主任、北平军调处执行部中共方面罗瑞卿的秘书和翻译、中共中央外事组新闻处处长、华北人民政府副秘书长。中华人民共和国成立后，历任外交部办公厅主任、国际司司长、副部长等职。1959年1月至1964年1月，任驻瑞典王国第三任大使。他在1938年7月—1939年3月为白求恩做翻译，也是时间最长的翻译之一，同时也是对白求恩帮助最大的翻译之一，大量文献中认为他是白求恩的第一位翻译。他在工作中不是简单直接地翻译语言，而是根据白求恩的性格脾气，尽量缓和矛盾，同时又能创造性地处理好矛盾。

董越千在他写的《我所知道的白求恩同志》一文中提到：聂荣臻司令员同白求恩畅谈当时的抗战形势、军区作战方针和战斗部署时，白求恩同志受到很大启发。他要求学习毛主席的《论持久战》，并要求董越千逐段翻译给他听，并把学到的东西按照持久战的方针，贯彻到他的医务工作中去，做出了一系列的创造和革新。白求恩历时半个月编成十四万字的《游击战中师野战医院的组织和技术》，给根据地的医务工作者留下了非常珍贵的礼物。

他还在此文中提到：白求恩到前方后，一直为降低伤员死亡率和残疾率而努力。他亲赴火线治疗，经常说："在前方用几分钟或十几分钟时间给伤员及时治疗，比用若干小时转移到后方治疗，效果要好得多，有时起决定性的作用。"看到有些伤员伤势不重，却由于转运时间过长，发生严重感染，以至牺牲，他非常难过。他说："如果在前方及时动手术或作初步治疗，一般来说，是有把握争取使百分之七十五的伤员不发生感染而治愈的。"①

由于董越千的翻译工作让白求恩比较满意，在没有麻醉师的时候，白求恩大夫就让董越千充当他的麻醉师。在白求恩的遗书中，他特意嘱托聂荣臻同志把"一箱子食品送给董（越千）同志，算作我对他和他的夫人、孩子们和姊妹们的新年赠礼！文学书籍也全给他"。白求恩对这位翻译的认同，由此可见一斑。因为晋察冀边区的领导希望董越千能尽早返回阜平的工作岗位，而且聂荣臻司令员也认为董越千已经帮助白求恩适应了中国的国情，可以找人接替他的位置，因此1939年3月董越千回到了原来的工作岗位。

笔者觉得四句话能概括他：北大外语高材子，革命需要做翻译。塞翁失马知非福？瑞国出使报知己。

图4-2-4　河北神北村白求恩和郎林居住地旧址　尚祖光 摄

第四位翻译：郎林。做翻译前在北京协和医学院做行政工作，英语的口头和书面表达能力不错，1939年3月—10月接替董越千的翻译工作，1939年10月4日，因为一场暴雨，郎林的左腿受伤而停止了翻译工作。很多文献中认为郎林是白求恩大夫的第二任翻译。无论如何，他也是工作时间较长、得到白求恩高度认可的一位翻译。

我们可以从郎林写的《怀念白求恩》一文中感受到他对白求恩的情感："白求恩同志为了减轻我的痛苦，亲自动手用木板给我钉了一个木匣式的夹板，把大腿全部固定在木匣里。这种深厚的阶级感情使我毕生难忘。我们之间肤色不同，国籍不同，但这都无妨我们之间的感情，因为我们有共同的理想——为共产主义事业奋斗的理想……"

"……我反复地读着他最后的两封信，热泪不断夺眶而出，不是伤感而是崇敬。我在他的身边8个月，深深地感到，他的胸中只有革命，没有半点私利。他在临终的时刻，谆谆告诫我们的仍然是革命工作和他人的利益。"

白求恩临终前一天在唐县的黄石口村给郎林的信中还念念不忘他的事业，详细

① 陈玉恩, 于维国.诺尔曼.白求恩的故事[M].北京: 中国文史出版社, 2014: 101

地交代着每一项工作，并在最后写道："我希望明天能看到你。"[1]（这时的郎林因负伤在后方医院休养。）

白求恩在遗书中嘱托把他用过的英文打字机和松紧绑带交给郎林。

第五位翻译：刘柯。郎林受伤，而下位翻译潘凡同志一周后才能到位，所以刘柯同志做了一周的临时翻译。

图4-2-5　1939年10月13日，晋察冀军区卫生巡视团在完县神北冀中军区卫生部

检查工作时留下的合影，左一为潘凡，左二为刘柯

图为2018年6月河北省唐县白求恩柯棣华纪念馆原馆长陈玉恩提供

第六位翻译：潘凡，也是白求恩的最后一位翻译，他只做了一个月的翻译工作。潘凡记下的白求恩去世的准确时间是1939年11月12日5点20分。

潘凡在《深刻印象中的最后七天》中写道："'不要担心，'白求恩安慰我，'只留下两个指头，我还可以照样工作。'八日……一整天没有起炕，也没有饮食，那条染毒的胳膊又起了一个绿色脓疱，他的病加重了。……但是他命令医生，遇到头部或腹部受伤的必须抬给他看，就是他睡着了也要叫醒他。……九日下午他的头又剧烈地痛起来，高烧至四十摄氏度。内服发汗药，剧冷，颤抖，呕吐。……十一日下午四点二十分，这个沉痛的时刻他开始很安详地写下了他最后的语言。他把'千百倍的谢忱与感激送给司令员和我们所有的同志'……晚八点，他解下手上的夜明表，这是留给我的最后礼物。他无限欣慰地笑着说：'努力吧！向着伟大的路，开辟前面的事业！'……第二天一早，那个光明的早晨，我们的白大夫，一个严肃热情的异国朋友，便躺在安详的黎明中，用热爱得近乎凝固的眼睛和我们永别！"[2]

真实的写照，心声的流淌，让我们感同身受。字里行间对白求恩的深深眷恋和依依不舍让每一位读者都流下了滚烫的泪水，也记录下了这位伟大的国际共产主义

---

[1]　陈玉恩，于维国. 诺尔曼·白求恩的故事[M]. 北京：中国文史出版社，2014：130.

[2]　陈玉恩，于维国. 诺尔曼·白求恩的故事[M]. 北京：中国文史出版社，2014：143-145.

战士——白求恩医生最后七天生命焰火的绚丽绽放。

三、弥留之际的白求恩

在庆祝齐会战斗胜利和欢送青年参军入伍的大会上，报幕员向大家报了最后一个节目。

帷幕徐徐拉开，舞台上是一个个人们熟悉的场景：

——白求恩在帮助八路军修建医院；

——白求恩在战火中抢救伤员；

——白求恩在为边区群众看病。[①]

在边区百姓一次次送去的红枣、鸡蛋被礼貌地谢绝后，他们用这样的方式向这个守护健康的医生表达着感激。

而白求恩这样说："同志们，谢谢你们的称赞，这本来是很不值得的。我是八路军的医生，这些工作都是我应该做的。不过，我很骄傲我能为中国人民的解放事业尽一份力量。全世界的被压迫人民都在注视着你们的事业，我荣幸地来到了你们中间……"

"为他们治病是件快乐的事情，我为他们处理好伤口后，他们总会起身，深深地鞠上一躬"，这是白求恩在写给他友人的信中提到的一段文字，在这封信中也传递出一个不祥的信息："我的一个手指感染了——这很难避免，因为处理很多伤口的时候都不戴手套。这种情况在两个月中已经出现三次了。"

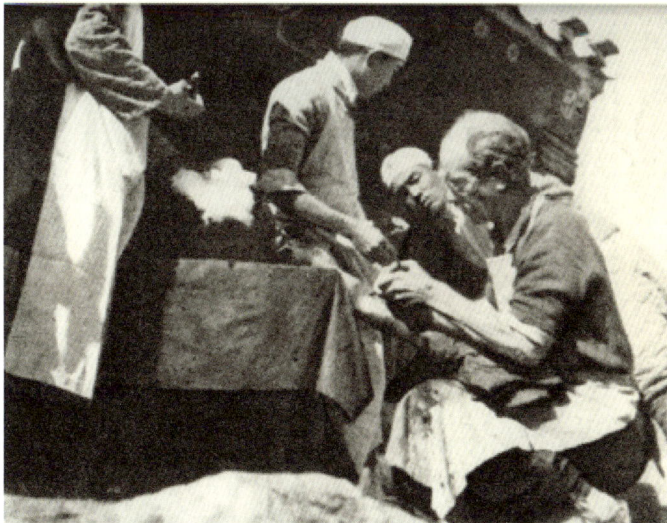

图4-2-6　1939年10月29日，白求恩在孙家庄小庙为伤员做手术

图为2018年11月武汉第五医院武汉白求恩纪念馆辜丽提供

白求恩在写给蒂姆·布克的信中还表现得若无其事："我整体还不错。右耳已经有三个月时间完全失聪了，牙齿问题需要引起注意，眼睛也坏了。除了这些小毛病，还有人比较瘦外，其他没什么问题。"①但从林迈可②1939年夏天为他拍摄的照片以及中国著名摄影师沙飞留下的照片中可以看出，情况远非这么乐观，照片中的白求恩面容憔悴、身形枯瘦，看上去至少比实际年龄要大二十岁。

食物短缺对他的健康造成了很大影响。白求恩继续坚持与普通战士吃同样的伙食，有时候也会自己动手做一些饭菜，但实在找不到有营养的食物。于是，身体的抵抗力下降，手术时留下的小伤口愈合缓慢，感染的双脚也经常复发。

1939年11月1日，白求恩给一位头部化脓的战士疗伤。当时因为没有手套，而他的手指还未痊愈，污染物渗进了他的伤口。

过了三天，他的手指开始肿大并伴有高烧，11月5日，伤指不仅没有消肿，反而发展到整个左臂。11月6日，病情持续恶化，唯一保命的办法就是截肢。但是，白求恩考虑到截肢可能意味着他不能再做一名战地外科医生了。这是他绝不能接受的，另外内心深处，似乎还抱有一丝侥幸，他认为自己的运气和意志力能帮他渡过难关。11月10日下午，白求恩住进一位名叫邸俊星的农户家。傍晚时，白求恩已经基本失去了意识。第二天，早上醒来时看上去头脑清醒了不少，他说要写几封信，并请求一个人待一会儿。

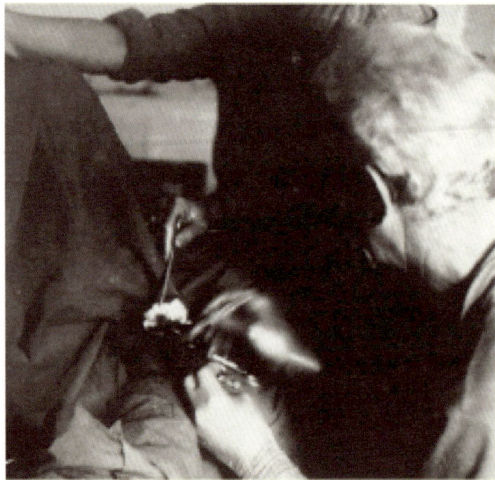

图4-2-7　1939年11月1日③，白求恩继续坚持为伤员做手术

图为2018年11月武汉第五医院武汉白求恩纪念馆辜丽提供

---

① Bethune to Tim Buck, Hejiazhuang, 15 August 1939.
② 林迈可，男，出生于英国的一个世代书香的门第。1937年他受北平燕京大学聘请，担任燕大的经济学导师，并领导创办牛津大学式的导师制。1937年12月，林迈可绕道美国，从温哥华乘船来到中国，恰好与白求恩同船。在抗日战争时期，有不少国际友人是以非共产党员的身份，参加中国共产党领导的抗日斗争的，林迈可就是其中一位。
③ 另有材料显示为1939年11月5日

傍晚时分，在断断续续的睡梦和昏迷间隙，他曾有片刻清醒，他让他的最后一位翻译潘凡转告对聂荣臻未说完的话。失去意识前，他把自己的手表送给了这位翻译。

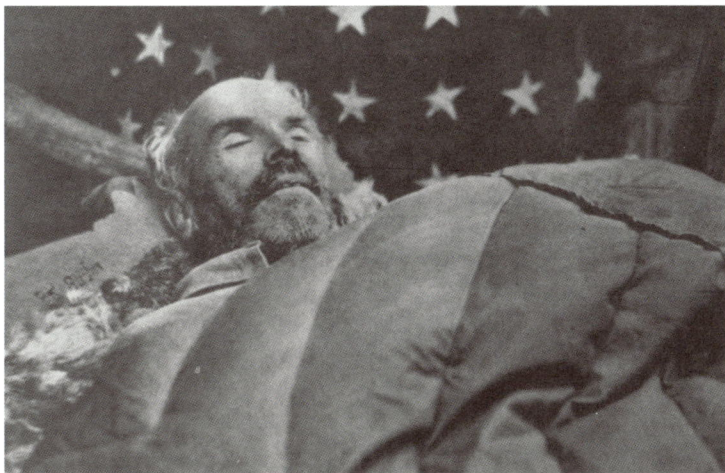

图4-2-8 白求恩在河北唐县黄石口村去世

图为2018年6月河北省唐县白求恩柯棣华纪念馆原馆长陈玉恩提供

11月12日，早晨五点钟，他开始咳嗽，抖动嘴唇地想说点儿什么，呼吸明显地微弱下去了，直至停止。潘凡看了一眼白求恩送给他的手表，时间定格在五点二十分[①]。

就是这样一位医生，一位战士，抵达武汉后得知战士受伤，在汉阳树下，简陋小屋，留下了冒着炮火为伤员进行手术的倔强身影。在晋察冀敌后抗日根据地，一刻不停地开展着紧张的战地救护。在齐会战斗中距离火线3.5千米的地方69小时不停地工作，为115名伤者施行手术……

图4-2-9 汉阳树下，白求恩无私地救治伤员

图为2018年11月武汉第五医院武汉白求恩纪念馆辜丽提供

---

① 叶介甫. 白求恩：大爱有痕[J]. 文史春秋，2012（3）：4-12.

　　类似的数据不胜枚举。为了能及时治疗伤员，每逢战斗打响，白求恩总是带领医疗队在离火线尽可能近的地方。他说：在前方用几分钟或十几分钟给伤员及时治疗，比转移到后方用若干小时治疗，效果要好得多，有时起决定性作用。离火线近，离伤员就近，同时，离危险也近了。但这并不能阻挡白求恩的脚步。

　　即使不在战斗前线，只要他听说哪里有伤员，总是第一时间赶过去。策马疾驰50多千米赶到河浙村给359旅719团右臂负重伤的教导员彭清云输血和手术。[①]因为对于他来说，病人永远是最重要的，病人的安危远胜自己的安危。白求恩率"东征医疗队"紧急转移时，冒着随时被发现的危险，为一位感染很久、胸部脓疡的老乡快速进行了手术并留下了药品。[②]

　　即便是战争间隙，受伤疗养，白求恩也闲不下来。在一个个闷热的日子里，在手指生疖切开放脓伤口没愈合时，在脚上生脓肿一下下跳疼时，白求恩坐在打字机前敲出了《游击战中师野战医院的组织和技术》；想出了要培养医疗人才、组建医院的构思；发明了"卢沟桥"等医疗用品和器械……白求恩只有一个，但他的足迹、他的身影、他带给我们的财富，如一张辽阔大网，覆盖了整个边区！

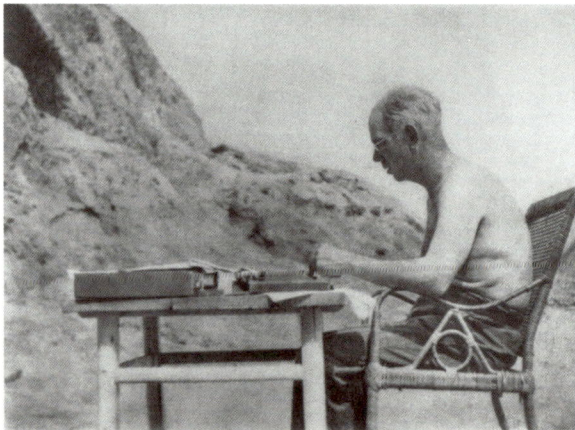

图4-2-10　白求恩在中国
图为2018年6月河北省唐县白求恩柯棣华纪念馆原馆长陈玉恩提供

　　一个白求恩曾经治疗过的老乡说："一个外国人，对咱中国老百姓这么好，怎不叫人打心眼里感激呢。白求恩为了咱中国的革命牺牲了，埋在军城。这些年来，我每次从那儿过的时候，都去陵园看望'白大夫'一眼。"

　　感激你万里赴边区，前线救子弟；感激你学识传热土，圣手治顽疾；感激你国际传声响，奋力取外援；感激你远渡重洋，和我们在一起。

---

① 陈昊苏. 白求恩的故事[A]//中国人民的好朋友[M]. http://www.bqejsyjh.com/NewsLook.asp?p=&SID=207&NewID=4191&FID=77.

② 中国人民解放军白求恩国际和平医院编写组.白求恩在中国[M].http://www.bqejsyjh.com/NewsLook.asp?p=&SID=211&NewID=2261&FID=77.

感激你，带来共产国际的温暖，告诉我们并非孤立无援。

感激你，为了中国人民的解放事业，奉献了自己。

如今，在黄石口村——白求恩逝世时居住的一个面积不足20平方米的小屋，让人仍然可以想象白求恩大夫顺躺在放有薄薄褥子的土炕上（因身材较高横躺不下），零乱灰白的长发，深陷的眼窝中还闪着热情的光芒……那小小的桌子和椅子，室外的炎热与小屋的阴凉，当年的战火连天与如今的艳阳高照，所见所感在人们心中形成的冲突矛盾，化成浓浓无声的感激之情，再次萦满胸腔，让人似乎又看到白求恩挣扎着起身给聂司令员写最后一封信……

图4-2-11和图4-2-12 白求恩去世时居住的小屋，位于河北省唐县黄石口村 尚祖光 摄

图4-2-13 白求恩就是在这个小土炕上逝世，去世的前一天就是
在这张方桌上写下了最后一封信 尚祖光 摄

最后一封信的内容如下：

亲爱的聂司令员：

今天我感觉非常不好——也许我会和你永别了！请你给蒂姆·布克写一封信——地址是加拿大多伦多城威林顿街第十号门牌。用同样的内容写给国际援华委员会和加拿大和平民主同盟会。

告诉他们我在这里十分快乐，我唯一的希望就是多有贡献。

也写信给白劳德，并寄上一把日本指挥刀和一把中国大砍刀，报告他我在这边工作的情形……

……每年要买250磅奎宁和300磅铁剂，专为治疗患疟疾病者和极大数目的贫血病者。千万不要再往保定、平津一带去购买药品，因为那边的价钱要比沪、港贵两倍。

告诉加拿大和美国，我十分地快乐，我唯一的希望是能够多有贡献。

……

最近两年是我平生最愉快、最有意义的时日，感觉遗憾的就是稍嫌孤闷一点，同时，这里的同志，对我的谈话还嫌不够。

……

我不能再写下去了！

让我把千百倍的谢忱送给你和其余千百万亲爱的同志！

——诺尔曼·白求恩[①]

图4-2-14　在白求恩墓地的雕像前晋察冀军区首长与军民一起高呼："白求恩精神不死。"

图为2018年6月河北省唐县白求恩柯棣华纪念馆原馆长陈玉恩提供

这封遗书中，两次提到"我唯一的希望是能够多有贡献"，从这里我们也能充分感受到一位纯粹的共产主义战士的情怀。白求恩大夫即使清楚地知道自己将失去生命，也不忘记自己钟爱并为之付出全部心血的边区医疗卫生事业，体现了一位崇高的国际共产主义战士的高尚情怀和伟大精神。

位于河北的"唐县白求恩柯棣华纪念馆"，是一栋坐北朝南的建筑，胡耀邦总书记题写的牌匾在阳光下煜煜生辉。走进纪念馆的大门，面对五连阶台、每台十几个阶梯的层进式台阶，来此的人们以朝圣般的心情，一步一个台阶，走入白求恩的精神世界，走入白求恩学校（其前身为晋察冀军区卫生学校，为纪念白求恩而改名为白求恩学校）的创始人白求恩的一生……

在纪念馆看到一座大理石碑，上刻白求恩追悼会上的祭文，全文317字。据陈玉恩馆长介绍，此碑文为时任《抗敌报》社长兼主编的邓拓先生①所著，并由聂荣臻司令员在白求恩追悼会上诵读。

在唐县牛眼沟村——白求恩生前倡导并参与建立的晋察冀军区卫生学校旧址，原国家卫生部部长钱信忠将军题写的"晋察冀军区卫生学校"牌匾依然绽放着不朽的光辉。在挂有将军题写的牌匾的屋前院子里，有吉林大学党委书记杨振斌教授亲率吉林大学的有关部门同志栽下的一棵冬青树，树前的石头上刻有两行字：传承白求恩精神，重走白求恩之路。落款：吉林大学二○一五年八月十七日。

图4-2-15 镌刻白求恩追悼会祭文的石碑
尚祖光 摄

图4-2-16 吉林大学党委书记杨振斌亲率吉林大学有关部门同志在晋察冀军区
卫生学校旧址前栽种的冬青树 吉林大学临床医学院提供

有道是：牛眼仰望寻基础，书记亲栽冬青树。吉大筹建纪念堂，白医精神永追述。

---

① 邓拓，1912—1966年，原名邓子健，福建闽县（今福州市区）竹屿人，1945年主持编印《毛泽东选集》，新中国成立后任《人民日报》总编辑、社长

第三节　创建医疗培训机构

　　抵达河北省唐县军城镇牛眼沟村，沿着略显崎岖的水泥路而上，至半山腰方寻得石铺小路，从不足一米宽的石阶继续走到村落深处，穿过"药房""机关大院"，就来到了晋察冀军区卫生学校旧址。石缝里自然生长的花草，老房里地面上铺着的黄土，诉说着当年的沧桑。1939年9月18日，沐浴着抗日战火的小山村，在白求恩的倡导下，建立了敌后根据地第一所正规的医学院校。如今，站在学校旧址的小院，看着落满熟透杏果的小路，俯瞰如今安静祥和的牛眼沟村，思绪止不住地回到了那个艰苦奋斗的战争年代。白求恩在晋察冀边区时期，上战场跟随八路军到前线抢救伤员，下战场开展巡视和培训，休养时编撰教材、章程、规范，留下了宝贵的医学理念和医疗技术。

图4-3-1　晋察冀军区卫生学校药房、机关大院旧址　尚祖光 摄

图4-3-2和图4-3-3　晋察冀卫生学校旧址，原卫生部部长、华北医科大学校长钱信忠题字　尚祖光 摄

一、残酷大封锁——缺医少药的边区现实

最初，白求恩认为中国会与他支援战斗过的西班牙相似，运用他开创的战地输血和急救的方法将能够顺利帮助中国抗日军民。但他刚到达重庆，就认识到了形势的迥异。国民党政府偏安一隅，不但不提供人力物力上的帮助，而且千方百计地阻挠国际和国内的医疗队北上支援。白求恩本希望在敌后购置一些绷带、纱布和外伤用的药物，但面对日本帝国主义的物资封锁和国民党政府的贪腐横行、倒买倒卖，竟无能为力。

白求恩很快接触了周恩来，从周恩来那里，他感受到了中国共产党抗日的坚定决心和艰难处境。而与八路军卫生部长姜齐贤的深谈，则使白求恩进一步了解了延安抗日前线的真实情况。由于部队发展很快，战斗十分频繁，因此，医务人员十分缺乏；而大后方一些爱国的医务人员多次组织北上抗日，又被国民党政府以各种手段拒绝和扣留。由于侵华日军的封锁和国民党政府的破坏，八路军、新四军连绷带、纱布这些常用的医疗用品都难以获得。战士们常常需要忍受着巨大的伤痛坚持战斗。"请转告周恩来同志尽快安排我们北上吧。我们不能面对着敌人的残暴静坐旁观，不能看着我们的战士流血牺牲而不走上前线！""到前线去，到最需要我的地方去！"成了白求恩热切真挚的心声，这种思想推动他冲破重重阻力、历尽千难万险奔赴延安。

图4-3-4　八路军驻武汉办事处

图为2018年11月武汉市第五医院武汉白求恩纪念馆魏笑琛、辜丽提供

到前线干什么去？白求恩在去延安的路上想过多次。他竭力回忆自己的经验，并将这些经验放在中国这个特定环境里进行筛选。北上的艰难旅程使他认识到中国国土广袤、生活条件落后、交通运输不便等具体特点。看来，像在西班牙一样组织流动输血队不合适。在中国，运输、冷藏的条件都不具备，而且战场大、山林多、道路差，部队以游击战为主，血液很难送到阵地上去。最有效的办法是在前线办医

院、办手术队、办训练班，以便在哪里打仗就把医疗工作开展到哪里。

在延安，白求恩向毛泽东主席详细说明了他那个考虑已久的工作计划，请求毛泽东批准他到前线去，到抗日战争的人民中间去。他保证一定将自己掌握的技术毫无保留地传授给中国同志。只要批准他组成手术队到前线去，在战地附近实行初步疗伤，就可以使百分之七十五的伤员免于死亡，而且训练医务人员的工作也只有去前线才更有成效、更实际。毛泽东认为组织好火线救护，训练好前线医务人员，对于年轻的八路军确是当务之急。八路军正处在敌强我弱的情况下，又处在迅速发展之中，人力和经验对于他们都是十分宝贵的。因此，毛泽东答应了白求恩的请求，并且预祝他获得成功。于是，白求恩离开了延安，奔赴前线，投入到他期待已久的晋察冀敌后抗战之中。

然而迎接他的又是怎样残酷的现实呢？

就在去晋察冀军区的路上，白求恩应八路军总部的建议，视察了沿途的医疗单位，帮助解决了一些技术问题，在医院建设方面也提出了改进意见。1938年5月23日，在贺家川一所医院的所见所闻让白求恩十分震惊。在给毛主席的信中，他报告了那里的情况："这里只有2名医生、18名护士，但他们却要照料180名伤员。他们的器械、装备，说起来简直叫人吃惊，整个医院仅有24把镊子、12副夹板、5磅纱布棉花。如同在战场上战士们用石块代替弹药一样，医院里的同志们用的几乎全是代用品：用铁丝做的探针，用竹签做的镊子，把棉花吊在大水桶里蒸气消毒，用锯木头的锯子锯骨截肢……"而更让他忧心的是医护人员培训欠缺，卫生观念薄弱，对一些伤员救护不力、伤口感染严重，甚至导致一些伤员不得不截肢。他看到一个右腿贯通伤的年轻战士，在医院处理伤口、固定伤肢后伤势持续恶化，出现了高烧等全身症状。在检查伤口时，白求恩发现脓液散发着难闻的恶臭，而伤口里竟塞着一团棉球！白求恩生气地追问，发现这个棉球竟是在伤员的要求下，由一个十五六岁的卫生员故意塞进去的，为的是"伤口经常流脓，想用棉花把它吸干"。这个小卫生员是个放羊娃，两个月前才参军，并没有接受过正规的训练，但由于战地医院人手严重不足，只能让这样的小同志来帮忙照顾伤员。检查后，白求恩发现战士的腿伤已经形成了骨髓炎，大面积的骨质腐烂，加上营养不良，他不得不怀着沉痛的心情把这名战士的腿锯掉来挽救生命。

在接下来的几个月里，白求恩带领着医疗队，巡回医疗在晋察冀边区的晋东、晋西山区和冀中平原。这几个月工作的艰苦是后人难以想象的。白求恩和医疗队不但要辛苦跋涉在沟壑纵横的山区丘陵，而且要随时躲避日军的轰炸和"扫荡"。他们披星戴月，昼夜兼程，穿越层峦叠嶂的太行山脉，渡过浊流滚滚的黄河天险，视察了沿途八路军的医院，慰问了光荣负伤的战士，一路忘我工作。每到一个疗养所或后方医院，白求恩总是不顾旅途劳顿，立即投入到对伤病员的检查和救治中。常常一天要检查上百位患者，完成十几台手术。这样的超强度劳动对一个年轻人都是沉重的负担，何况白求恩是一个年近半百的人，但他却从不言累。"我打算留在这里，全区一千三百万人口中，我是唯一合格的医生。"正是这样迫切而沉重的使命感，使白求恩不知疲倦地战斗着。时任晋察冀军区司令员的聂荣臻曾深情地回忆起白求恩说过的一句话："我是来工作的，不是来休息的，你们要拿我当一挺机关枪使用。"

几个月的艰辛巡视，白求恩不仅亲历亲为救治了很多伤病员，而且真切地认清了边区医疗工作的实际情况，深入地了解了抗日前线的医疗需求。对于一个拥有千万人口，"反清剿""反扫荡"斗争频繁的边区来说，几个人组成的医疗队的帮助是杯水车薪。基于这些调查研究，白求恩提出："我想只靠我们和少数人这样忙碌下去，到底能有多大贡献？尽我们的力量，帮助中国同志培养出自己的医生和护士，这应该是我们医疗队的主要任务。"在1939年8月1日，白求恩所写的《加美流动医疗队四个月的工作报告》中，他进一步提出："外国医疗队不仅只是运用技术工作，而最重要最有价值的任务是帮助训练人才，这样纵然离开，他们自己也能担负起来。"

图4-3-5　白求恩到达晋察冀边区的第二天就赶赴后方医院检查救治伤员

图为2018年6月河北省唐县白求恩柯棣华纪念馆原馆长陈玉恩提供

在边区几个月的巡视中，由伤员流血、断肢乃至死亡的残酷现实，使白求恩完全放弃了最初打算利用外国人身份的便利去北平为八路军购药的计划。是的，在日本帝国主义的残酷封锁、"扫荡"、破坏和国民党政府的阻挠截留、倒买倒卖下，这里确实物资极度匮乏，连起码的医用耗材和消毒药品都很奇缺。但这里不仅仅缺乏物质，更缺乏医护人员——有经验的医护人员，经过培训的医护人员。他们需要适应战场实际环境，因地制宜，因陋就简，开发利用手头的一切可用资源，提供快速有效的医疗救助。

这里才是真正的战场。白求恩不但要输血，更要造血！

"要留下一支永远不走的医疗队。"

二、试水五台山——身体力行的模范医院

作为敌后第一块抗日根据地——晋察冀边区——在当时的全中国抗战整体格局中发挥着举足轻重的作用[1]，日益频繁的战事，越来越多的伤员，使得提高医疗技术水平迫在眉睫。白求恩来到晋察冀抗日根据地后，便担任了晋察冀军区卫生顾问，来到后方医院驻地五台县松岩口村开展诊疗和督导。到达的第一个星期里，他为521名伤员作了检查；随后的一个月里，他又为147名伤员施行了手术[2]。这些伤病员分散居住在六十平方千米的老乡家里，治疗和照料都很不方便。在这样超强度的工作节奏中，关于医疗培训的计划也在他心底酝酿。医学教育总要有用于解剖的尸体、教材教具、显微镜、切片标本和专业的师资队伍啊。白求恩接受的西方医学教育体系和他成为医生所接受的训练培养经历，使他最初认定建立卫生学校的条件尚不成熟。那么怎样改进医疗服务并进行人员培训呢？在繁忙手术的空隙，在观察体验的基础上，对后方医院进行改革的想法渐渐成熟。白求恩希望能够集中伤员，规范救治。因此他提出要建一所示范医院。

图4-3-6　白求恩模范病室旧址　洪东旭 摄

在对晋察冀军区卫生部长叶青山解释他的方案时，白求恩说："我们是不是可以在这个医院的基础上进行一些改革，办一所示范性的医院，我们就叫它模范医院吧，缺少的器械，我们自己动手做；技术不高，我们边教边学；制定一些必要的制度使医院的工作更有条理，把我们的工作改革一番，使它更好地为抗日战争服务。这样经过一段时间，我们就可以培养出一批有经验的同志，他们还可以到其他医院去教别人。这样用不了多长时间，我们整个军区的卫生工作一定会出现一个新的面貌。"那时的白求恩初到边区，还不大了解战争环境的特点，不了解落后的边区状况。他提出的建设医院的方案、规定的设备和制度都不符合边区的现实。聂荣臻司

---

① 秦亚红."大纲是全中国，小纲是五台山"[J]. 忻州师范学院学报，2004，20（1）：61-63.
② 中国白求恩精神研究会.诺而曼·白求恩[M].北京：人民美术出版社，2015：189.

令员在请示了毛主席后，还是同意了他的计划，但他提醒白求恩："你的办法是科学的，不过不能运用到具体环境中来。"

图4-3-7　白求恩模范病室旧址　于姗姗 摄

得到了聂荣臻司令员的支持后，白求恩立即以饱满的热情投入到模范医院的建设中。他和当地军民一起，对一座龙王庙进行了改建。铺地、吊顶、垒隔墙、拆神像，白求恩和大家一起干得热火朝天。龙王爷面前的香案改造成了漂亮的手术台，房梁上吊起了顶棚，地面铺了三合土，门上挂起了带红十字的粗布门帘，南墙上新开了四个五尺见方的窗户。白求恩将一块写着"手术室"的木牌，端端正正地钉在门楣上。东西厢房也被改成了换药室、消毒室和病房。

图4-3-8　将一所大庙改造为模范病室

图为2018年11月武汉第五医院武汉白求恩纪念馆魏笑琛、辜丽提供手术室和病房改建成了，医疗器械却没有着落。白求恩连夜绘制了一本加工制作医疗器械的草图。第二天一早，他来到了锡匠、铁匠、木匠中间，同他们一起劳动。他亲自举起铁锤，在熊熊燃烧的炉火边挥汗锻打。不大一会儿工夫，一副标准的"托马氏"夹板就放在了铁匠师傅们的面前。白求恩又拿起一块打得扁平的铁板，使劲地锉起来。随着铁屑的进洒，一把亮晶晶的刀柄又制成了。老铁匠连声称赞说："白大夫，你打得真好，以前干过我们这一行吧！"白求恩直起身子，笑着说："一个战地外科医生，同时应该是一个好的木匠、铁匠、缝纫匠和理发匠。"在白求恩的帮助下，工匠师傅们互教互学，手工自制的医疗器械一件件送进了手术室，送进了病房。

图4-3-9　白求恩自制医疗器械

图为2018年6月河北省唐县白求恩柯棣华纪念馆原馆长陈玉恩提供

就在修建医院房舍、制作医疗器械的同时，白求恩开始对医务人员进行培训。课堂就在龙王庙院里的老松树底下，讲义是白求恩临时编的。八路军的卫生工作经验和西方先进的医学科学编纂在一起，赋予了这部教材新颖实用的特点。每逢星期一、三、五的下午，白求恩就根据这部讲义，把精湛的技术传授给每一个人。医务人员的实际工作能力迅速提高，互教互学的群众运动更加活跃。医生、护士们一个个走上讲台，介绍他们的学习体会和工作经验。后方医院的各种教材，分发到晋察冀军区各个部队的卫生部门。在这期间，白求恩还起草了后方医院的防空条例和其他必要的工作章程。编写了两本供医生、护士学习用的内、外科教材。他先后写过数万字的工作报告，向毛主席、党中央以及军区汇报工作。白求恩在讲课时，还进行了大量的示范操作。就像他后来说的那样："不仅用口说明怎样工作，而且表演示范，而后再让学者照此去做，使学者真正学一点懂一点。"

在管理制度上，白求恩也要求严格规范。他要求医生、护士的技术操作必须严

格按照规范进行，"严格执行制度，不是小题大作，是人命关天的事"。白求恩还提出应进行监督管理："民主选举可以充分听取各种不同意见，比如医疗工作和护理工作的好坏由伤病员评论，这可以促进人进步。医院是民主机构，对医疗工作进行监督，可以避免官僚主义作风。"在管理上，白求恩的要求是十分严格的，同时也是细致入微的。就连医院在清水河上游刷洗带着脓血、细菌的敷料污染水源，会危害下游人畜健康，白求恩都想到了。他带领大家另外挖坑引水作为清洗池，并将脏水引入一条干河沟。

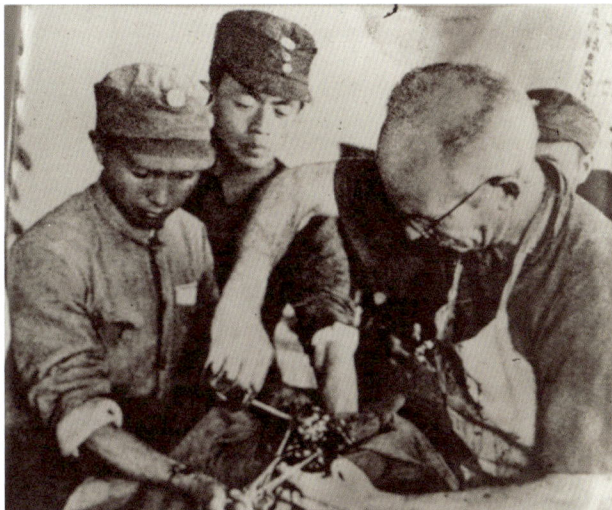

图4-3-10　白求恩在模范医院给学员做示范手术

图为2018年6月河北省唐县白求恩柯棣华纪念馆原馆长陈玉恩提供

白求恩倡议建立的模范医院，虽然整个的建院方案不切实际，但在建立制度、制作器械、培训医护人员这三方面，却给部队的卫生工作提供了宝贵的经验。模范医院的示范作用，在建立过程中便得到了证明。更重要的还是白求恩本人的模范作用。他以自己的言行，为大家树立了一个学习的榜样。

经过边区军民五个星期的努力，模范医院建成了。1938年9月15日，举行了隆重的落成典礼。会场就设在龙王庙——现在的模范医院的院子里。来开会的除卫生部和后方医院的同志们外，聂荣臻司令员和边区领导，以及军区所属各部队卫生部门负责同志也都赶来参加。边区军民代表向白求恩献上了八面锦旗，锦旗上分别用中文和英文写着"白求恩，我们的同志！""白求恩，我们的战友！""白求恩，我们的模范！""白求恩，我们的老师！"等。白求恩接下来发表了热情洋溢的讲话。他首先回顾了与边区军民共同创建医院的历程，深情地说这是"我们的医院"。他指出无论是医院管理的技术、伤口清创的技术、换药的技术、动手术的技术，还是为伤病员洗澡的技术、护理伤病员的技术以及使伤病员康复的技术等，医务人员都要认真学习和运用。"好的内、外科技术能使伤员好得快，减少他们的痛苦，减少死亡、疾病和残废，这些事都是我们分内的工作。"白求恩更进一步提出了医务工作者的责任，"一个医生、一个护士、一个卫生员的责任是什么？只有一个责任。那责任就是使你的患者快乐，帮助他们恢复健康，恢复力量。你必须把每一个患者看作是你的兄弟，你的父亲。因为，实在说，他们比兄弟、父亲还要亲切些——他们是你的同志。在一切的事情当中，要把他们放在最前头。你不把他们看得重于自己，那么你就不配从事卫生事业，也简直就不配在八路军工作。"在最后，白求恩还提出："我们的军队迫切地需要领导人才，每一个部门都在找领导人才，我们需要领导人才，甚于需要枪支和粮食。"加强人才的培养是当务之急。"大夫们，你们要教导并监督你们手下的大夫、护士和卫生员。领导他们，给他们树立一个精神饱满、不顾自己、体贴别人的榜样。护士们，你们要指导你们手下的卫生员，领导并监督他们，做事要勤快，多做事，少说话。当你们自己还不懂的时候，不要太轻易地互相提供意见。练习独立工作，而不需要六七个人帮忙。自己能做的事情不要找别人做。"[1]

图4-3-11　1938年9月15日，白求恩在晋察冀军区模范医院开幕典礼上讲话
图为2018年6月河北省唐县白求恩柯棣华纪念馆原馆长陈玉恩提供

　　白求恩的演讲，明确了医务人员培养的方向，既要认真掌握技术，更要由衷关爱患者，而且还应具备领导才干。他的建院实践，在规范实用地建立管理制度、自力更生制作医疗器械，以及在技术、责任和能力层面培训医护人员等方面，都为八路军的卫生工作提供了宝贵的经验，起到了示范表率的作用。

　　白求恩不知疲倦地热情工作，雄心勃勃地要把这家模范医院建设成为八路军最好的乃至全中国最好的战地医院，但日寇的铁蹄却让他的梦想早早夭折了。1938年9月20日，敌人调集了三个师团和三个混成旅团共五万多人，配以空军和机械化部队，兵分25路，对晋察冀军区腹地五台山地区发动了秋季大"扫荡"。为了避敌锐

① 白求恩. 医生的责任[J]. 当代学生, 2015（Z3）：42.

气，相机歼敌，军区决定暂时放弃五台山一带，立即转移到河北省平山县山区。白求恩不得不忍痛送走了刚刚集中起来的伤病员，又难舍难分地告别了他亲手参加建造的一切：改建的手术室、刚刚开了窗户的病房和供伤员们学习用的"救亡室"。

在这次"扫荡"中，模范医院因"树大招风"，落成仅十几天就被日军烧毁了。[①]刚刚集中的伤病员又转移到老乡家里分散居住，事实证明游击战争中白求恩设想的办集中式、规模式后方医院的模式行不通。事后白求恩深刻地认识到"一个科学工作者，只有从实际出发，才能更好地发挥作用"。他非常坦率地检讨说："我过去不了解游击战争的特点，也低估了法西斯强盗的残暴，你们的意见是正确的。在敌后要建设正规化的医院，这想法是不全面的。"

这次试水虽然失败了，白求恩却看到了边区军民团结协作、不畏艰险、乐观向上、积极进取的艰苦奋斗精神。他深受感动，有着这样与人民融为一体的军队，有这样怀着坚定必胜信心的人民，有这样上下一心、一呼百应的组织能力，又有什么事情办不成呢？

三、播火牛眼沟——倾尽心力的卫生学校

晋察冀边区药品依然缺乏，人员还是不足，如何解决问题，白求恩苦苦地思考着。办模范医院，不切合游击战争实际，当时敌强我弱的斗争环境，决定了医疗机构必须具备灵活机动性，否则很容易遭到破坏；而办医疗队，如红十字会医疗队或加美流动医疗队，虽然可解决一时一地医疗资源不足之困，但解决不了根本问题，一旦移动，面临的仍是缺医少药的现实。就地培养人才，并尽可能系统化和常态化，才是输血之上的造血之术，才能变被动为主动。强烈的责任感激励着白求恩向新的高度进军。

经过深思熟虑，在1938年8月13日写给聂荣臻司令员的报告中，谈到筹办卫生学校的相关问题，他说："如不涉及把我的活动仅限于本医院，我愿意接受校长的职务。"[②]同时，白求恩提出了四种解决办法：到大学培养进修、到现代化医院学习、利用外国医疗队培养以及创办八路军卫生学校。白求恩对延安卫生学校评价甚高，他认为培训医务人员，建立卫生学校最为迫切，"此地（晋察冀边区）有设立一所完善的医校的必要"。一年前，白求恩觉得师资、教材不足，办学条件不成熟，而现在，在边区的战斗生活实践以及创办模范医院积累的经验，使他看到在人民战争的海洋里，没有什么困难不能克服：师资力量可以在各分区迅速地抽调、教材可以根据战场实际总结编写、教具可以自力更生动手制作、实习医院和病房可以组织筹建。

① 刘岩.白求恩在中国抗日前线的战斗踪迹[J].党史博览，2012（1）：26-30.
② 白求恩医大校史编委会办公室.白求恩医科大学《校史资料选》，1983年7月20日，第8期：15-16.

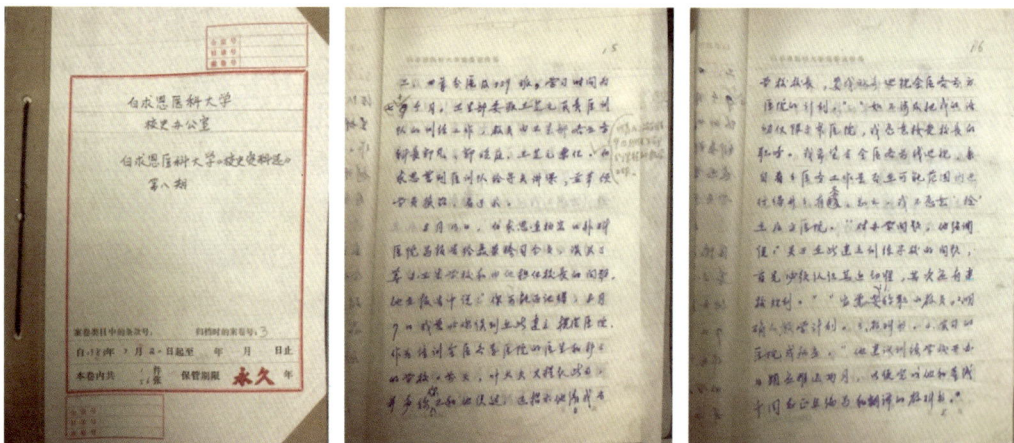

图4-3-12、4-3-13、4-3-14　白求恩医科大学《校史资料选》1983年第8期封面、第15页、16页手稿图片，原稿收藏于吉林大学档案馆　郭喜红 摄

白求恩的建议可以说正当其时。晋察冀军区和卫生部的领导也看清了这个形势，并且开始着手抽调干部。1939年五六月间，江一真同志根据军区的决定，以1938年成立的晋察冀军区卫生部医务训练队为基础，开始进行卫生学校的筹建工作。接着殷希彭、刘璞、陈淇园、张录增等老师先后调到学校任教。学员也从各分区陆续到冀西完县神北村报到。先来的同学忙着做开学的各种准备，修筑道路，刻写教材，整理标本，打扫课堂。①热火朝天的氛围感染着白求恩，他积极出谋划策参与筹建。

1939年6月，白求恩亲自给卫生学校拟定了教育方针和教学计划。他提出：卫生学校要培养政治坚定、技术优良的医务工作者。至于培训学员，他建议当时在晋察冀军区工作的医生和护士优先。军区的这些医务工作者绝大部分没有上过正规学校，医学知识和技术较差，要想提高军区的医疗卫生水平，必须首先培训他们，提高他们的医学知识和技术水平。在给友人戴维逊的信中，白求恩写道："我正在努力的工作是从工农子弟中培养医生。这些工农子弟只有一般的阅读能力和数学知识。我们的医生当中没有一人上过专科学校或大学，没有一人在近代化医院工作过或很少进过医科学校。我们必须用六个月的时间在他们中间培养出护士来，用一年时间培养出医生来。"

培训的时间虽然有限，学员的基础虽然不好，但教学的质量却不容含糊。白求恩提出：卫生学校与军事院校并无区别，必须具备称职的教员、明确的教学计划、教科书和实习的医院或病房。在教材方面，白求恩做出了极大的贡献。1939年7月至8月，他从冀中返回冀西后，就在以唐县为中心的一带活动，在完县神北村写出了《在冀中四个月的工作报告》，12天后完成六千余字的《关于改进卫生部门工作的建议》。此时，白求恩因腿部感染，转到唐县和家庄晋察冀军区司令部休养，其

① 白求恩医大校史编委会办公室.白求恩医科大学《校史资料选》，1983年7月20日，第8期：18-19.

间，编写了《游击战中师野战医院的组织和技术》一书。之前，白求恩先后创办过模范医院、特种外科医院；举办过专题讲座、巡回讲座；开展过理论与实践结合的现场实地观摩与示范。为了配合这些教学活动，他编著了《战地救护须知》《战伤治疗技术》《初步疗伤》《战地外科组织治疗方法草案》《消毒十三步》等医疗卫生教材，培养了相当一批能独立工作的医务工作干部。这次的写作，白求恩认为只是把自己过去的经验毫无保留地拿出来还不够，还要根据斗争的实际总结新的经验，并把这些经验介绍到部队和边区卫生工作人员中去。在参加了晋察冀边区党代会，充分了解了各部队、地区的希望和要求的基础上，白求恩拟定了编写的纲目。

图4-3-15 《游击战中师野战医院的组织和技术》旧照，陈列于
葛公村白求恩学校旧址 尚祖光 摄

《游击战中师野战医院的组织和技术》一书，把游击战争中师野战医院的组织和技术分成九章，按着科学化、系统化、标准化的要求编写。第一章，师卫生工作的组织；第二章，师野战医院；第三章，旅、团、营卫生工作；第四章，换药及外科手术；第五章，手术后疗法；第六章，手术室杂谈；第七章，换药法；第八章，怎样制造及应用器材；第九章，一般的内科病及其治疗。前三章把连、营、团、旅、师各级卫生工作的机构设置、人员编制、职责分工、器材配备、战时位置选择、战时伤员流动顺序等作了科学化、系统化、标准化的规定。师野战医院是师卫生处的一个部门，受卫生处长的领导。这本书的着重点是师野战医院的组织和技术。因此，师野战医院的各种技术问题便成为重点中的重点。第四章是本书医疗技术方面最重要的一章，几乎占了全书一半的内容，包括扩创术、异物探取、开腹术及肠吻合术、开放骨折切开及夹板牵引、切断术、动脉结扎术、颜面成形术、眼球摘除术、胸腔贯通治疗、输血术、抗休克等多种手术的定义。应备器械、麻醉法、手术时伤员的体位、适应证选择等，图文并茂，简明扼要，具体明确，通俗易懂。

第八章讲述了白求恩的发明创造，体现了他勇于革新的精神。其中介绍了25种已经实际做到及应用的方法，尤其是"移动的换药室""司药房""手术室"。他还特制了一种驮架，名叫"卢沟桥"。卢沟桥驮架的做法，除文字说明以外，还有附图。而第九章只根据战地需要叙述了四种疾病：疟疾、流行性感冒、痢疾和腹泻。

图4-3-16　还原版"卢沟桥"（右），陈列于葛公村白求恩学校旧址　尚祖光 摄

《游击战中师野战医院的组织和技术》属于军事医学中野战外科学专著。它回答了在游击战争中，伤员通过师野战医院的处置过程及技术要求；它为白求恩倡导的早期初步疗伤提供了物质和技术保证。"师"，在当时，相当于"军分区"，是游击战争中机动作战的基本单位，常常单独地机动作战。在当时，各师的卫生工作发展不平衡，一般说来，比较薄弱，因此，加强师的卫生工作十分重要且意义重大。白求恩撰写军事医学著作就从这时候开始，可见他是一位有远见的、十分了解八路军情况的军事医学专家。这本书虽然没有高深的理论，没有在军事医学上有所突破，但它在当时是十分实用的，"实事求是"，可以解决当时存在的关键问题，也为当时的卫生工作提出了较高的要求。这本书即便在现在也有一定的参考价值，堪称游击战中的军事医学专著。更引人注目的是，白求恩将政治、军事与卫生工作融为一体。在书中，他强调卫生部门必须"直属于师、团的领导和总卫生部"，一个领导人"不管是否懂得技术"，但一定要"懂得军事，特别是政治工作和行政工作"。他提醒大家执行三大纪律八项注意："可以借用老百姓的门板或木板作担架，但用毕一定退还。"他还意味深长地写道："记住，手术中取出的弹片、子弹要交给受伤者本人！"读到这里，人们不由得想起白求恩常说的一句话："这些从伤员身上取下来的弹片、子弹，是法西斯侵略罪行的铁证。带上它，会激励着伤员们重返前线狠狠地打击敌人，也会使他们经常想到：有许多兄弟姐妹正在遭受这些弹片、子弹的威胁！"

图4-3-17　左为白求恩曾经用过的打字机，右为《游击战中师野战医院的组织和技术》一书，
陈列于石家庄白求恩国际和平医院白求恩纪念馆　尚祖光 摄

白求恩热衷于著书立说，并不是为了个人得利扬名。他出版的著作都是油印本，有时连名字都不署，当时更没有稿费一说。他认为这是从医疗工作上帮助中国抗战的更好方法。他为培养八路军的医务人员不遗余力，总是倾囊相授，恨不得学生们一日之间掌握他所教的全部。还不到半个月的时间，这本译成中文后长达14万字，并附有119幅插图的卫生教材，就编写好了。

图4-3-18　1939年7月，白求恩冒着酷暑编写教材
图为2018年6月河北省唐县白求恩柯棣华纪念馆原馆长陈玉恩提供

而这项工作是在一个闷热多雨的盛夏，白求恩脚上还长着脓肿。在这样炎热和疼痛的折磨下，白求恩却日复一日，每天写下万余字，每天画出近十幅插图，这种工作精神，谁能不为之感动！聂荣臻司令员回忆起这件事时说："令人不能忘却的

是一个炎热的暑天，当他最后一次从'前线'施行无数手术之后回到'后方'，不肯稍事休息，照例忙于写作。根据敌后游击战争的环境和具体的困难条件，他把在战地实际工作中最可珍贵的经验和广博丰富的医学知识融汇在一起，以将近半个月的时间，日日不断狂吸纸烟，不断挥流着热汗，完成了一部著作……"这本不同寻常的医学专著，记录了白求恩一年多来的辛勤劳动，记录了他科学的工作方法。它的每一章、每一节、每一页、每一行里，都有流动的鲜血，轰鸣的枪炮声；都记载着白求恩不分昼夜、寒来暑往的奔忙，殚精竭虑的思考。正像聂荣臻司令员在序言里所评价的："这是他一生最后心血的结晶，也是他给予我们每一个革命卫生工作者和每一个指战员和伤员的最后不可再得的高贵的礼物。"

读着这本书，学员们感到非常亲切。白求恩所选用的战例，就是他们亲身经历过的那些战斗；书里介绍的方法，都是可以立即运用的。从一个医院的组织方案到一根橡皮管的煮沸晾晒，一招一式、一点一滴白求恩都想到了，写到了，好像站在你的身旁，回答你提出的每一个问题。读着这本书，学员们又感到非常新鲜。考虑到中国人民抗日战争的艰苦卓绝，白求恩详细总结了卫生工作中克服困难的经验。例如，木锯可以作离断刀，丝线可以代替羊肠线，木棍、鞋、秫秸可以当夹板用，做麻醉口罩可以用纱布和硬纸板等等，这些历来无人为其著书立说，资产阶级专家甚至嗤之以鼻的土方法，在白求恩的著作里第一次出现了，而且他用了突出的篇幅加以介绍——"怎样制造及应用器材"。

白求恩在序言中郑重地写道："这本书是根据我在八路军工作18个月的经验写出来的"；"这本书是贡献给我的卫生工作同志，作为我对他们向这些困难作艰苦奋斗的钦佩表示"；"更将这本书献赠给贺龙将军、吕司令及冀中区一二〇师和其他为和平解放而奋斗的英勇善战的八路军"。

完成这部中国特色的野战军事医学专著后，白求恩与学员们一起进行了学校的搬迁。在唐县史家佐村休整期间，他根据教材的内容给学员们进行了一次示范性教学：野战手术队的展开。示教分三步进行，第一步是手术室的布置。从搬走室内的东西，清扫灰尘，裱糊窗户，准备水缸，打开"卢沟桥"药驮，所有的工作均按程序有条不紊进行，仅半个多小时就将野战手术室布置起来了。室内布局如手术台、换药台、药品器械准备台、洗手处、担架停放处等都有固定位置。器材物品有一定规格和标准，如手术围裙九条，洗手盆三个，肥皂两块，各种药品器材也都有标准。室内每个人都有一定位置，如麻醉师、司药、登记文书、器械护士、助手术者都要在自己的应在的位置上，不能任意走动。第二步是表演伤员进入手术室的程序。伤员必须从一个门进来，从另一个门出去。从患者搬运，打开绷带，检查伤口，换药包扎，全部过程井井有条。第三步是手术室的撤收，把全部东西有条不紊地收拣起来，装入固定的箱内。白求恩一面给学员们示范，一面指挥手术室工作人员操作，不厌其详地进行讲解。对工作的程序、医护人员的动作、时间的要求、医

疗器材的使用和创新等都讲得十分透彻。随后，白求恩又专门为学员们安排了一次见习手术。他亲自为一名下肢陈旧性骨折患者进行手术，江一真校长做他的助手。从手术准备、洗手消毒、穿手术衣、戴手套、创面消毒、铺手术巾、麻醉、开刀一步一步地做起，甚至对怎样持刀，怎样止血、结扎、缝合，样样都讲得具体易懂。他熟练的技术，认真负责的态度，给学员们留下了难忘的印象。①

1939年9月，初创的卫生学校转移到唐县牛眼沟村，抗大二分校的一部分同学也加入了进来。9月18日，晋察冀军区卫生学校在牛眼沟正式成立，并举行了开学典礼。江一真任校长，殷希彭任教务主任，刘璞、陈洪园、张录增等为教员。下设军医、调剂、护士3个期②。学制军医为一年半，调剂一年，护士半年。白求恩在开学典礼上发表了热情洋溢的讲话，他说：培养卫生技术人才，不仅是今天反法西斯战争的需要，而且是将来建设新中国的需要，鼓励学员努力学习。③他把自己的X光机、显微镜和一部分内、外科书籍捐献给了学校④。10月，延安军委卫校部分师生在喻忠良同志的带领下与晋察冀军区卫生学校合编。然而，就在学校刚刚建立，根基尚未稳固的时候，噩耗传来。

1939年11月12日，白求恩大夫因救治伤员感染中毒，不幸以身殉职。1939年11月17日，晋察冀军区卫生学校师生在河北省唐县于家寨村参加了边区党、政、军各界举行的隆重殡殓仪式。1940年1月5日，日寇的大"扫荡"过后，在唐县军城镇南关古校场举行了隆重的追悼大会，宣布晋察冀军区卫生学校改名为白求恩学校。

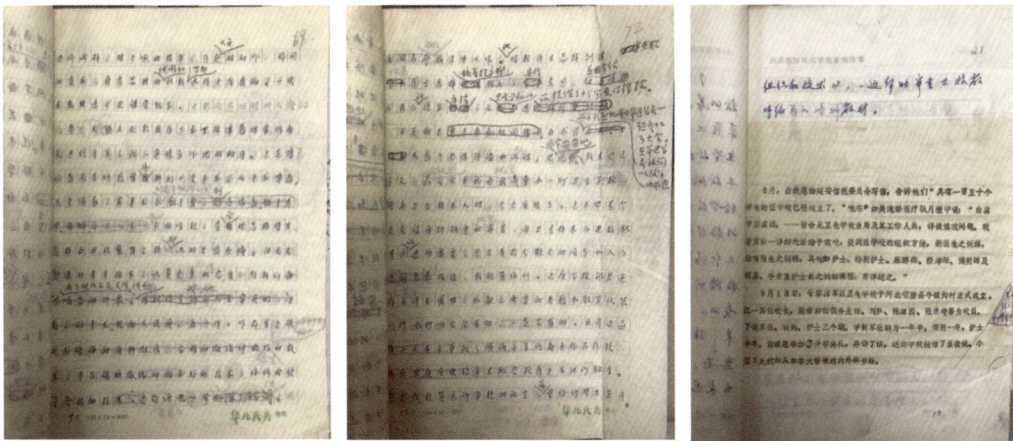

图4-3-19、4-3-20、4-3-21　白求恩医科大学《校史资料选》1983年第4-7期
第69页、72页，第8期第21页手稿图片，原稿收藏于吉林大学档案馆　郭喜红 摄

① 张业胜，李亚荣.回忆白求恩大夫和我们在一起的日子[A]//白求恩医大校史编委会办公室.白求恩医科大学《校史资料选》，1983（4-7）：69.
② 期：规定的时间或一段时间。在晋察冀军区卫生学校初建时解释为一种量词，用于表示分期的事物，等同于"班级"。后同。
③ 张业胜，李亚荣.回忆白求恩大夫和我们在一起的日子[A]//白求恩医大校史编委会办公室.白求恩医科大学《校史资料选》，1983（4-7）：72.
④ 白求恩医大校史编委会办公室.白求恩医科大学《校史资料选》，1983（8）：21.

从此，白求恩的名字与学校紧密地联系在一起。翻阅白求恩医科大学《校史资料选》，脆薄的纸张承载不住往事厚厚的历史积淀，一个字一个字认真记录、反复校对和仔细斟酌的手稿，将白求恩学校从正式建立到抗日战争胜利期间的烽火岁月呈现在眼前：几经辗转，校址从唐县牛眼沟村、葛公村，迁至阜平县陈家沟村、大台村、涞源县、张家口市……经历了敌人数次"扫荡"，粮食欠缺，学校师生们继承和发扬白求恩精神，遵循他的办学思想和教育方针，"分散学习""火线教学""武装上课"，在战火中不断成长，累计培养了学员928人，其中军医10期学员共386人，调剂6期学员共339人，护士5期学员共203人；学校教师和学员积极参与卫生知识的传播和研究工作，《卫生建设》刊物上60%的文章由学校师生撰写并发表；学校的殷希彭、刘璞等投身到晋察冀边区自然科学协会、医药指导委员会的工作中，为边区医药科学技术工作的开展献计献策；响应中共中央的号召，积极开展整风运动和大生产运动……在那个战火纷飞的年代，白求恩学校和白求恩医院迎难而上，发展成为晋察冀边区的医学教育中心、医疗保健中心和医学技术指导中心。[①]

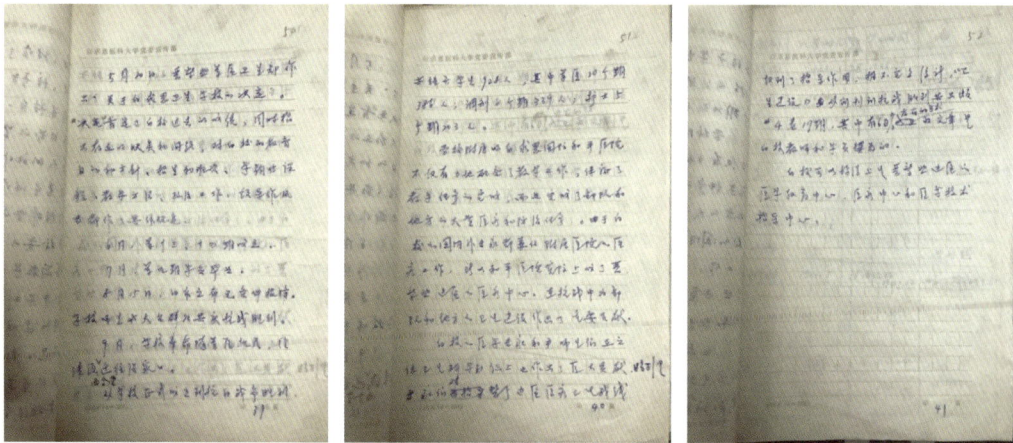

图4-3-22、4-3-23、4-3-24　白求恩医科大学《校史资料选》1983年第8期第50至51页手稿图片，原稿收藏于吉林大学档案馆　郭喜红 摄

他走了，但他倾注心血的卫生学校如星星之火，突破战争硝烟的阻挠，以燎原之势在华夏大地蔓延。随着形势的发展，白求恩学校于解放战争时期易名为白求恩医科大学、华北医科大学。新中国成立后，又易名为中国人民解放军第一军医大学、吉林医科大学、白求恩医科大学。争做"政治坚定、技术优良、白求恩式的医务工作者"[②]，他的名字，在一代又一代奋战在对抗病魔、保护人民生命健康一线的医务工作者身上，得以铭记、传承和发扬。

---

① 白求恩医大校史编委会办公室. 白求恩医科大学《校史资料选》, 1983（8）：10-52.

② 钱枞洋. 抗日一线的卫生学校——白求恩学校的兴起与发展[J]. 炎黄春秋, 2016（12）：75-80.

图4-3-25　1940年1月5日晋察冀军区卫生学校及其附属医院分别更名为
白求恩学校和白求恩医院　尚祖光 摄

　　就是这样一位国际友人、一个医生、一名战士、一名共产党员，自从到中国以来，白求恩超额地完成了作为一个医生的国际援助任务，为解放中华民族、解放全人类贡献了自己全部的力量。除了精湛的技术和超前的理念，他以笔为武器，对帝国主义口诛笔伐，将苦难的旧中国展现给世人，为中国抗战争取更多的国际援助。他愿尽一切所能为中国人民争取自由、争取幸福。他为中国的抗战在世界发声提供了极大的支持与帮助。

　　"他坚信共产主义必将在全世界实现，并始终对共产主义事业无限忠诚，为伟大的理想信念而奋斗终生。"[①]他的一生都在为无产阶级和全人类的解放而不懈奋斗着。他把毕生所学、全部热情都投入到了中国人民抗日战争的伟大事业，这种为人类和平、正义献身的精神，对全人类解放事业的执着态度和无私无畏的牺牲精神，为我们树立了一个伟大的国际共产主义战士的光辉形象。

　　【本章结语】历史因细节而生动，往事因追忆而鲜活。当我们重温白求恩在抗战前线忘我工作的那段经历，当我们追述白求恩与抗日军民共同生活的那些往事，当我们凝视那副中国人家喻户晓的照片——白求恩在一座小庙弯腰做手术的背影，当我们含泪默读白求恩在生命最后时刻写给聂荣臻司令员的那封信的时候，我们不禁追问：是什么支撑着白求恩，使他以凡人之躯创造出史诗般的非凡。在崇敬之情

─────────

① 李微铭，刘晓刚.白求恩精神研究文献综述[J].吉林医药学院学报，2011，32（6）：349-350.

中追忆，在追忆中深思，在深思中凝炼出四个字的答案：理想信念。正如美国著名记者哈里森·索尔兹伯里曾在其著作《长征：前所未闻的故事》中这样评价长征："80年来，人们一直在探究，是什么在支撑着红军一次次突破人类的生存极限，创造了人类历史上的伟大壮举？答案就是五个字：坚定的信仰。"白求恩以不懈的奋斗追求、用热血生命践行着自己的理想信念，用一个个鲜活而具体的故事汇聚起的一座精神路标。白求恩走了，但他留下了崇高的白求恩精神，他树立起践行崇高理想信念的丰碑。

第五章　被人们追忆着的白求恩

　　"可爱的死神啊，你是诸神中最仁慈的天使，让我在你的柔怀中与世长辞；繁星闪烁，炽日久已无光，我演完了短暂的一幕，厌倦的戏剧就此收场。"

——白求恩

吉林大学校园内的白求恩雕像　张修航 绘

　　【本章导语】有着悠悠五千载华夏文明的中华民族，有着知恩、感恩与报恩的传统美德。《诗经》曾曰："投我以木桃，报之以琼瑶。"作为人之常情的感恩，最为通俗意义上的解释，是对别人的帮助表示感激。那么，对于在国家危难之时，民族存亡之际，不仅伸出援助之手，更献出了宝贵生命之人，中国人民、中华民族更是不曾忘却、不曾忘怀。从白求恩离去至今，已过了80个春夏秋冬。80年来，中国人民一直在怀念他、纪念他，追忆他的事迹、缅怀他的精神。

　　80年来，中国共产党领导中国人民，从站起来、富起来到强起来，实现了一个又一个的历史性飞跃。健康中国2030和中华民族伟大复兴的中国梦，是进入新时代的中华民族的历史使命。在这样的新时代，我们要在追忆白求恩的思想历程中铸就怎样的魂魄，践行怎样的精神？

第一节　文献中的白求恩

文本记载为"文"，口头相传为"献"……思主义辩证唯物主义与历史唯物主义的研究思路和方法，对于"白求……及"白求恩精神"的研究，首先要从文献入手。白求恩逝世80年，他……本主义社会的富足生活，融入中国新民主主义革命的伟大浪潮，并用……诠释了"一切为人民"的内涵和真谛，铸就了伟大的白求恩精神。

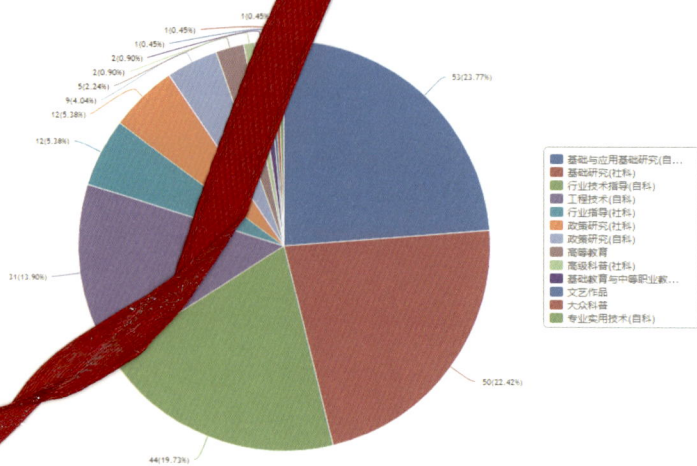

图5-1-1　白求恩有关研究层次分布图　于姗姗 制

80年来，关于白求恩精神及白求恩事迹的研究众多。老一辈国家领导人、老革命前辈，白求恩的亲人、战友、同事撰写文章130余篇。截至2018年末，"CNKI数字图书馆"收录关于"白求恩"的文章有150余篇，关于"白求恩精神"的有40余篇，主要集中在基础研究和应用基础研究、行业指导和行业技术指导等范畴。

一、世界人民的财富——综述文献中的白求恩精神

白求恩精神和白求恩是不能等同的两个概念。二者既相互联系，又有本质区别。随着历史的发展，白求恩其人其事客观而真实，白求恩精神则在意识精神层面上获得了永生。

1.白求恩精神彰显国际主义精神

2019年，是白求恩逝世80周年，也是毛泽东主席发表《纪念白求恩》一文80周年。1939年12月21日，在延安的窑洞里，毛泽东主席满怀悲痛地写下了这篇悼念文

章，阐述了白求恩来华帮助中国人民进行抗日战争的经历，高度概括了白求恩的思想和行动，引用马列主义观点赞美了这位伟大的国际战士，还将对白求恩的热烈歌颂和对广大革命者的恳切勉励结合在一起。从此"一个高尚的人，一个纯粹的人，一个有道德的人，一个脱离了低级趣味的人，一个有益于人民的人"[①]成为"白求恩"的标志，深入中国人民心中。1942年刊发于《解放日报》的朱德撰写的《纪念白求恩同志》，宋庆龄的《我们时代的英雄》，将诞生于中国新民主主义革命土壤中的白求恩精神诠释得清晰而透彻。这些文章都对白求恩身上展现出来的纯粹的国际主义精神、高尚的共产主义品质、无私无畏的奉献精神进行了总结概括，具有鲜明的历史烙印，对当时的狭隘的民族主义、狭隘的爱国主义、帝国主义、资本主义都予以重击。

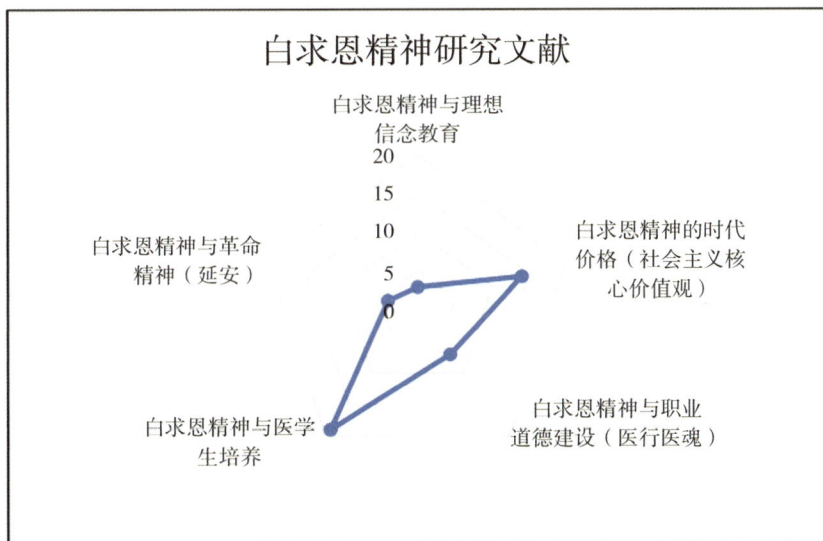

图5-1-2　白求恩精神研究文献研究范畴趋势图　于姗姗 制

21世纪以来，白求恩精神研究的文献主要集中于白求恩精神与理想信念教育、白求恩精神与时代价值、白求恩精神与职业道德建设（医德、医魂）、白求恩精神与医学生培养和白求恩精神与革命精神五个方面。

2.白求恩精神融合时代内涵

1996年，李经纬、傅芳发表《白求恩精神光辉千秋》深入分析了白求恩精神的四个方面。1997年秦锦方在《中国医学伦理学》发表《白求恩精神永远是时代精神的底蕴》，从宗旨的永恒性、思想的先进性和实践的真理性指出弘扬白求恩精神与弘扬时代精神在根本上是完全一致的。1999年12月9日，栗龙池在解放军报发表《新时期仍要大力弘扬白求恩精神——兼论白求恩精神的形成、内涵及现实意义》，阐述了白求恩精神形成、发展和完善的基本条件，白求恩精神的基本内涵，并从社会

[①]　毛泽东. 毛泽东选集（第二卷）[M]. 北京: 人民文学出版社, 1991: 522.

主义初级阶段道德建设的方向和从市场经济对思想道德的负面影响，阐述了大力弘扬白求恩精神的必要性和紧迫性。

随着时代的发展和进步，社会主要矛盾不断发生新的变化。但白求恩精神的内涵却不断得到丰富。新中国成立后，党和国家不但没有忘记白求恩，还将白求恩精神作为一种重要的精神力量予以传承和弘扬。1997年6月，原国家卫生部党组批准成立以钱信忠、刘明璞、李超林等老领导为会长的中国白求恩精神研究会，白求恩有关资料的搜集、整理、出版和白求恩精神理论研究工作初具雏形。这一时期的工作，得到了老一辈革命家及社会各界的大力支持。聂荣臻、杨成武、吕正操、王平、吴阶平等一大批老前辈，对弘扬白求恩精神十分关心。2009年10月31日，经国家民政部批准，在原中国白求恩精神研究会基础上，成立了中国卫生思想政治工作促进会白求恩精神研究分，从2009年至2013年，在解放军总后勤部卫生部副部长李超林会长领导下，又数次举办全国性白求恩精神论坛，积极探索新时期弘扬白求恩精神的途径、方法。2014年1月11日，白求恩精神研究会正式成立，袁永林任白求恩精神研究会会长，经过不断的发展和壮大，其会员单位扩展至200余家。在白求恩精神研究会的引领和推动下，白求恩精神研究的成果不断出现，仅《学习白求恩》会刊平均每年发布白求恩及白求恩精神有关文章100余篇。

2000年，栗龙池在《白求恩精神研究》及解放军总后勤部《后勤政治工作》发表《弘扬白求恩精神　建设一流军队院校》；2002年，张雁灵、戴旭光在《思想教育研究》发表《用白求恩精神建院育人的实践与思考》；2005年和2006年，戴旭光分别在《求是》和《白求恩军医学院学报》上，发表《坚持用白求恩精神教育青年学生》《坚持用白求恩精神进行理想信念教育》，积极探讨白求恩精神育人建校的基本经验。2010年，闫玉凯相继在《学理论》杂志发表《论白求恩精神的形成与发展及时代内涵》《浅论弘扬白求恩精神的现实意义》以及《大力弘扬白求恩精神　构建和谐医患关系的实践思考》等文，对白求恩精神进行了详细阐述。2010年肖力等在《中共石家庄市委党校学报》发表《灵魂映照现实　精神光耀未来——白求恩精神的历史定位、价值意蕴及当代启示》：进一步探讨了白求恩精神的时代意义。2015年白求恩精神研究会副会长马国庆撰写的《继承和弘扬伟大的白求恩精神》刊发在《光明日报》，结合习近平总书记首次提炼总结的"'不畏艰苦，甘于奉献，救死扶伤，大爱无疆'的援外医疗队精神"，丰富了白求恩精神新时期的内涵。

在文献中，还有关于白求恩精神与中国革命精神、延安精神的研究和探析。2009年《中国报道》刊载乔振祺《白求恩　伟大的改革　伟大的精神》，就白求恩在延安找到革命理想、树立坚定共产主义信念的历程，探索白求恩精神。

3.白求恩精神指导实践

白求恩精神指导职业道德建设、医德医风建设、医学生培养等方面的研究具有积极的现实意义和广泛影响。

职业道德建设、医德医风建设方面的文献主要是结合历史背景和实际工作进行剖析和运用。1991年，张立平发表于《人民军医》上的《弘扬白求恩精神　推进新时期医德医风建设》很有预见性和前瞻性。1999年，彭瑞骢在《中国医学伦理》上发表《加强职业道德建设　弘扬白求恩精神》。2000年，蔡文清等人发表于《中国医学伦理学》上的《论走向21纪的白求恩精神》较早地探讨了在新的历史时期，白求恩精神的内涵和价值，探讨用白求恩精神指导医院现代化建设的可行性。2005年，姚大力在《中国医院》发表《持之以恒弘扬白求恩精神　与时俱进加强医德医风建设》，2009年，周虹、王丽钧在《学习月刊》发表《弘扬白求恩精神　加强医德医风建设》，2011年贾立新在《解放军医院管理杂志》发表的同名文章等，都对白求恩精神与医德医风建设进行了探讨。2009年，《马克思主义研究》发表王京跃《白求恩精神的现代意义》，探讨了《纪念白求恩》一文的思想教育导向功能，阐释了《纪念白求恩》一文的伦理学分析，并进一步论证了学习白求恩精神的现实价值。

在医学生培养方面，白求恩精神具有更大的潜能和力量。众所周知，白求恩在革命根据地亲手参与创办医务学校，亲自编写教材，发表文章，他对医学人才培养有独特的见解和理论体系。而在白求恩精神的研究文献中，从医学生培养角度着眼的文章数量也最多。1990年和1997年，白求恩医科大学以及其学子尤红等分别在《中国高等医学教育》发表《学习发扬白求恩精神　提高医学生思想政治素质的重要内容》和《坚持用白求恩精神育人　培养优秀的义务工作者》，从白求恩医科大学培养白求恩式医务工作者的视角，较早地研究论述了白求恩精神对医学生培养的重要作用。2002年，时任白求恩军医学院院长张雁灵、政委戴旭光联合在《思想教育研究》上发表《用白求恩精神建院育人的实践与思考》，结合白求恩军医学院对白求恩精神的传承和发扬，梳理出建院育人的理念和实践成果。

二、根植红色大地——中文文献中的白求恩

白求恩在中国与军民浴血奋战的674天，曾与聂荣臻元帅并肩战斗，结下深厚情谊，白求恩的遗嘱中还专门向他嘱托未竟事宜、转赠遗物。聂荣臻元帅曾多次撰文追忆和缅怀白求恩，赞颂白求恩精神。1979年11月，他撰写的《"要拿我当一挺机关枪使用"——怀念白求恩同志》刊发于《人民日报》，回忆了与白求恩相处的点滴；1989年11月白求恩逝世50周年，他撰写的《今天仍然需要提倡白求恩精神》刊发于《瞭望周刊》，结合当时的社会矛盾和问题，再次讴歌和倡导白求恩精神。

多年来，白求恩精神研究会创办了《学习白求恩》杂志，组织编撰了《白求恩言录》《白求恩言论录》《纪念白求恩》《白求恩在中国》《白求恩在唐县》《白求恩纪念馆美术作品集锦》《白求恩的故事》《白求恩大夫》（电影文学剧本）、《白求恩大夫》《诺尔曼·白求恩在中国》《手术刀就是武器》《诺尔曼·白求恩》（大型画册）、《白求恩纪念文集》等书籍。在其指导下，其成员单位有关专

家相继出版著述或研究文章，如张雁灵、戴旭光编辑的《白求恩》（大型画册），栗龙池编著的《这就是白求恩——马国庆编著的《白求恩援华抗战的674个日夜》，陈玉恩、于国维编著的《诺尔曼·白求恩的故事》，于国维、梅清海、齐明编译的《诺尔曼·白求恩文选》。这些研究成果集中收录了历年来关于白求恩的纪念文章。

此外，关于白求恩各方面史料、事迹等的综述文章也不断地涌现，展现了白求恩的成长经历、医学思想、科学技术、艺术天赋、婚姻爱情、性格特点、牺牲与遗嘱、为人与白求恩、追忆白求恩等。

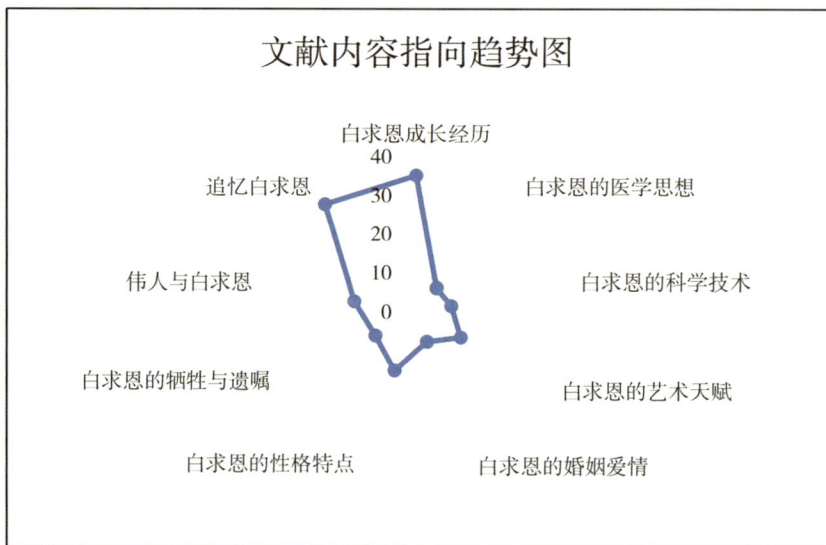

图5-1-3　白求恩精神研究文献指向趋势图　于姗姗 制

从文献的内容指向趋势来看，呈现白求恩成长经历和追忆白求恩的文章数量较多。

最初有关白求恩的文章多是追忆、缅怀、讴歌和颂扬。国内的文献主体有两大部分。一是记叙党和国家的重要人物与白求恩之间的故事，如《毛泽东白求恩相会在延安》《毛泽东与白求恩的情谊》《周恩来在武汉会见白求恩》《宋庆龄与白求恩》《白求恩赠送聂荣臻的遗物》《聂荣臻与白求恩》《白求恩与杨成武的不解之缘》《王震与白求恩的亲密友谊》《从贺龙与白求恩、布朗的一张合影谈起》《江一真印象里的白求恩》《父亲与白求恩在一起的日子——访开国将军叶青山之女叶小梅》等文献。这些珍贵的史料，对于认识白求恩、领会白求恩精神具有重要意义。二是白求恩身边的人对他的回忆。例如，《白求恩大夫的得力助手林金亮》《白求恩助手辛育龄采访记》、黄健君《我给白求恩当过助手》《马海德与白求恩》《老红军陶立功与白求恩》《沙飞与白求恩》《听燕真老人讲白求恩》、何自新《铭刻在心中的记忆　我与白求恩在一起》等生动再现了白求恩的形象和事迹。尤其是由白求恩助手燕真所写的《白求恩助手深情回忆白求恩》《缅怀我的老师和战友白求恩》《我与白求恩四次共事》《在白求恩身边》等，影响深远。此外，还有林茂《我是白求恩大夫的学生》、张俊彦《我所见到的白求恩》、齐玉峰《我叔叔的遗体与白求恩安葬在一起》、王广斌《回忆白求恩卫生学校军医第一期生活》等展示了白求恩的不同侧面。

研究其成长经历的文献很大比例集中于展现白求恩参加中国革命之后的点点滴滴，如《白求恩战地救治伤员》《白求恩在晋察冀边区》《白求恩大夫与根据地儿童》《白求恩大夫在太行山上》《白求恩在中国抗日前线的战斗踪迹》等。白求恩的家庭及成长阶段的史料文献研究数量不多。如1997年《文史春秋》刊载牛丽丽写的《青年白求恩轶事》，2007年金姬等发表于《领导文萃》的《还原白求恩》，2009年王伟发表的《走近白求恩》，2010年吕晓明发表于《解放日报》的《鲜为人知的"白求恩大夫"》，2016年吕之弓发表于《炎黄纵横》的《寻找白求恩》等。

三、追求自由人生——英文文献中的白求恩

与中文文献所呈现出的研究视角及内容所不同，英文文献中介绍了白求恩早期生活、工作等方面的内容，有助于更好地结合历史背景和社会背景研究白求恩精神的根源。

中西方文化的差异，导致中英文文献中对白求恩的描述和评价有很多不同之处。加拿大华人作家李彦寻到一个叫比尔·史密斯的加拿大人，从他那里开掘出有关白求恩和他母亲、白求恩的情人莉莲的故事，并梳理成一部历史与现实交融的、中西合璧的动人作品《尺素天涯——白求恩最后的情书》，对白求恩"那种果敢与坦诚、光明与磊落"的"人类稀缺的珍贵品质"进行了揭示。

泰德·阿兰和西德尼·戈登于1952年撰写的《手术刀就是武器》高度赞颂了白求恩的精神。作为第一部有关白求恩的书籍，自问世以来，它已用20种文字在各国广为流传，给世界带来了精神震撼，人们对白求恩的崇敬和缅怀更使其成为一面鲜明的时代旗帜，影响着战地医生或是革命工人，影响着非洲的自由战士，影响着以亿计数的劳苦大众。在各版本的修订过程中，两个作者曾多次产生意见分歧，但这不影响他们对白求恩人物形象的塑造，反正白求恩本身也是一个颇具争议的人，一个有着复杂人格的人。

加拿大历史教师罗德里克·斯图尔特及其夫人，以超出常人的执着和毅力整合了所有现存的白求恩材料，穷其一生寻访白求恩的足迹，从加拿大、美国，再到西班牙、中国，踏遍白求恩生前生活和工作过的所有地方，并出版了三部有关白求恩的书籍。其中，最早的一本是于1973年撰写的《白求恩》，这是世界上第二本关于白求恩生平传记的书，挖掘出很多以前不为人知的隐秘资料、琐碎的细节回忆和毫不回避的负面描写，使得白求恩的人物剪影更加饱满真实，也突出展现了他在痛苦迷茫后的世界观的转变。加拿大时任总理特鲁多后来在访华时，还将这本书赠送给

了中国领导人。最近的一本是与其妻子一同撰写的，以英、中、西班牙三种语言出版的书，名为《不死鸟——诺尔曼·白求恩的一生》，主要是为了向中国人展示一个更为丰满的白求恩。

白求恩研究者、传记作家泰德·阿兰在《忆白求恩，思念种种》一文中写道："若他今天还在，是会以新中国为豪的，然而他也会经常提醒中国朋友，千万别忘了他们昔日为之苦斗，为之舍身赴义的新世界，这个世界及今仍然有待于从贪婪、剥削和少数特权辈的桎梏下解放出来。白求恩将在世人的永怀之中，不只因为他是为大众服务而献身的伟大英雄，也因为他曾孜孜渴求而无所畏惧地去探索真理——探索关于他本人，以及关于世界的种种真理。我爱他，如儿子之爱父亲。我更爱他之为大众景仰的榜样。"

罗恩·麦肯齐和诺尔曼·白求恩有着共同的曾祖父安格斯·白求恩。他回忆，白求恩家族在欧洲和北美都曾有过显赫而传奇的历史，出过不少成功的医生和牧师，也不乏安格斯·白求恩这样的冒险家——年轻时加入了垄断北美皮毛交易的西北公司，在美国和加拿大广袤的不毛之地探险、游历，在1810年来中国做过生意。诺尔曼·白求恩明显继承了这种富于冒险精神和不安现状的血脉。

《一位富有激情的政治活动家》的作者、加拿大著名白求恩研究者拉瑞·汉纳特在书中总结白求恩带着对社会和健康的深刻思考——"疾病带有歧视性，专门缠绕在穷人身上，对身体不够健康的人来说，它有致命的后果"，逐步走上了为人民福祉战斗的道路。

路易·艾黎，一个为中华民族的解放事业和民主进步事业作出过突出贡献的新西兰朋友，一个与白求恩同时跻身中国"十大国际友人"之列的著名社会活动家，这样评价白求恩这位素未谋面但志同道合的伙伴，"诺尔曼·白求恩是一位新型国际主义事业的先行者，这种国际主义仍然是今天世界上所痛切渴望的"，并写下追忆文章《世界痛切地需要他》。

作为曾在蒙特利尔与白求恩共事多年的同事，温德尔·麦克劳德为现如今中国随处可见的白求恩海报、白求恩雕像而骄傲和赞叹，和曾目睹他献身于西班牙内战的其他人一样，对这样一位目标明确的人充满了钦佩。"他的主要精神表现为对他人的体贴关怀，富于同情，毫不利己，热情地献身于他一生中最伟大、最崇高、最有意义的事业……他在中国的贡献和所受到的爱戴使我确信，如果今天他还活在世上，他准会同另一位伟大的外国医生马海德一起，在毛泽东主席、周恩来总理、聂荣臻将军和其他中国同志的领导下，欣欣然孜孜然致力于中国的建设事业的。"

1978年出版的温德尔·麦克劳德等人共同撰写的《白求恩在蒙特利尔的岁月——一种非正式的肖像》一书中写道，据白求恩在蒙特利尔的一位医学同行利比·帕克回忆，白求恩曾经表示要写出自己的畅销书。白求恩在他的各类文学作品中勇敢地表达了自己的热情和政治信仰，从中流淌出的，是他对战争的抵触、对法西斯暴行的仇恨和对百姓苦难的嗟叹。

多篇英文文献集中于白求恩的战时输血车、外科医疗技术以及他对医学的贡献。关于白求恩战时输血车的研究和论述，例如，Peter H. Pinkerton的《白求恩和战时输血车》，A. Franco等的《输血车的发明：白求恩在西班牙内战中的贡献（1936—1939）》，Mark E. Brecher的《诺尔曼·白求恩和移动输血车》。

关于白求恩外科技术的评价和论述，例如Irving B. Rosen等的《作为外科医生的白求恩》，Vivian Charles McAlister的《加拿大外科学院的起源》，Ronald Lett等的 *International surgery: definition, principles and Canadian practice*, Larry W. Stephenson的 *Two Stormy Petrels: Edward J. O'Brien and Norman Bethune* 都从外科手术发展的角度，对白求恩的生平及贡献进行了梳理和论述。

第二节　追忆一位尽职尽责的医生

2018年6月11日，在《寻根白求恩》编写组赴北京白求恩精神研究会寻根调研交流会上，已经年逾七旬的研究会常务副会长兼秘书长栗龙池用饱含深情、铿锵有力的语调说道："根据我这些年的研究，白求恩这个人确实是个高明的医生，不是一般的心眼好；他是伟大的战士、是斗士；他是坚定的共产主义者，理想信念非常坚定，非常了不起；他是充满热情的志愿者，他就是愿意给别人办事，他就是要拯救全人类；他是了不起的改革家，他做什么事情就是要改革，他创造的许多东西都是改革下的产物；他是伟大的诗人，是个画家，是个摄影爱好者。"栗龙池阅遍白求恩相关的书籍、史料，访遍白求恩留下的革命足迹，孜孜不倦地挖掘白求恩精神内涵，矢志不渝地将弘扬白求恩精神作为使命。白求恩人生经历丰富而传奇，在他的讲述下，一位历经坎坷、突破磨难、勇于探索、多才多艺、声名远播、信仰坚定、赴险如夷、舍己为人的"白求恩大夫"鲜活而立体地呈现出来。

栗龙池说："白求恩绝对不是一名普通的医生。"在这位古稀老人看来，对白求恩的追忆既是一种传承，也是一种弘扬。带着传承精神的使命感和责任感，拨开历史的浩渺云烟，在对革命先辈饱含崇敬和怀念的追述和追思中，让我们来共同追忆这位了不起的医生。

一、精益求精的科学精神

众所周知，白求恩在来到中国之前就已经是一名驰名北美的胸外科专家，他不仅医术精湛，还是一名"发明家"。白求恩认为，"我们应当以先进的科技成果为根据，向外科技术提出新的要求"。他在医疗器械的改善方面一直都有着精益求精的追求。

　　如果某件工具达不到理想的效果，白求恩就会不断思考、不断尝试对它进行改进。在皇家维多利亚医院工作期间，他与来自澳大利亚的技师马斯特斯合作，将各种设计付诸实践，不断尝试并找到最适合的那一种。白求恩发明和改进了白求恩肋骨剪、白求恩肋骨剥离器、人工气胸器等多种手术器械，其中"白求恩肋骨剪"最为有名，是他通过观察鞋匠修鞋产生灵感而发明的，一直沿用至今。约翰·巴恩韦尔回忆说："我们去皇家维多利亚医院探望他的时候，几乎会被满地的手术器械绊倒，因为白求恩不断设计、不断抛弃、不断重新开始。"[①]在西班牙战场上，白求恩将从阿奇博尔德医生那里学来的输血技术应用到战场上，建立了"流动输血站"。宋庆龄在文章《我们的时代英雄》中高度评价了他的创举："白求恩大夫是第一个把血库送到战场上去的医生，他的输血工作曾为西班牙共和国挽救了数以百计的战士的生命。"

图5-2-1　1971年建立的唐县白求恩纪念馆　洪东旭 摄

　　白求恩这种勇于探索、不断创新、精益求精的精神一直如影随形地伴着他远渡万里重洋，奔赴西班牙战场，来到中华大地。当时，抗日根据地的医疗卫生条件十分简陋，医疗器械和药品都严重不足，连磺胺药、抗菌素都没有。日军的"扫荡"和空袭更是让医疗卫生工作的开展面临前所未有的困难。白求恩大夫对这场艰苦的抗战有着全面的认识，"去做事、去行动"这种血液中的活跃因子驱动着他不管条件多么艰苦，都要做出一番事业来。

① 罗德里克·斯图尔特，莎朗·斯图尔特. 不死鸟：诺尔曼·白求恩的一生[M]. 柳青，译. 北京：中国青年出版社，2013：97.

图5-2-2 1980年建立的唐县白求恩柯棣华纪念馆 洪东旭 摄

沿着白求恩曾经生活、工作和战斗之路，总让人从心里生腾出一种虔诚的、朝圣般的心情。位于唐县城北二千米钟鸣山下的白求恩柯棣华纪念馆，呈现了白求恩的伟大人生轨迹，还有他绘制的手术器械图、曾设计制作的工具等。白求恩柯棣华纪念馆陈玉恩馆长重点介绍了一个像"桥"一样的工具："为了适应游击战的特点，医疗队也需要机动灵活，既要走得动，又要走得快。这个像桥一样的东西就是白求恩发明的药驮子'卢沟桥'，是白求恩根据老百姓运肥料使用的粪驮子得到灵感发明的。大家不要小瞧这个'卢沟桥'，在当时这就是一个流动医院，能把做一百次手术、换五百次药和配置五百个处方所用的全部药品器材都装在"卢沟桥"和一副驮筐内，固定在驮架上，非常短小精悍、机动灵活。"

那么，"卢沟桥"这个名字又是怎么来的呢？根据白求恩第二任翻译郎林老人的回忆，我们能够看到一位面对困难却仍能甘之若饴的"发明家"白求恩：

当时，在河北省平原游击战争中，虽然战斗频繁，生活艰苦，但解放区军民团结一致，斗志旺盛。每到傍晚红日西沉的时候，四面八方此起彼伏的传来了嘹亮的歌声。有一天，白求恩听到一种歌声很感兴趣，问我这是什么歌，什么内容。我回答说是反映抗日战争的《卢沟桥小调》。白求恩大夫说："我们这个流动医院的外形很像一座桥，为了纪念中国人民的伟大抗日战争，我们就叫它'卢沟桥'吧。"

回忆白求恩在"卢沟桥"试制成功后在思想感情上流露出的那种难以抑制的喜悦，直到今天我仍然留有深刻的印象。他在工作总结报告和给朋友的书信里，都津津有味地谈到过这件事。他曾在一二〇师司令部做过如何使用"卢沟桥"的精彩表演，受到贺龙师长的热情赞扬。那是1939年5月在河北省平原游击战争的战斗空隙中进行的，表演的效果很理想。流动医院的主要工作部门手术室、换药室、消毒室、药房等，在接近假设的火线前沿半小时后全部展开；如果敌情紧张，只需十分钟就可以把医院转移。白求恩大夫在表演时心情很激动，他像魔术师一样，一说需要什么东西，就不假思索地从"卢沟桥"里拿了出来，有时甚至不用眼睛看，一伸手就把需要的东西准确地拿出来。[①]

图5-2-3　药驮子"卢沟桥"　尚祖光 摄

白求恩逝世后，郎林继承了他的衣钵，于1941年入晋察冀军区白求恩卫生学校学习一年，后任晋察冀军区和平医院医生、军区卫生部科员。在郎老的这段回忆中，我们可以看到，白求恩做到了像一名八路军战士那样生活，他紧紧联系群众，从群众的日常生活中找灵感，在战斗实践中不断总结经验，"卢沟桥"的命名更是体现了他非凡的智慧、焕发的才情、坚定的革命意志和豁达的革命乐观主义精神。

白求恩为了帮助中国抵抗日本法西斯的侵略，抛弃了他在北美的社会地位，抛弃了"咖啡、嫩牛肉、冰激凌、钢丝床"，拒绝了国民党政府开出的优厚条件，还谢绝了八路军给他的每月百元津贴。他全心全意为人民服务，在根据地生活条件异常艰苦的情况下，改变自己作为一名外国人的饮食起居习惯，让自己养成"中国胃口"，和战士们一同吃粗食杂粮，穿粗布军装和土鞋。正是这种舍弃小我、积极融入革命洪流的豪情，促使白求恩做到了紧密联系群众，感受到军民一家的深厚感情。

在晋察冀，白求恩因陋就简，发明层出不穷。除了药驮子"卢沟桥"，白求恩还发明了许多医疗器械，改进了许多医疗设备，总结了许多战地医疗经验。他夜以继日地工作，就是为了能够付出得更多一些，帮助得更多一些，贡献得更多一些。在有限的条件下，创造出最好的可能，做出最好的成绩，付出最大的能量，这正是精益求精的科学精神的体现。

① 陈玉恩，于维国. 国际友人在中国：诺尔曼·白求恩的故事[M]. 北京：中国文史出版社，2014：252.

二、"两个极端"的服务精神

聂荣臻元帅曾在晋察冀边区任司令员，在近两年的时间里与白求恩有过多次接触，通过工作和生活的交往，彼此结下了深厚的友谊。白求恩生前和聂荣臻谈心、交流，聂荣臻称呼白求恩"伯琴"，白求恩称呼聂荣臻"亲爱的聂司令"。他们像兄弟一样憧憬着打败敌人后的美好前景。聂荣臻称赞白求恩的国际主义情怀，白求恩却说是晋察冀边区感动了他，这里有太好的土地和人民。[①]

聂荣臻后来回忆起展读白求恩遗书的那一刻时说道："看到他的临终遗言，想起他伟大的国际主义精神，以及对边区卫生工作的建树，我这个有泪不轻弹的人，也止不住涌出了热泪。"[②] 1979年，在白求恩逝世40周年之际，聂荣臻撰写了《"要拿我当一挺机关枪使用"——怀念白求恩同志》一文纪念，在1989年白求恩逝世50周年之际又写了《今天仍然需要提倡白求恩精神》一文，并以90岁高龄接受采访，于《人民日报》刊载了《中国人民心头的丰碑——聂荣臻元帅回忆白求恩》一文。

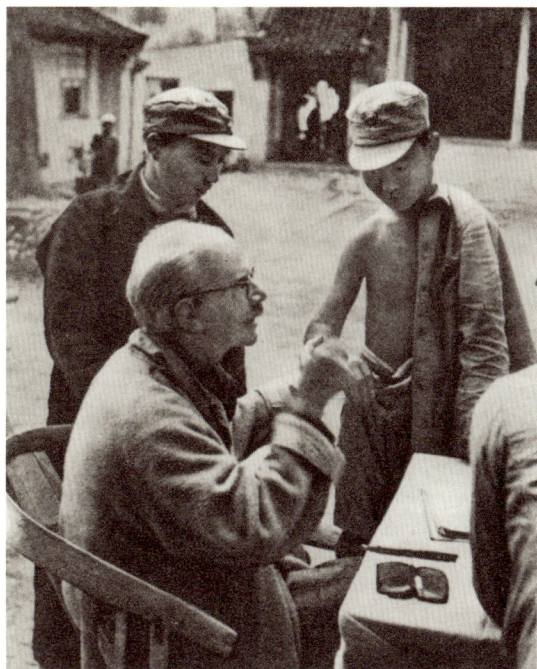

图5-2-4　白求恩为休养的伤员查体诊治
图片为2018年6月河北唐县白求恩柯棣华纪念馆原馆长陈玉恩提供

聂荣臻元帅对白求恩的追忆饱含深情，他说白求恩"不空谈政治，而是把政治凝聚在他的手术刀里，用革命人道主义救死扶伤。他用外科手术刀作为武器，向敌人进行英勇的、忘我的战斗。他在晋察冀的一次战斗中，曾连续六十九个小时为

---

① 吴耀明. 聂荣臻与白求恩的交往与友谊[J]. 领导之友，2017（24）：59-61.
② 同上。

一百一十五名伤员动了手术。哪里最艰苦，哪里最需要他，他就到哪里去。在残酷的战争中，他丝毫不顾个人的安危，而把不能挽救一个人的生命看作是对他最大的痛苦折磨。法西斯使人们流血，他要为人们献血，直至献出自己的生命。法西斯要民主西班牙死亡，要中国沦亡，他要用他的双手，要民主西班牙生存，要中国生存"。①

基于西班牙的经验，白求恩掌握了最先进的战地医疗知识，其中包括输血方法的运用以及对伤员实施及时的外科医疗救助。②"白求恩是创伤外科最早的开拓者和推动者，我们今天许多基本外科手术方法和原理，都是白求恩奠定的。"对于白求恩在外科专业的权威地位，加拿大原外科学会会长、创伤外科专家格兰特·斯图尔特如此评价。加拿大白求恩纪念馆馆长斯考特·戴维森在评价白求恩的医术时脱口而出了一个单词"fast（快）"，他说："白求恩做手术不但干净利落，而且速度极快，在当时的外科医生里，他可以说是手术速度最快的。而在争分夺秒、不断有伤员集中出现的战场上，快就意味着能挽救更多生命。"有研究者表示，白求恩曾提出战地外科手术三原则CEF，也就是close（靠近，离前线越近越好）、early（早，手术越早越好）和fast（快，手术速度越快越好），这三点至今被奉为战场急救圭臬。除外科手术，白求恩在输血领域也是成绩斐然。在西班牙，他创制了流动输血车和野战伤员急救系统，这被认为是今天各国现代军队普遍采用的野战外科医疗方舱（MASH）的雏形。③在中国敌后抗日根据地，他也是战地输血的开创者。战争规模急剧扩大，医疗资源匮乏，医疗专业人员缺少……在中国最艰难的时刻，白求恩带着燃烧的心来到最艰苦的前线，提供了最宝贵的技术。

白求恩在西班牙时的翻译亨宁·索伦森曾说："白求恩似乎不知疲倦为何物。他对别人不耐烦，要求高，然而他首先对自己这样。当他要完成某项任务时，不管需要多长时间，他从不称倦。他以意志控制体力。"1938年6月，白求恩刚从延安来到晋察冀，聂荣臻见他长途跋涉，劝他先歇歇，但是白求恩的回答却是："我是来工作的，不是来休息的，你们要拿我当一挺机关枪使用。"于是他便马不停蹄地开始了紧张的医务工作。在1938年7月19日于山西五台致纽约友人埃利瑟·色夫的书信中，白求恩对当时的情况进行了描述，"在这片有1300万人口、15万武装部队的广大地区，我是唯一一名合格的大夫。我目前在'清理'具有350名伤员的后方医院，在25天内做了110个手术……这附近还有7家医院，有几家离北平不到5英里远。我将在一周内对整个地区进行一次检查，到每家医院停留一段时间做手术，然后再去下一家。这可能要花费我整个夏天的时间。"④白求恩用对工作极端负责的精神，在四

① 聂荣臻. "要拿我当一挺机关枪使用"——怀念白求恩同志[N]. 人民日报, 1979-11-09（1）.
② 拉瑞·汉纳特. 一位富有激情的政治活动家——国际主义战士白求恩作品选[M]. 济南: 齐鲁书社, 2005: 256.
③ 王思达. 告诉你一个你不知道的白求恩[N]. 河北日报, 2014-10-29（099）.
④ 拉瑞·汉纳特. 一位富有激情的政治活动家——国际主义战士白求恩作品选[M]. 济南: 齐鲁书社, 2005: 349.

周的时间里就医治好了一百四十多位伤员，使他们恢复了健康，重返前线。

作为一名军医，白求恩用铁的纪律要求自己，甚至比铁还要强，还要硬。白求恩常常在敌军炮火覆盖的范围内做手术，他曾说："对抢救伤员来说，时间就是生命，能抢救一个伤员，为伤员减轻一分痛苦，就是我们医务工作者最大的快乐。"他认为军医的工作就是要跟战士在一起，哪里有伤员就应到哪里去，就是牺牲了也是光荣的。他用扎实的基本功，丰富的经验结合实际情况给出相应的治疗方案，在医术上精益求精，容不得半点马虎。白求恩用全心全意为人民服务的极端热忱，做出了常人难以做到的事。自1938年2月初在武汉一所教会医院为伤病员做手术以来，白求恩跋涉数千里，历经韩城、延安、贺家川、晋察冀、冀中等地，在敌人的炮火下搭起战地手术台，施行手术上千例，检查伤员无数。

曾任晋察冀军区一分区司令员的杨成武同志撰写了《无私奉献，光辉千秋》一文追忆白求恩大夫的言行事迹，文中写道，白求恩常说："作为一名称职的医生，应具备像鹰一样的眼睛，对病看得准；有一个狮子般的胆，对工作大胆果断；有一双绣女似的手，做手术灵活轻巧；有一颗慈母般的心，无微不至地体贴和关心伤病员。"白求恩确实做到了，他毫无自私自利之心，对工作极端负责，对人民极端热忱；他不仅贡献自己的技术，还奉献自己的鲜血；他不仅精心医治八路军伤员，还热情地为老百姓治病。即使在那个通讯不发达的年代，他闪耀着人性光辉和国际主义豪情的故事依然俯拾皆是，在军民之间有口皆碑地传播开来。

原晋察冀军区三分区第一休养所看护员邸振国老人曾跟白求恩大夫一起工作过，他回忆道："这天，刚从前线转来一名重伤员，腿被炮弹炸坏，正准备接受断股手术。白大夫见了，顾不得远途跋涉的疲劳，亲自给这位伤员做了下肢离断手术。晚上，白大夫来到病房，把他带来的牛奶、罐头送给这位重伤员吃。过了一会儿，他又来了，小心地坐在伤员身边，仔细地观察手术后病情的变化。我们几个小看护见白大夫来得这么勤，就在一旁悄悄地打起赌来，看这一夜白大夫来病房几次。一个说来3次，我说来4次，另一个说来5次。我们一次一次地数着，结果，一个短短的夜晚，白大夫竟来了8次。这个赌，我们谁也没打赢。"[①]这段回忆苦中有乐却又饱含深情。在那个条件艰苦、战火连天的年代，白求恩能做到较高的治愈率，一方面是因为他医术高超，更关键的是，他将关心并了解病人的每一个细微变化作为一条铁的规定去执行。白求恩用手术刀作为武器，他坚信"救治一名战士等于消灭十个敌人"。

无论是将军还是士兵、领导还是普通百姓，白求恩都一视同仁。他经常主动热情地为老百姓治病，感动了无数人。河北唐县牛眼沟村民甄洪恩讲述了一段与白求恩大夫的珍贵回忆：

我这辈子最值得回忆的事，就是白求恩在我家居住时的情景。

---

① 陈玉恩，于维国. 国际友人在中国：诺尔曼·白求恩的故事[M]. 北京：中国文史出版社，2014：226.

虽说白大夫是个很有地位、很有学问的人，可他跟八路军战士一个样。他白天忙一天，晚上忙半宿，清晨起床比庄稼人还早。每天把院内和大门外打扫得干干净净。有点空闲，还帮我们哄孩子、打水、推碾子，一家人似的。

有天傍晚，他忙完工作回来，见我母亲走路摇摇晃晃，老是扶着墙。白大夫走过去，问："有什么不舒服吗？"我母亲告诉他："四年啦，睫毛往里长，扎得眼睛睁不开，走路、干活儿看不清，可受罪哩！"白大夫听了，忙着给检查了眼病，扶着我母亲说："快到卫校手术室去。"母亲说："你忙了一天，明天再去吧。"他不肯。我们又说等吃了晚饭再去。白大夫有点儿生气了，硬是搀着我母亲到了手术室，做了手术。两天后，他又给我母亲换了一次药，六七天就好了。我母亲逢人就说："白大夫使我这个半拉瞎子重见光明，他真比亲人还亲哪！"

一次，我的小女孩青芬得了眼病，白大夫知道后，连忙过来治疗。开始，青芬心里害怕，说什么也不让治。白大夫就从他屋里拿出苹果、糖块给青芬吃，一边哄着一边检查。点了几次眼药水，青芬的眼病就好了。

后来，我村的人们数算过，白大夫住在牛眼沟前前后后两个多月时间，曾给60多位乡亲治过病。①

对白求恩而言，行医的目的从来都不是为了追求财富，而是为了人类福祉。白求恩严守八路军不收百姓一针一线的纪律，他给百姓看病不仅不收费，还经常把自己的东西和钱给贫困的百姓。他不仅是医生，还是军民关系的黏合剂，为八路军稳定了广泛的群众基础，甚至还影响了部分村民，促使他们参军入伍，成为反击侵略者的八路军。

师从白求恩的张业胜记述了白求恩对他的深远影响："1938年6月17日，我至今忘不了那个日子。白求恩医疗队牵着13头驮着医疗器材的毛驴进了边区，是我们帮忙把器材卸了下来。记得刚安顿好，白求恩就请求司令员马上给他分配任务。那是我第一次见到他。不久，我有幸成为白求恩卫生学校的第一批学员，并接到上级指派，为白求恩医疗队保管药品和器材。这让我和白求恩大夫有了更多接触的机会。其间，我学会了消毒、注射和做手术。在我的印象中，白求恩大夫是个医德高尚、极端认真的人。看到有的伤员冻得发抖，他就把自己的被子给他们盖上；看到有的医生给伤员上夹板的方法不正确，他手把手地纠正；看到有的护理员清洗绷带不细心，他会严厉批评……正是他的严格要求，使边区的医疗事业发展很快。同时，近距离的接触与感受，也让我懂得了什么样的医生才是好医生。……1939年11月17日，我参加了晋察冀边区政府为白求恩举行的遗体告别和追悼会。那天，我暗下决心：牢记教诲，做一名白求恩式的医生。"1922年出生的张业胜老人如今已是耄耋之

---

① 陈玉恩，于维国. 国际友人在中国：诺尔曼·白求恩的故事[M]. 北京：中国文史出版社，2014：327.

年，他曾任中国白求恩精神研究会副会长和白求恩精神研究分会顾问，是研究白求恩精神的集大成者。他一直致力于用亲身经历向人们传播白求恩事迹，他希望白求恩精神能够一代一代传承下去。张老有一个美好的愿望，那就是能够在100岁的时候写一本书，书名叫作"白求恩精神伴随我一生"。

三、与八路军胜似兄弟的情谊

救死扶伤的信念在白求恩的心中深深扎根，使得他在行医中的每一个行为都充满了人道主义情怀。晋察冀边区的军民，凡是接触过白求恩或是亲身受到过白求恩救治的，没有一个不敬佩他，没有一个不为他的精神所感动。白求恩在1939年8月15日给朋友约翰·巴恩韦尔的信中写道："背后一尊20英寸高的面无表情的佛像从我肩上盯着我，我感觉就跟在现代化的手术室里做手术一样——那里有自来水、好看的绿瓷砖墙、电灯以及成百上千的附属设施。"[1]白求恩是外国人，他将中国人民当成自己的同胞，将中国战士当成自己的兄弟，将对抗侵略者当成自己的使命。没有"你们的战争"，在这里，是"我们的战争"；没有现代化的手术室，小庙里，一样是治病救人的"战场"。

白求恩跋涉了半个中国，历经艰难险阻，来到最艰苦的抗日根据地。他在变化无常的战争环境中忙碌在土制的手术台前，用稀缺的药品和并不专业的手术器械创造了当时治愈率最高的奇迹。他笔耕不辍，在紧张的医疗工作之余，撰写各种报告、信件、演讲稿、新闻稿和短篇故事，为的就是帮助八路军获得北美方面的援助。为了留下一支带不走的医疗队，他还在日军的封锁下自己编写图文并茂的医学课本20本左右。

正如尤恩所说："白求恩永远保持着他为自己规定的工作节奏，似乎从来不曾松弛一下。"在没日没夜的工作和艰苦的生活条件下，白求恩的右耳全聋，牙齿和眼睛的状况变得很糟糕，体重也从刚到中国时的170多磅骤减到100磅多一点。他这样一个不到50岁的人，看起来却像70多岁了，老乡们喊他"白爷爷"。白求恩精神研究会副会长栗龙池教授在《这就是白求恩》中写道："白求恩无法放弃对伤员的抢救，面对领导和同事无数次地劝他休息，他总是回答：'我知道我应该休息，可是，我看到伤员在流血，听到他们痛苦的呻吟，我能把他们放下，对他们说你等一等，等我休息完了再给你做手术吗？不，我不能那么做。我年纪是大了些，所以更要在有生之年多做些工作，这样生活才更有意义'。有时为了坚持手术，他不得不靠注射肾上腺素和吗啡支撑着。"[2]

是什么原因让白求恩的精神和意志如此强大，如此不可思议，让他能够靠精神支撑肉体，能够不畏死亡、赴险如夷？纵观白求恩闪耀着人性光辉的一生，可以看

---

[1] 拉瑞·汉纳特. 一位富有激情的政治活动家——国际主义战士白求恩作品选[M]. 济南: 齐鲁书社, 2005: 460.
[2] 栗龙池. 这就是白求恩[M]. 北京: 中国文史出版社, 2012: 72-73.

到共产主义世界观的确立给了他无穷的精神动力，在他的人格深处有着强烈的不畏强权和反抗压迫的精神，在他的内心中有着强烈的对法西斯主义和战争的憎恨。更为重要的是，白求恩被中国人民的英雄主义和牺牲精神所鼓舞，在他的心里有着对中国抗日勇士的由衷的爱和敬。

图5-2-5　白求恩医生指导伤员进行康复治疗

图为2018年6月河北省唐县白求恩柯棣华纪念馆原馆长陈玉恩提供

为了白求恩的健康着想，聂荣臻、贺龙等常派人把战斗中缴获或从敌占区买来的食物送给白求恩，可是他总是拒绝特殊照顾，说自己是一名八路军战士，要和大家过一样的生活。[①]白求恩的警卫员何自新在他的回忆录《追随白求恩同志十八个月》中追忆道："有一天，首长给白求恩大夫送来一只鸡。那时候弄只鸡可不容易啦！炊事员高兴极了，赶紧炖得烂烂的给白求恩大夫送去。白求恩大夫一见也乐了，立即叫我盛了两满碗，上面盖上布，并让我端一碗，他自己也端一碗，直向病房奔去。在重伤员床前，他喂一个，我喂另一个。伤员知道这是首长照顾他的，直说不喝。白求恩同志就一个劲地抬着头说：'喏，喏。'他趁伤员张嘴说话的机会，一勺一勺地把汤送进他的嘴里……军区首长对白求恩大夫的生活很关心，有时把搞到的水果给他送去，可是每次他都洗得干干净净地全部分给伤员……从这些平凡的小事里，我看到了白求恩同志对八路军战士凝聚着多么深厚的感情啊！"[②]

1939年4月23日，著名的齐会战斗在这一天打响。当时，齐会村是一个较大的平

---

① 马国庆.白求恩援华抗战的674个日夜.[M].北京：人民文学出版社，2015：220.

② 陈玉恩，于维国.国际友人在中国：诺尔曼·白求恩的故事[M].北京：中国文史出版社，2014：134.

原村庄，有四百多户人家，八路军提前进行了战争部署，并将村民转移了出去。23日晨，日军进犯，攻势异常猛烈，枪炮齐发之下，全村硝烟弥漫。我军顽强抵抗，穷凶极恶的敌人在进攻受挫之下，释放毒气弹，用汽油桶烧房子。为了拖住敌人，一二〇师七一六团三连徐志杰连长亲自带领"猛虎班"攻击敌人的火力点。在敌人猛烈火力的扫射下，徐连长腹部中弹负伤，鲜血很快湿透了衣服，但他仍然咬着牙坚持指挥战斗，举起手榴弹带着战士们冲上前去。

原"模范医院"政委刘小康在《我所见到的白求恩》一文中回忆道："这个小伙子（徐连长）打得很勇敢，在向敌人冲锋时腹部受了重伤，生命非常危险。白求恩同志迅速为他施行了手术。因为伤在横结肠和降结肠，上面有十个穿口和裂隙，虽然用羊肠线缝合了，但是手术后伤员呼吸困难。后来白求恩同志就亲自锯木板，给他做靠背架。手术后，经常看他，并且每天亲自给做四顿饭。一二〇师卫生部曾部长看见白求恩大夫眼睛上网着一层血丝，实在太疲劳了，劝他让炊事员做，他不答应。他说：'药物只有在一定程度上才是有用的，是最次要，最次要的，理学疗法和饮食疗法配合好，护理得好，伤病员就能够很快恢复健康。还是让我自己来做……'由于白求恩同志的及时治疗和精心护理，徐连长在二十八天后，伤口已没有问题，这才送到后方去休养。徐连长临走时，抓着白求恩同志的衣服说：'白求恩大夫，我以后只有多杀敌人来报答你！'白求恩拍拍徐连长的肩膀说：'这是我应尽的责任，不要感谢，大家是同志。我把你救活了，你就可以多杀敌人，保卫祖国。'"①

八路军战士在生命垂危之际仍然顽强地与敌人抗争，这种英勇拼搏的精神让白求恩十分感动。白求恩认为能为这样的战士服务是最大的快乐和光荣。就是在这场战役中，白求恩大夫争分夺秒地给伤员做手术，在手术台前连续工作了69个小时。齐会一战进行了三天三夜，以胜利结束了。这场战役轰动了冀中，共毙伤日军700余人，俘7人，缴获山炮1门、轻重机枪20挺、步枪200余支，取得了平原游击战争中以外线速决的进攻打歼灭战的经验，对推动华北平原抗日游击战争的开展起了重要作用。②

在残酷的战争中，医疗队的出现决定了伤员是生还是死，是截肢还是痊愈。因此，军医虽然不是攻击性兵种，却是战士们的强心剂和定心丸，是军队战斗力的倍增器。在当时的晋察冀八路军的队伍中流传着一个口号："进攻，白求恩大夫和我们在一起！"这个口号在今天看来似乎有些夸张，但是在当时，白求恩就是战士们的"神医"，是他们生命的保障。而我们的战士，在白求恩看来，是最可亲、可爱、可敬的人。

---

① 陈玉恩, 于维国. 国际友人在中国: 诺尔曼·白求恩的故事[M]. 北京: 中国文史出版社, 2014: 161.
② 中国大百科全书编写组. 中国军事百科全书[M]. 北京: 中国大百科全书出版社, 1997: 162.

四、集合在白求恩精神的旗帜之下

位于河北省唐县城西北45千米处的军城镇南关村西的晋察冀烈士陵园，长眠着伟大的国际主义战士白求恩、柯棣华、傅莱，国际友人琼·尤恩女士，以及36名抗日烈士。

图5-2-6　军城镇晋察冀烈士陵园白求恩墓　尚祖光 摄

六月的天空由晴转阴，由阴转雨，接着竟下起了冰雹。苍天垂泪，大地恸容，在淅淅沥沥的小雨中置身于苍松翠柏、林墓相间的陵园里，更觉庄严肃穆。"荣誉流芳百世，功勋永垂不朽"格外醒目，映入人们的眼中，刻到人们的心里。来到白求恩墓前的人们，以缅怀之心，行拜谒之礼。雨停后，陵园中石板路上的雨水在阳光的照耀下腾起雾气，白茫茫的一片，宛如历史的渺渺烟尘。英灵环绕，情景交融，思绪穿越了时空，在脑海中映出一幅幅清晰的画面。

图5-2-7　白求恩与受伤的战士亲切握手

图为2018年6月河北省唐县白求恩柯棣华纪念馆原馆长陈玉恩提供

画面中是一些平凡的战士，他们装束各异，在今天看来甚至有些土气，但却露出乐观豁达的笑容。精神的坚定弥补了物资的匮乏，抗战必胜的决心让他们斗志昂扬，军民团结让这个被压迫的民族迸发出打不倒的力量。赢得独立，换来自由。今天看来的必然胜利，是先烈们抛洒热血奏响的凯歌。

图5-2-8　白求恩在五台山和站岗的民兵一起合影

图为2018年6月白求恩精神研究会常务副会长兼秘书长栗龙池提供

画面中是一些无名的勇士，他们衣衫褴褛，神情坚定，誓死捍卫中华民族的尊严，他们的鲜血洒遍这片养育中华儿女的大地，混进被硝烟和战火蹂躏的泥土，他们用年轻的血肉之躯，奋勇抵挡坚甲利兵。多少战士血染沙场，多少城市村镇化作废墟，多少渴求和平的百姓无家可归……死亡在战争中变得更加残酷，夺去了无数人的生命，那埋葬在太行山下的团长们，也不过是二十岁出头的年轻人。

图5-2-9　军城镇晋察冀烈士陵园白求恩雕像　尚祖光 摄

画面中是伟大的国际主义战士白求恩医生，他踏着草鞋，打着绑腿，穿着八路军的军装。他不断创新，精益求精，用极端负责的态度和满腔热忱奔赴救死扶伤的烽火前线；他用燃烧自己、拯救他人的牺牲精神告诉我们肉体会腐烂，精神却能不朽。

图5-2-10　军城镇晋察冀烈士陵园中的丰碑　洪东旭 摄

画面中是烈士陵园里永恒的丰碑，是天安门前冉冉升起的五星红旗，是拿着课本认真学习《手术台就是阵地》的少年，是坚守在医疗战线上的白衣天使，是一面在历史长河中永不褪色的精神旗帜……

查尔斯·狄更斯在《双城记》中写道："这是一个最好的时代，这是一个最坏的时代；这是一个智慧的年代，这是一个愚蠢的年代；这是一个信仰的时期，这是一个怀疑的时期；这是一个光明的季节，这是一个黑暗的季节；这是希望之春，这是失望之冬。人们面前应有尽有，人们面前一无所有；人们正踏上天堂之路，人们正走向地狱之门。"

在历史的滚滚车轮下，有的人是车轮下碾过的泥土，有的人则是推动车轮前进的力量。毛泽东在《纪念白求恩》一文中将"白求恩精神"概括为"白求恩同志毫不利己专门利人的精神，表现在他对工作的极端的负责任，对同志对人民的极端的热忱"。然而，有人觉得白求恩精神高了、大了，离我们现在远了，已经不适用了，进而认为"毫不利己、专门利人"是只有少数具有崇高思想的先进分子才能够做得到的事，一般人能够做到"先人后己""先公后私"就很好了。这种观点的错误在于忽略了白求恩精神是根植于现实生活的。白求恩虽然逝世80年了，但他对工作极端负责、对病人极端热忱、对技术精益求精等精神遗产，已成为永不褪色的精神旗帜，融入了中国卫生行业的基本准则。

珍妮特·康乃尔作为白求恩的外甥女，是这样评价他的："作为一个伟大的人道主义者，他的一生将永远铭记在我们心中。他为理想而献身的精神，是我辈后继者的榜样。他在医学问题上时常持有大异于传统观念的见解，这些思想不免使他的许多同事为之侧目。但时日推移，在绝大多数问题上都证实了他的思想实在大大超越了他所处的时代。"

加拿大总督克拉克森曾对白求恩做了如下评价："从个人职业角度去看，他是一位极特殊的人物，以极特殊的生活方式度过了自己的一生。他的一生，从某种意义上讲，其真谛已超越了国界，已升华到了不仅仅代表着国际主义精神，而实际体现了一种宇宙般的宽阔胸襟。如今这宇宙般的胸怀已为世人所公认。"

现代化的物质必然召唤现代化的精神，因此，这是一个需要伟大思想的时代，这是一个重铸中华医学魂的时代，这是一个努力实现中华民族伟大复兴梦的时代……白求恩精神像带着翅膀的种子，播撒在中华大地，发扬于和平建设时期，成为医疗卫生战线职业精神的真实体现。

图5-2-11 中国医学界的最高奖项"白求恩奖章"
图为2018年6月白求恩精神研究会常务副会长兼秘书长栗龙池提供

1991年，卫生部第14号部长令发布了《全国卫生系统荣誉称号暂行规定》，以国际人道主义医生白求恩的名字命名了"白求恩奖章"这一荣誉称号，旨在表彰在医疗卫生战线上做出突出贡献的医疗卫生工作者。"白求恩奖章"是对全国卫生系统模范个人的最高行政奖励，从1994年的第一届以来，已有64名医疗卫生工作者获此殊荣。

2016年8月19日至20日，全国卫生与健康大会在北京召开，习近平主席在大会的重要发言中指出："长期以来，我国广大卫生与健康工作者弘扬'敬佑生命、救死扶伤、甘于奉献、大爱无疆'的精神，全心全意为人民服务，特别是在面对重大传染病威胁、抗击重大自然灾害时，广大卫生与健康工作者临危不惧、义无反顾、勇往直前、舍己救人，赢得了全社会赞誉。"

2018年8月19日，我国迎来首个"中国医师节"，这是继护士节、教师节、记者节之后，国家设立的第四个行业性节日，是党和人民给予医务人员的特殊荣耀。实现中华民族伟大复兴的中国梦需要坚实的健康基础，在全社会营造尊医重卫良好风气的氛围下，作为白求恩的传承人，医务人员们有着强烈的职业荣誉感。

吉林大学白求恩医学部的前身是创建于1939年的晋察冀军区卫生学校和第十八集团军卫生学校。白求恩的雕塑在院中矗立，白求恩的事迹铭记于我们心中。作为白求恩的传人，全院医务人员深刻理解白求恩精神的时代内涵和现实意义，将白求恩精神内化于心外化于行，带着满腔热忱奋进在增进人民福祉的健康中国之路上，涌现了一批批"白求恩式医务工作者"。

修医德、行仁术。在由白求恩精神研究会、中国医师协会联合开展的第二届推荐宣扬"白求恩式好医生"大型公益活动中，吉林大学白求恩第一医院华树成院长获得2018年第二届"白求恩式好医生"荣誉称号，全国共有81名医师获此荣誉。他们像白求恩那样坚定理想信念，像白求恩那样对伤病员极端热忱，像白求恩那样对技术精益求精，像白求恩那样对工作极端负责，不断传承着、践行着、升华着这一闪耀着不灭光辉的伟大精神，为人民提供最好的卫生与健康服务。

图5-2-12　1938年9月15日，白求恩在晋察冀军区模范医院落成典礼上讲话

尚祖光 翻拍

穿过历史的长河，在1938年9月15日这天，在松岩口村的晋察冀军区模范医院落成典礼上，白求恩作了精彩的演讲，他说："无论在斗争中或牺牲中，我们都只有一个共同的目的，一个共同的思想。那样，我们就成为不可战胜的了。那样，我们就可以相信，即使我们不能活到胜利的那一天，我们以后的人将有一天会聚集在这里；像我们今天一样，不只是来庆祝一个模范医院的成立，而是来庆祝解放了的中国人民的伟大共和国的成立。"[①]

古语有云：不为良相，便为良医。将"医"与"相"并提，这句话不仅体现了身为医者责任重大，更体现了心怀苍生、济世救人的利他主义精神我国古已有之。现今，我们将中华民族的精神瑰宝与白求恩精神有机融合，铸就医者仁心的工匠精神，传承大医精诚的优良传统，为人类文明和人民福祉做出更多更大的贡献。

伟大的事业需要伟大的精神，伟大的精神托举伟大的梦想。习近平主席在纪念红军长征胜利80周年大会上的讲话中说道："人无精神则不立，国无精神则不强。精神是一个民族赖以长久生存的灵魂，唯有精神上达到一定的高度，这个民族才能在历史的洪流中屹立不倒、奋勇向前。"在中国共产党第十九次全国代表大会上，习近平总书记在报告中指出："今天，我们比历史上任何时期都更接近、更有信心和能力实现中华民族伟大复兴的目标。我们这一代人，继承了前人的事业，进行着今天的奋斗，更要开辟明天的道路。"

梦想激扬，初心不忘；继往开来，征程豪迈。作为医疗卫生系统中的一员，我们应该集合在白求恩精神的旗帜之下，凝聚起众志成城的磅礴之力，将白求恩精神融入新时期社会主义核心价值观，在全面深化改革的大环境下不被任何困难征服，不被任何敌人压倒，不断提高思想认识、能力水平和责任担当，以强大的精神动力和坚定的信念，坚持全心全意为人民健康事业服务的方向，坚守救死扶伤、敬畏生命的底线，推动人民健康事业的与时俱进和持续发展。

图5-2-13　和家庄白求恩住过的小院　尚祖光 摄

---

① 陈玉恩, 于维国. 国际友人在中国: 诺尔曼·白求恩的故事[M]. 北京: 中国文史出版社, 2014: 273.

峥嵘岁月已远去，英雄赞歌不绝响。遥想白求恩大夫当年不远万里来到中国，在这里度过了短暂却丰满、疲惫却快乐的674个日夜。世事变幻，物是人非，新中国发生了翻天覆地的变化，但白求恩住过的小院、做过手术的小庙还在那里。和家庄里，曾为他遮阳避日的那棵庭中树在增加了八十年的树龄后，现如今已是古木参天。

追忆，是为了更好地纪念；纪念，是为了更好地前行。在悠悠的历史长河中，白求恩其人、其事、其精神散发出的伟大情怀愈发历久弥新。白求恩精神已经在中国人民中间形成了一种风范、一种准则、一种传统，成为中华民族之魂的重要组成部分，成为实现"健康中国"目标和中华民族伟大复兴中国梦的力量源泉。

第三节　追忆一位功勋卓越的医学教育家

二十年前，加拿大第一城多伦多市一百多千米外兴起了一所全国规模最大的新型学府——约克大学。1971年这所大学创办了它的第七所学院。这个学院以何命名呢？大家提出了十位候选人的名字，而绝大部分学生投票赞同以诺尔曼·白求恩大夫来命名。同样，在烽火连天的中国，1940年以白求恩命名的白求恩学校诞生了。是什么让一位医生的名字可以成为学院的名字？是什么让在当时中国如此艰苦的抗战环境下诞生了一座以一个外国人名字命名的学校？是诺尔曼·白求恩，是他用对自己近乎苛刻的要求，解救硝烟弥漫中的中国，是他用自己宝贵的生命谱写了烽火连天中国医学人才培养的新篇章。

当我们2018年重新回到白求恩曾经战斗过的地方时，不禁再次感叹他的医术、他的共产主义情怀、他在医学教育方面做出的卓越贡献。

一、恶劣的医疗教育环境

1928年毛泽东在《中国的红色政权为什么能够存在》一文中，曾把"建设较好的红军医院"作为中国巩固革命根据地所必须做好的三件大事之一。但对于旧中国特别是抗战时期的中国来说，医疗卫生水平极其低下，医学教育环境极其恶劣是不可避免的客观事实。

1.医疗水平极其低下

1935年学者陈达先生关于中国人口问题曾做出这样的统计：每年有150到240万左右的人口死于胃肠类疾病；根据北京大学社会学系主任许士廉先生同年做出的统计：中国城市新生儿的死亡率高达25%。而二位先生统计的都是北京、上海、天津、广州这样的大城市，八路军所到的地方大都是农村，医疗条件十分落后，情况更为糟糕！

在贫困偏远的陕甘宁边区，"缺医少药，医疗卫生条件极差。人畜死亡率很高，婴儿高达60%，成人也达到了3%；正规医生奇缺，而全区有两千余名巫神，这些人到处招摇撞骗，为害甚烈。广大人民群众除了备受封建的经济压迫之外，更是吃尽了迷信、文盲、不卫生的苦头，健康和生命根本得不到保障"。1937年陕甘宁地区政府秘书长李维汉的报告中如是说。晋察冀边区与之十分类似，根据卫生部长叶长青回忆，虽说越是疾病肆虐，就越是需要有更多的卫生资源为其服务，但1937年的晋察冀边区医疗资源极度匮乏，全边区一百多个县城都找不到一个像样的医院，药品十分稀缺，只有个别县城有几个中药铺，西药更是十分罕见。这种医疗设备短缺、缺医少药的情况县城尚且如此，就更别说偏远的农村地区了。

晋察冀根据地在抗战时期幅员辽阔，覆盖了全部热河与察哈尔省，包括山西省的东北部、河北省大部，以及绥远省东部和辽宁省西部的广大地区，战略位置十分重要。晋察冀军区于1937年11月成立，次年1月成立了晋察冀边区行政委员会，也就是晋察冀边区政府。由于晋察冀地区特殊的地理位置（远离大城市，地处内陆，交通十分不便），加之恶劣的自然环境，落后的经济文化，匮乏的物质资源，导致了战前的晋察冀边区医疗卫生条件极差，医疗水平极低。抗日战争全面爆发后，在日军对晋察冀地区实行全面的经济封锁及残酷大"扫荡"的共同影响下，人民群众的身体健康毫无保障，生活也更加动荡和贫困，导致了抵抗力大大下降，引起了各种传染病的流行。

现实如此残酷，若想坚持抗战就意味着必须提高边区的医疗卫生水平，但医疗卫生人才稀缺又是个不争的事实。刚建立晋察冀军区后方医院时，初到的八路军仅有36人，而这36人里"医务人员大多数是看护，剩下的还包括勤杂人员。所属的每个休养所仅有一名医生，三四名看护员。医疗人员和医疗器材严重不足，许多伤病员得不到及时救治。至于在部队中有的团只有未接受过任何正规训练、走街串巷的江湖郎中，医疗技术水平低，根本没有正规的医生。"对于缺医少药、医疗卫生状况极为落后的晋察冀边区来说，战伤救治面临着严峻的挑战。

2.医学教育风雨飘摇

1937年日军发动了"七七事变"及"八一三事变"，至此抗日战争全面爆发，战争伊始，日本侵略者就将学校与文化作为主要目标，企图摧毁中国的教育事业，由此对我国的高等教育机关展开了狂轰滥炸和肆意破坏，对中国教育事业造成了不可磨灭的影响。作为中国重要工业基地且高等教育十分发达的华北和华东地区，1937年中国108所专科以上的学校中分布在华北及华东地区的就有75所，占比69.44%，自然而然的成为了日军的首要攻击目标，华北和华东地区迅速被战争的烽火所吞噬，工业安全和高等教育同时受到了严重的威胁。据统计：从1937年7月至1938年10月，全国共有91所高校被破坏，占总数的84%，其中全部被毁的10所，被迫停办的25所。这实在是中国高等教育史上的一次浩劫，并且对中国的医学教育环境造成了极大的破坏。

我国的医学教育起步较晚，19世纪20年代后西方传教士在中国兴起了医疗传教，才出现了医学教育。据1936年的统计显示，"全国共有医学院校33所，其中国立院校5所，军医学校2所，省立医校7所，私立医校19所。各校医学生总数共计3666人，教员共821人"①。抗日战争全面爆发后，一方面，战争对医学院校的破坏作用异常明显，重建的步伐较为缓慢，医学院校的数量迅速从33所下降到27所，减少近18%。另一方面，部分学生因种种原因未能随医学校西迁，部分学生随医学校西迁后又因经济困难等原因辍学，导致了医学校学生流失严重。据国民政府卫生署的相关统计，截至1940年3月，在沦陷区"除去外籍人员，仅有医师987人，药师620人，助产士3878人，护士4927人，牙医师287人，药剂生2444人，总计22013人"②。对于当时的中国来说，如此小规模的医疗卫生人员是根本无法满足当时社会需求的。恶劣的医疗环境和稀缺的卫生人才，迫使中国必须大力发展医学教育。

正当中国的医学教育岌岌可危、风雨飘摇时，国际共产主义战士诺尔曼·白求恩医生于1937年率领一支由加拿大人及美国人组成的医疗队，带着价值五千美金的医疗器具，受加拿大共产党及美国共产党的共同派遣奔赴中国，支援中国人民的正义斗争。白求恩一行冒着敌人的炮火历经艰难险阻，终于在1938年3月31日抵达延安。初到中国，白求恩大夫在延安至晋察冀军区的途中，边走、边治疗、边调查研究。所到之处、所看之情，令白求恩感到十分的震惊！在对陕甘宁边区的二十里铺、延川、米脂、贺家川等部队医院，以及晋西北的兴县、岚县境内医院和休养所的巡视医疗及调查研究中，他发现如下问题亟待解决：医务人员少且技术水平低，特别是高技术水平的医疗人才十分匮乏；缺乏药品和医疗器械等必要的医疗物资；经验缺乏导致医院管理不善等，目前状况远远不能适应战争的需要。他在给国外友人的信中谈到了他检查完一个医院后所见到的情况："这里有175名伤员，散在各户。他们躺在硬邦邦的砖坑上，下铺少量干草，令人不忍目睹。一部分人没有被单，没有一个人有毯子。他们全身长满虱子。穿在身上仅有的一套军服，也因几个月来的战斗生活而尘满垢积，肮脏不堪。他们的绷带几经洗涤，早已变成烂布条子了……"

白求恩大夫在来到晋察冀军区所在地——山西省五台县金刚库村后，第二天去了松岩口村，发现这里的情况与陕甘宁边区大抵相同，震惊之余产生了应在适当地方创建一所模范医院的想法，这既能为八路军医院起到示范作用，又能为八路军培养医务干部，从而提高医院的医疗技术和管理水平。随后他立即写信给聂荣臻司令员说："此信涉及这个极为重要的问题。目前有两种情况：一是从事医务工作的医

---

① 陈邦贤.中国医学教育之史的检讨[J].医育，1939，3（4）：16.
② 汪元臣.实行公医制度[J].医育，1940，3（4）：1.

生技术水平不高，二是有必要在整顿医务工作的同时加强技术训练。"他的建议很快就得到了边区广大医务人员的赞同，白求恩大夫对当时中国边区医务工作的看法是十分正确也是符合事实的。但客观的制约条件随之而来，当时部队正处在敌军后方进行游击战争，这样的环境下，创建固定地址的医院是不现实和不允许的。在聂司令员和延安总部对白求恩大夫的建议进行再三思量之后，同意先建立一所小型的示范医院试试看，从此也拉开了白求恩医生对中国医学教育事业做出巨大贡献的帷幕。

二、因地制宜的教育思想

教育思想是指人们对教育活动的某种认识或看法，是人们在一定社会时代背景下，通过教育实践活动形成的对教育现象、教育问题的观念意识层面的理解和认识。教育思想具有实践性和多样性、历史性和社会性、预见性和前瞻性等特点，并渗透在教育活动的各个环节、各个方面、各个领域，直接或间接地对人们的教育实践活动起着一定的支配作用[①]。白求恩将多年的外科理论学习积累与抗战前线的实践结合，形成了他因地制宜的教育思想，他认为只有让实习者了解了目的和基本流程其才有能力为伤员服务和培训医务人员，并且根据当时战争环境整理适宜需求的专门教材、根据当时教学情况创办特种外科医院，举办特种外科实习周。白求恩将投身法西斯战争的热情倾注在医院的建设中，目的是为了更快、更多地培训出更多合格的、属于中国的卫生医务人才，壮大中国的卫生事业。这在当时的中国，无疑是一次历史性的尝试。

以下为边区战士刘小康在《我所见到的白求恩》中的回忆：

1939年1月3日，特种外科医院建成，那时白求恩同志的扁桃腺发炎很厉害，但他仍坚持按期开学。在这里，白求恩同志非常重视实事求是、理论联系实际的教学方法。他领着学员到病房学习，做临床讲演。在他的手术室里经常挂着一块白布。当他指定某一医生施行手术前，首先要问这个手术如何施行，答对了准许做；没答对，他就在白布上绘出图来，指明神经血管的位置，如何开刀，如何缝合等，都一一解释清楚。

实习结束后，学员在技术和理论上都提高了一步。有位同志的日记这样写道："院中学七日，胜读七月书。"在白求恩同志的辛勤培育和帮助下，晋察冀边区的医疗干部迅速成长起来。

大连市某队后勤干休所离休干部冉振芳在《听白求恩讲课》中回忆：

令我永远难忘的是白求恩亲自给我们讲课，他那认真负责、从急用先学出发、深入浅出的教学方法，给同学们留下了深刻的印象。

那是1939年2月，白求恩从雁北前线来到平山蛟潭庄，参加边区党代

---

① 刘志军. 教育学[M]. 北京: 高等教育出版社, 2011: 8.

会后回到卫生部驻地常峪村。他利用组建东征医疗队的空隙时间，给军医班讲了一周的课，内容主要是结合他在前线（西征医疗队）的战地救护经验，讲战伤救护、创伤治疗、输血技术。叶青山部长、游胜华副部长，江一真、孙峰、黄平、魏方忠等老师都来听课。他亲自示教，做大小便、血常规检验，在显微镜下看红白细胞和各种虫卵，教我们一目看显微镜，一目在纸上画出镜下所见，还教如何作血型鉴定。

经过实习，部队医务人员的医疗技术得到了很大提高。白求恩这种独特的教学方法被后人沿用、改编，为我们目前实行的医生轮转制度奠定了基础。白求恩的教育思想不仅局限于医疗技术的培养，同时他也非常注重医疗作风和医生品质的教育，这些都与目前我们倡导的方向不谋而合。

　　他曾经对我们说："作为一名称职的医生，应该具备像鹰一样的眼睛，对病看得准；有一个狮子胆，对工作大胆果断；有一双绣女的手，做手术灵活轻巧；有一颗慈母的心，热爱伤病员。"白求恩大夫的这些话，我永远铭记在心中，成为我一生做医生的座右铭。

德国哲学家雅斯贝尔斯在《什么是教育》中有句名言，"教育就是一棵树摇动一棵树，一朵云推动一朵云，一个灵魂唤醒另一个灵魂"，强调了教育者对受教育者的巨大作用。[①]特种外科实习周的实践是成功的，对当时中国的医学教育模式起到了示范的榜样作用。

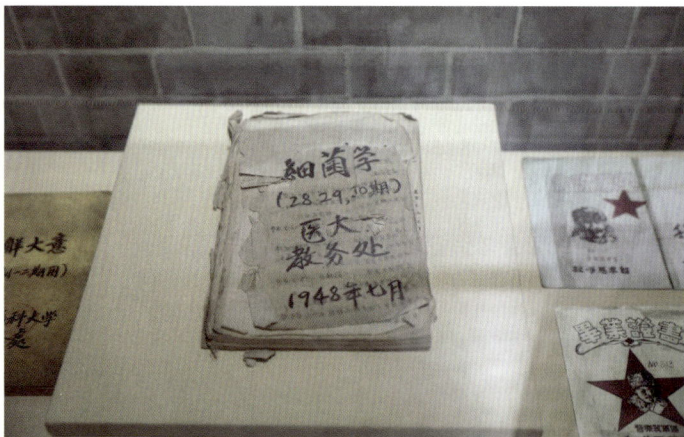

图5-3-1　卫生学校学员使用过的教材　尚祖光 摄

在晋察冀抗日前线长期救治伤员的实践中，为了能培养医务人才，白求恩还亲自著书，聂荣臻司令员高度赞扬了白求恩大夫的《游击战中师野战医院的组织和技术》，"它是白求恩大夫一生最后的心血结晶，是白求恩大夫赐予每个卫生工作者和指战员、伤员的最后的不可再得的高贵礼物"。白求恩对中国的贡献是久远的，他的书籍对于提高八路军医务人员的医疗水平、提高伤员的治愈率方面发挥了很大

---

① 凌宗伟. 雅斯贝尔斯：呼唤人的回归[J]. 教师博览，2017（3）：68-70.

作用。为我军军事医学的发展做出了卓越贡献。

图5-3-2　白求恩编写《游击战中师野战医院的组织和技术》时小院里的国槐树　尚祖光 摄

　　白求恩的教育思想不仅体现在教学、著书方面，还包括学校建设后的教学方针。其中，在学校建设后的科目教育侧重问题上，白求恩提出以战时外科为主，兼顾全面发展，少而精，理论联系实际；在学校专业设置上，他提出下设军医、调剂和护士等不同专业；在学制培养问题上，他建议军医专业学制为一年半，调剂专业学制为一年，护士专业学制为半年。同时，为使学院的学习和实践能紧密衔接，他建议设立附属医院，将军区后方医院的一个休养所扩建为卫校附属医院。在建校前，白求恩向江一真提供过一份拟好的《军区卫生学校教学方针》，为正在筹建的卫生学校起到了非常重要的指导意义，成为后来学校课程安排的重要依据。

图5-3-3　白求恩为即将正式成立的晋察冀军区卫生学校拟订教育方针的旧址　尚祖光 摄

1939年9月18日，晋察冀卫生学校在唐县牛眼沟村正式成立。白求恩热情赞扬卫生学校的建立，鼓励学员努力学好技术，为伤员服务。他还在开学典礼上发表讲话，强调培养卫生技术人才对于反法西斯战争和将来建设新中国都是非常必要的。白求恩的话也印证了未来中国医疗卫生人才队伍建设及发展的重要性。

三、植根中华的教育情怀

什么是情怀，它是一种高尚的心境、情趣和胸怀，它以人的情感为基础与所发生的情绪相对应。[①]一位教育家，唯有具备崇高的情怀，才能发自内心地投身教育，才能心无旁骛地钻心教育，才能具有宽厚仁慈的包容之心，认真研习教育规律和学生身心发展规律，始终从更高的层次上看待和把握教育，有独特的思想，不随波逐流……白求恩恰恰就是这样一位在医疗卫生教育事业上心无旁骛的人，新西兰作家诗人路易·艾黎写过一篇文章叫《世界痛切地需要他》，其中用很多文笔描述了白求恩的种种平凡但却值得歌颂的往事，生动而又鲜活地展现出他作为一名医生、一位共产主义战士、一个活生生的医学教育家所具有的高尚的品质与值得后人学习的思想以及他对待每件事情的一种执着、专一、无私的情怀。

诺尔曼·白求恩是一位新型国际主义事业的先行者，这种国际主义仍然是今天世界上所痛切渴望的。他不远万里来到中国，放弃优越的生活条件，与奋战在一线的战士们并肩抗战，治病救人的重担已经压在他本来瘦削的肩膀，但白求恩不因此而停止，强烈的责任感和崇高的情怀使得他决心把培养和教育根据地医生、护士作为加、美援华医疗队的重要任务。白求恩敬畏生命、关爱病患，同样为中国的医疗人才培养忧虑，主动承担教学重担，在教学过程中，他知无不言，言无不尽，他筹建模范医院，开办特种外科实习周，设立卫生学校，所有这些教育实践都一一印证了他的伟大，他的教育情趣，他的高尚的教育情怀。

白求恩的伟大不仅仅是因为他当时带给中国的先进思想及治病救人的成果，更多的是传承下来的白求恩的精神、白求恩的医学人文思想、医学人文情怀对我国的医学人文教育的深远影响。现在培养的医学人才，都在强调素质培养，那什么又是作为一名优秀的医学人才应该具有的素质呢？我想在白求恩身上体现得淋漓尽致。掌握渊博的医学知识、精湛的医疗技术，具有深厚的人文底蕴；具备科学思维、科学精神，又具有人文意识、人文精神；具备对技术精益求精、对工作极端负责、对患者极端热忱的职业素养，更要具备发扬毫不利己、专门利人的奉献精神。而这些也正是白求恩医学人文思想的内涵所在，是白求恩作为一名医生、一位医学教育家的情怀所在。[②]

---

① 屈英和，周同梅，田鹏，等. 白求恩医学人文思想研究[J]. 医学与哲学，2016，37（4）：59-61.
② 屈英和，周同梅，田鹏，等. 白求恩医学人文思想研究[J]. 医学与哲学，2016，37（4）：59-61.

图5-3-4　白求恩追悼大会　尚祖光 摄

1939年11月12日，白求恩不幸逝世。一位救治过无数病伤员的医生"走了"，一位不远万里来中国的共产主义战士"走了"，一位兢兢业业为教育事业付出，励志为中国留下带不走的医疗队的医学教育家"走了"……白求恩的逝世让全校师生悲痛不已，白求恩的逝世带走的是一位伟大的国际战士，但带不走的是他根植中华的医学教育思想，和他留给中国的值得后人敬仰的教育家情怀。

1940年1月5日，晋察冀军区卫生学校易名为白求恩学校，其附属医院易名为白求恩医院。学校以白求恩的名字命名，不仅因为他是学校的奠基者，更重要的是遵循他的办学思想，建设具有特色的卫生学校，培养一批又一批的医学人才，传播白求恩的教育情怀。白求恩精神是学校育人的根本宗旨，是树立新一代年轻人世界观和人生观的光辉榜样。聂荣臻同志在1943年给学校毕业生的题词写道："要有医学丰富的知识，要有人类高尚的道德，才配称白求恩的弟子。"

白求恩学校培养了大批医务人才，遍布于全国各个抗日根据地。

四、白求恩对我国人才培养的贡献

1.为中国医疗卫生人才培养提供摇篮

白求恩学校成立对当时中国的卫生教育事业的贡献是伟大的，学校几经发展壮大。1948年与北方大学医学院合编为华北医科大学；1950年，根据中央军委命令，部分师生迁至天津组建军委军医大学，部分师生留在石家庄继续办学。1954年，迁至天津的第一军医大学与第三军医大学合并，命名为中国人民解放军第一军医大学。1958年，军委军医大学根据党和国家关于军队要支援社会主义建设的指示，移交地方继续办学，定名为长春医学院。1959年易名为吉林医科大学，朱德委员长题写校名。1978年成立白求恩医科大学，学校创始人聂荣臻元帅题写校名。1986年第一轮国家重点学科评估，勇夺医学微生物免疫学和神经病学两个国家重点学科，排名全国第五。1989年建校50周年，邓小平同志亲自题写校名。2000年6月12日与原吉林大学、吉林工业大学、长春科技大学、长春邮电学院合并组建成新的吉林大学，其中基础部分与吉林大学的相关院系合并。2003年成立白求恩医学部，2007年1月成立白求恩医学部，由白求恩医学院、公共卫生学院、第一临床医学院、第二临床医学院、第三临床医学院、药学院、口腔医学院、护理学院等8个学院组成，另有同中国一汽集团共建的附属第四医院。2009年9月纪念白求恩医科大学建校70周年时，附院更名为吉林大学白求恩第一医院、白求恩第二医院、白求恩第三医院、白求恩口腔医院等。目前有国家教学名师1人，国家优秀教学团队1个；国家级精品课4门；国家级教学成果奖4项。科研流动站16个，博士后流动站6个，一级学科博士授权点7个，二级学科博士授权点58个，国家级重点学科2个。

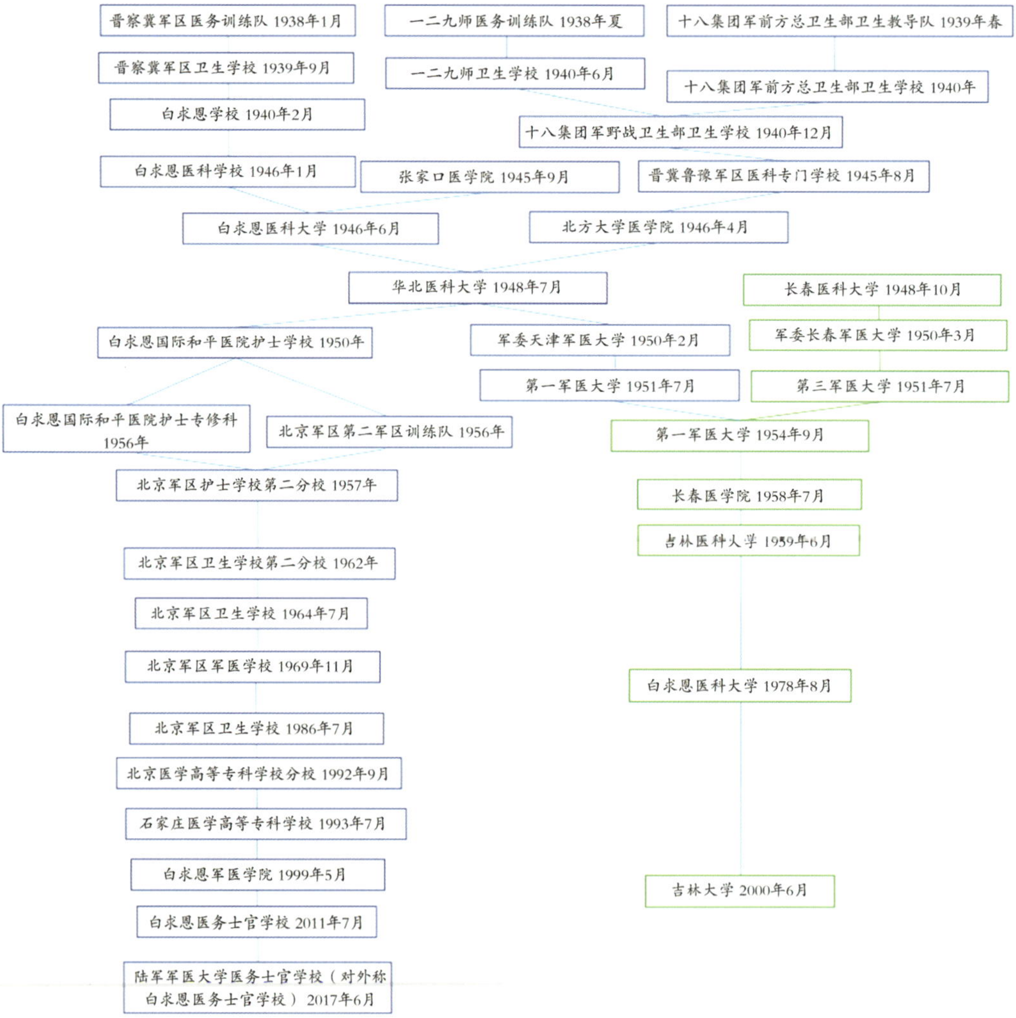

图5-3-5 晋察冀军区卫生学校历史沿革图 培训部刘妍妤2018年末制图

继续留在石家庄的白求恩学校，1964年编为北京军区后勤部卫生学校，1969年命名为北京军区军医学校，1993年更名为石家庄医学高等专科学校（对外称白求恩医学高等专科学校），1999年5月更名为白求恩军医学院；2004年9月改建为第四军医大学护理士官系（对外称白求恩军医学校），2011年改建为白求恩医务士官学校。2017年6月，改建为陆军军医大学医务士官学校（对外称白求恩医务士官学校）。学校开设护理、营区医学、药学、医学检验、放射技术、特殊诊疗、仪器维修等7个专业，第二六〇医院为学校附属医院。建院迄今，已培养4万余名医务技术人才。学院始终坚持用白求恩精神建院育人，"像白求恩那样去战斗"！战争年代，白求恩学校培养了3000余名政治坚定、技术优良的白求恩式医务工作者，参加了百团大战、反"扫荡"等战役战斗，国际主义战士柯棣华和第一任政委喻忠良等近百名师生牺牲在抗日战场。在解放战争中参加了收复张家口、攻打清风店、解放石家庄的战役，后又参与了抗美援朝、边境自卫还击作战等，在解放后参加了小汤山抗击非典，邢台、唐山和汶川抗震救灾，联合国维和行动等急难险重任务，白求恩院校的传人"冲得上、救得下、治得好"，成为医学院校、军队乃至全国卫生界的楷模。

1974年1月28日，加拿大约克大学的一个学院正式命名为"白求恩学院"。约克大学的代理校长在讲话中说，这个学院的命名是为了纪念白求恩大夫。加拿大安大略省省会多伦多市莫斯科卡区白求恩家乡的中学也以他命名。加拿大人民为白求恩大夫能在中国革命中做出贡献而感到自豪。

2.白求恩学校的医疗卫生人才辈出

印度援华医疗队柯棣华大夫，曾任学校外科教员和附属医院——白求恩国际和平医院院长。他曾说过："这里是白求恩工作过的地方，你们的学校也以白求恩的光荣的名字命名。我一定要像他一样，献身反法西斯斗争的伟大事业，决不玷污白求恩的名字！"他担任白求恩国际和平医院首任院长，在中国战场上成为一名中国共产党党员，曾经为周恩来总理治过伤，也得到过毛泽东主席的接见，他在中国工作了四年，直至1942年12月因癫痫病发作去世，毛主席为柯棣华题字"全军失一臂助，民族失一友人"。

稗田宪太郎是著名的病理学家，为原蒙疆医学院的日籍教员，1945年来校任教8年，1953年归国后仍积极从事中日友好活动。汉斯·米勒是德国人，傅莱是奥地利人，解放后他们都加入了中国国籍留在中国，并将自己的一切甚至生命留在了中国的土地上……日本病理学博士稗田宪太郎和津泽·安达教授、苏联航空医学专家波波夫等国际友人，都曾在校任教多年，在艰苦的岁月里为学校的创建与发展做出了巨大的贡献。

我国医疗界的许多著名专家或者毕业于白求恩院校，或者在这些院校工作过。他们积极参与到医疗临床工作中，获得了举世瞩目的成绩，与此同时，也热心投身于教育事业，培养出一代又一代优秀人才，为中国医疗卫生事业发展做出了卓越贡献。中国医者的圣地——北京协和医院的骨干力量三分之一都是白医大毕业的，再比如当年的全国医科大学统考，白医大排名协和之后勇夺全国第二，而这个统考演化到现在，成为执业医师考试。

　　白医大建校之初，有病理学家殷希彭、微生物专家刘璞、小儿科专家陈淇园、眼科专家张文奇参与，新中国成立前后陆续有生理学家李洛英、外科学家周泽昭、许殿乙、生物学家王凤振、微生物学家杨敷海、环境卫生学专家冯玉珊、组织胚胎学家鲍鑑清、妇产科学家阴毓璋、药理学家唐虽、眼科专家张文山、地方病专家朱育惠、心血管内科专家张世显、皮肤科专家张行、眼科专家陈学穆等多位专家教授在校任职任教，他们的无私奉献为我国医学事业的发展做出了巨大贡献。

图5-3-6　著名专家学者　尚祖光 摄

　　1978年以后，白医大陆续有耳鼻喉科学卜国铉，病理生理学赵学俭，病理学陈远耀、康德仁，放射医学范洪学、鞠桂芝，放射医学刘树铮，骨科学徐莘香，骨外科段德生，口腔外科学欧阳啑，免疫学杨贵贞，神经病学刘多三，神经外科学王孟忱，神经生理学王绍，神经外科索敬贤，生理学钟国赣，生物化学安汝国、侯立中，神经病学张禹、张淑琴，生物化学杨同书，地方病王凡，普通外科学孟宪民，妇产科学李守柔（1988年），生物化学杨翰仪，病理学李广生，放射医学刘及，神经病学饶明俐，普通外科学谭毓全，耳鼻喉科学郭晓峰，普通外科学荷尔斯泰，耳鼻喉科学杨占泉，神经病学林世和，妇产科学朱凤全，儿科学傅文勇，免疫学于永利、朱迅，病理学李玉林、吴稼祥、张乃鑫，生物化学洪敏、颜炜群，普通外科学王友德，脑外科王长坤，耳鼻喉科学杜宝东，妇产科学王占东、李荷莲，放射医学李修义、高凤彤、高增林等数十位教授任博士生导师，进入新世纪后博士生导师更是如雨后春笋。

　　阴毓璋，是我国妇产科创始人，1954年任第一军医大学任妇产科主任，1956年

被评为国家一级教授，并任全国卫生教材编审委员会委员、中华医学会吉林省分会会长、全国中华妇产科学会理事长、中华妇产科杂志副主编。曾被选为全国政协委员和第三届全国人大代表。从20世纪40年代初开始，他不断在国内外发表医学相关论文数十篇，引起国际学术界的强烈反响，均受到当时国外妇产科学者的重视。在医学教育事业上，参加了第一批全国高校统一教材《妇产科学》的编写工作。无论在课堂上还是临床实践中，他都深受医护人员和患者爱戴。

我国著名组织胚胎学专家鲍鑑清，1958年任吉林医科大学组织胚胎学教研室主任、教授。国家一级教授，我国组织学与胚胎学领域的开拓者之一。曾任政协吉林省委员会常务委员，政协全国第三、四、五届委员会委员，中国解剖学会第三、四、五、六届理事，中华医学会吉林省分会副会长，中国解剖学会吉林省分会理事长等职。他从事医学教育六十余年，编写过多部组织学、胚胎学教材，为校内外培养了大批骨干教师。在国内，率先引进组织培养技术，建立组织培养室，开展细胞培养、细胞超微结构、细胞化学、多种特殊显微镜技术等的研究与应用。

我国免疫学创始人杨贵贞教授，是著名的免疫学家和医学教育家，在五十八年的科学研究和教育生涯中，研究成果获得国家教委科技进步奖、卫生部重大医药成果奖和省科技成果奖等二十余项。先后发表科研论文三百余篇，出版《免疫学》《医用免疫学》《免疫生物工程纲要与技术》等著作20余部。迄今为止，杨贵贞培养的博士、硕士、博士后已达百余名之多。已毕业的研究生遍及全球各地，也都在国内外做出了突出的成就。20世纪50年代在第一军医大学工作，1957年直至退休，在第一军医大学、吉林医科大学、白求恩医科大学、吉林大学（同一单位不同时期校名变更）工作，1963年晋升为副教授，1978年2月晋升为教授。

以下以白求恩医科大学为例，简要介绍几位学校培养出的对我国的突出贡献的医学工作者。

陈香美，于1977年白求恩医科大学医疗系毕业后，在1982年白求恩医科大学获肾脏病学硕士学位，并于2007年当选为中国工程院院士，现任解放军肾脏病研究所所长暨重点实验室主任、解放军总医院肾病专科医院院长，担任中华医学会理事、中华肾脏病学会主任委员、《中华肾脏病杂志》总编辑、中国中西医结合学会常务副会长、国家药品评审专家、中央保健委员会专家。是我国肾脏病临床医学发展的重要领军人物，同时也是先后担任两项国家重点基础研究发展规划项目（"973"项目）首席科学家，在国内承担多项国家自然科学基金和军队"九五"课题。

郎景和，出生于吉林，于1964年毕业于白求恩医科大学医疗系，现任中国医学科学院、中国协和医科大学、北京协和医院妇产科主任，教授、博士生导师，是中国国内妇产科首屈一指的专家，2011年当选为中国工程院院士。从1982年起，郎景和教授在国内最早施行卵巢癌肿瘤细胞减灭术，把手术的各关键步骤、手术彻底性评价以及再次减灭术、分期手术等概念和操作推向全国。

赵玉沛，吉林长春人，1982年毕业于白求恩医科大学医疗系并获学士学位，1987年研究生毕业于中国协和医科大学，2007年12月起担任北京协和医院院长，2011年当选为中国科学院院士。赵玉沛在肝胆、胃肠、甲状腺等普外领域进行了许多开创性工作，特别是对胰腺外科有着深厚的造诣，是我国普通外科的领军人物，国内外公认的著名胰腺外科专家。

赫捷，1984年毕业于白求恩医科大学医学系，现任中国国家癌症中心副主任，中国医科院肿瘤医院院长，2013年当选为中国科学院院士。赫捷长期以来主要从事肺癌、食管癌等胸部肿瘤疾病的早诊早治、外科治疗及综合治疗，具有丰富的临床经验和精湛的手术技术。

白求恩医科大学在不断的建设及发展中培养及成就了一批批我国医学事业的奠基人及医学事业的贡献者，是我国医学人才培养的摇篮。

3.医学生和医务工作者职业道德精神塑造的楷模

首先，白求恩精神体现着人类崇高的理想信念，是一代代医学院校学生和广大青年的生动教科书。他不图金钱享受，只追求奉献人民，医生护士的责任就是"使病人快乐"、帮助他们"恢复健康、恢复力量"的思想，那种治病救人时要有"狮子的胆、妇人的心"的体会，以及大量救死扶伤的感人事迹，不仅体现了"高尚""纯粹"及"国际主义""共产主义"的境界，而且是看得见、摸得着的，是帮助医学生树立远大理想的实在之举，是培养高尚职业道德的必由之路。白求恩精神是一门必修课，走上这个神圣的岗位，就要像白求恩同志那样去做人、去行事。通过教育引导与制度要求，保证和促进高尚医德的培养发展。

其次，白求恩的行为体现了高尚的从医道德，言传身教成为培养良好社会道德和个人道德的楷模和榜样。面对世情、国情、党情的深刻变化，面对长期执政、改革开放、市场经济、外部环境的严峻考验，面对破解改革发展中出现的新矛盾新问题，维护社会稳定，促进社会健康发展就显得格外重要，良好的职业道德、自觉的约束机制显得更加重要。白求恩对工作的认真，对病人的负责，对医学的严谨，对技术精益求精的精神，对于当前和今后一个时期都有现实的针对性。与此同时，不应仅限于"医德内容"这个范围，而要以白求恩精神为目标对医务人员进行人生观、价值观、道德观等全方位、深层次的广义性的医德要求与教育，由素质教育变行为教育，使白求恩精神不仅成为医务人员进取的目的，更要成为其医德行为的准则与规范。

目前，许多医院为方便各层次的病人就医，开设各类门诊，开展优质服务窗口比赛；实行免费咨询、导医，增设茶水桶方便病人解渴；变双休日为天天门诊以方便双休日病患就诊……广大医务工作者兢兢业业、勤勤恳恳、爱岗尽责的敬业精神，对技术精益求精、一丝不苟的科学态度，对病人和蔼可亲、耐心细致的医德医风赢得了广大人民群众的赞扬。

五、后人对医学教育家白求恩精神的传承

医学院校通过多种多样的教育形式，使白求恩精神得到传承和发扬，并逐步上升为整个教育领域的传统品德之一，内化为人的思想力量。学校里开设了白求恩精神教育专题课程，编写了《弘扬白求恩精神，争做白求恩传人》《白求恩的足迹在这里延伸》等系列教材以及《诺尔曼·白求恩》等大型画册。在清明节、白求恩逝世纪念日以及《纪念白求恩》发表纪念日等，举办专题报告会、音乐会、文学创作笔会等丰富多彩的活动，引导学员积极参与到白求恩的精神学习中来。有的医学院校将毛泽东、邓小平、江泽民关于白求恩的题词制成巨幅彩绘，并研制开发了"白求恩精神光耀千秋"多媒体研究教育系统，利用报纸、电视台、广播站、局域网、图片社、院史馆、白求恩研究会等媒体和机构，形成了"一报、一刊、一台、一站、一网、一社、一馆、一会"的宣传方式，让先进的理论、高尚的精神、健康的活动牢牢占领校园文化阵地，让体现远大理想和坚定信念的旋律始终主导课堂内外。在牛眼沟村晋察冀军区卫生学校遗址，吉林大学白求恩第一、第二、第三医院和口腔医学院共同捐资搭建"吉林大学白求恩医学纪念馆"，成为吉林大学师生接受爱国主义教育、学习白求恩精神的重要场所。

学习白求恩精神确实有着重要的现实意义。首先，白求恩精神与社会主义核心价值观紧密相连。社会主义价值观中把"为人民服务"作为核心价值观，这是一切真正共产党人的自觉要求和核心价值观，有了这样的价值观、人生观，甚至可以牺牲自己的生命。白求恩精神正是培育和践行社会主义核心价值观，使其落地生根的有效载体。他的行为就是社会主义、共产主义思想道德价值的物态呈现。其次，白求恩精神与"健康中国2030"息息相关。在"健康中国2030"中强调，没有全民健康，就没有全面小康。坚持以人民为中心的发展思想，坚持为人民健康服务这一根本点。白求恩长期生活在资本主义社会环境中，看到了资本主义社会人们争名逐利的弊端，他发现了"最需要医疗的人，正是最出不起医疗费的人""保护健康的最好方式就是改变产生不健康的状况的经济制度，以及消灭愚昧、贫穷和失业""所有健康都是公众的""政府应该把保护人民健康看作是它对公民应尽的主要义务和责任"，诠释了健康中国的平等理念，对于我国真正实现健康中国，把握医疗卫生事业的改革方向和目标显然具有价值理念上的指导意义。

当前，我国卫生计生事业正处于深化改革、融合发展、巩固提升的重要阶段，改革越是深入，任务越是艰巨，越需要强大的精神动力和坚定的信念支撑。通过学习白求恩，推动形成卫生计生核心价值理念，激发卫生计生工作者的社会责任感，不断凝聚推动改革的强大动力，为努力办好人民满意的卫生计生事业，为全面建成小康社会、实现"健康中国"目标和中华民族伟大复兴的中国梦作出新的贡献。

图5-3-7　有关白求恩的各类连环画和书籍　尚祖光 摄

图5-3-8　白求恩纪念章和雕像　尚祖光 摄

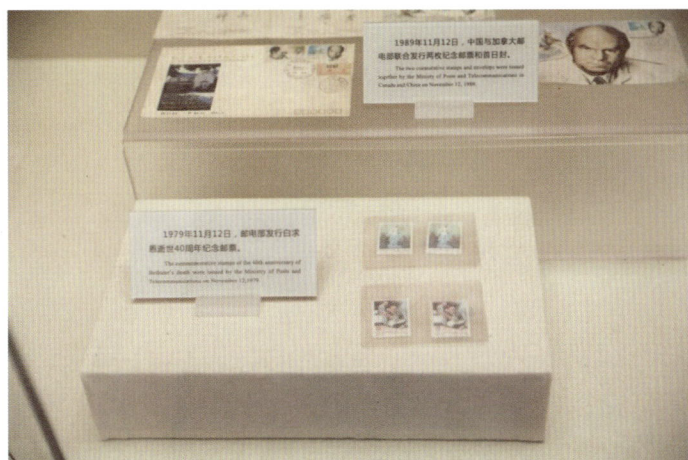

图5-3-9　白求恩纪念邮票和首日封　尚祖光 摄

图5-3-10 白求恩纪念勋章 尚祖光 摄

第四节 追忆一位伟大的国际共产主义战士

有一类人，将自己有限的生命奉献给无尽的信仰，这类人通常是利他主义者，具备慷慨无私的精神和团结精神，他们在人生的道路上接受信仰的指引，总是乐于关怀他人和帮助他人，他们是世界人们的榜样。诺尔曼·白求恩就是这类人中的一员。他将自己有限的一生全部投入到关怀弱势者的事业中，投入到世界的反法西斯战斗当中。白求恩是优秀的医生，科研学者，伟大的教育家，更是一名为了世界反法西斯战争奉献生命的国际共产主义战士。

作为一名医疗工作者，白求恩是蜚声世界的胸外科专家，他发明了新的人工气胸器械和肋骨剪，创造了胸膜涂粉法；他发明了流动血库和战地输血技术，这被誉为当时军医界最伟大的创举；在中国的抗日前线，为了解决血液及存储问题，他倡议组织了群众性的"志愿输血队"；他针对游击战医疗救护的需要，研制出许多独具特色的医疗器械和外科药物，当时他发明的医用手术器械和创造的医疗方法，在世界医学史上留下了光辉的一页。

作为一名医学教育者，他看到中国抗日前线八路军战场上医疗救护条件较差、医生救治经验不足等问题，建立了八路军的第一所医院——"白求恩模范医院"，一边收治伤员，一边示范教学，为八路军部队培养了一大批卫生技术人才，还编写了《游击战争中师野战医院的组织和技术》一书，该书被赞为他一生最后心血的结晶。在艺术方面，他是一位不折不扣的"文艺青年"，创作了大量的短篇小说、诗歌、散文、论文等，在中国抗日前线，他将自己的所闻所感作为文学素材，创作了

《创伤》和《哑弹》等小说，受到国内外文学界的广泛关注。

白求恩还擅长绘画和导演话剧，时至今日，当年白求恩导演过话剧的军城镇古戏台还在上演着一幕幕纪念白求恩精神的文艺表演。军城镇的居民还延续着白求恩在墙壁上绘制宣传画的习惯，白求恩精神的文化内涵一直在影响着中国人民，鼓舞着中国人民。他更是一名国际共产主义战士，白求恩清楚地认识到，无产阶级如果不能解放一切劳动人民、解放一切民族、解放全人类，就不能解放自己。他毅然放弃了自己显赫的地位和优越的生活环境，参加了西班牙马德里的反法西斯战争和中国的抗日战争，忠诚地帮助一切被压迫人民、一切被压迫民族争取自己解放的斗争。

一、中国人民的缅怀

谈到中国当代国际友人的话题时，每个人的脑海里会涌现出一大批外国人物，加拿大的白求恩大夫、印度的柯棣华大夫、波兰的记者爱泼斯坦和德国的商人拉贝。在中国抗日战争时期，来自其他国家的仁人志士来到中国，帮助中国人民抵抗日本侵略，为世界反法西斯战争贡献自己的力量。2009年10月12日，由中国国际广播电台、中国人民对外友好协会和国家外国专家局共同主办的"中国缘·十大国际友人"的评选名单揭晓，白求恩以最高票数位居榜首，成为了最具中国影响力的国际友人。从1938年3月31日到1939年11月12日，白求恩与中国抗日军民并肩战斗了589天。就是这短短不到两年的时间，白求恩完成了医院建设、医务人员培训、伤员救治、统筹全军的医疗卫生等工作，为中国人民反法西斯战争鞠躬尽瘁。白求恩的援华行为留给中国人民的不仅仅是他为中国抗日战争胜利所做的贡献，还有最宝贵的精神遗产——白求恩精神，是"坚定的共产主义信念、国际主义的博大胸怀、高尚纯朴的道德情操、精益求精的科学态度、艰苦奋斗的优良作风、不为牺牲的高贵品质"[①]，也是"共产党全心全意为人民服务宗旨的集中体现，在实践中表现为无私利人的共产主义精神，救死扶伤的人道主义精神，服务世界的国际主义精神"，这种白求恩精神一直被继承和发扬，成为中国人民的精神食粮。白求恩，这位曾经为中国人民抗击日本侵略战争献身的伟大国际共产主义战士，始终不渝地受到中国人民的爱戴和崇敬。他的精神已同中国历史上和中国革命、建设进程中无数革命先烈、仁人志士形成的强大的精神力量融为一体，成为中华民族之魂的重要组成部分；他的事迹和他的精神永恒地活在中国人民心中，成为中国人民学习的风范和楷模。

"我十二分忧虑的，就是前方流血的伤员，假如我还有一点支持的力量，我一定留在前方，但是我的脚已经站不起来了。"这是白求恩在生命的最后时刻的喃喃自语，他的心里只有伤员，只有伟大的国际人道主义和共产主义，唯独没有的只有他自己的生命。就像《学习白求恩》一文中毛主席对白求恩的评价那样，"一个

[①] 史桂生, 梅清海. 弘扬白求恩精神 争做白求恩传人 (第一版) [M]. 北京: 军事医学科学出版社, 2000: 1.

外国人，毫无利己的动机，把中国人民的解放事业当作他自己的事业，这是什么精神？这是国际主义的精神，这是共产主义的精神，每一个中国共产党员都要学习这种精神"。这位伟大的国际共产主义战士永远地离开中国人民后，晋察冀军区举行了隆重的告别仪式，沉痛哀悼这位为中国人民解放事业献出生命的国际友人。毛泽东出席追悼会，并亲书挽联："学习白求恩同志的国际精神，学习他的牺牲精神、责任心与工作热忱。"陕甘宁边区政府的挽联是："万里跋涉，树立国际和平，堪称共产党员模范；满腔热血，壮我抗日阵垒，应作医界北斗泰山。"①

白求恩为中国人民反法西斯战争所提供的帮助，抗日的战士不会忘记，晋察冀地区的人民不会忘记，世世代代的中国人民不会忘记。今天，各个行业、领域的中国人，用着不同的方式在追忆这位伟大的共产主义战士。

朱德元帅在白求恩逝世三周年之际，在《朱德谈人生》中这样总结白求恩的一生，"白求恩同志是真正充满着共产主义国际主义精神的优秀党员，在他身上，表现了共产党人的高尚纯朴的品质。白求恩同志是富于国际主义精神的模范。他清楚地知道，无产阶级如果不能解放一切劳动人民、解放一切民族、解放全人类，就不能解放自己，所以他忠诚地帮助一切被压迫人民、一切被压迫民族争取自己解放的斗争。白求恩同志对人民满腔热忱，坦白正直。他对一切伤病员、一切同志、劳动人民，表现了他无限的忠诚热爱和无条件的帮助，平等地看待他们中的任何人，体贴关心，无微不至。他也最能坦白正直，批评他们的缺点，严正地指斥工作中的毛病，帮助改正。凡是受过他治疗或看见过他工作的人，莫不为之感动。至今晋察冀的军民心中，仍怀念着白求恩这个亲切的名字"。

宋庆龄这样追忆白求恩："任何时代的英雄都是这样一种人，他们以惊人的忠诚、决心、勇气和技能完成了那个时代放在人人面前的重要任务。今天这些任务是世界性的，因此当代英雄——无论是在本国或外国工作——也是世界英雄，非但在历史上是如此，而且现在也是如此。诺尔曼·白求恩就是这样一位英雄，新中国永远不会忘记白求恩大夫。他是那些帮助我们获得自由的人中的一位。他的事业和他的英名永远活在我们中间。"

曾和白求恩同志一起创建晋察冀军区模范医院，参与筹建医务学校的叶青山少将在1964年发表了《永不熄灭的国际主义光辉——回忆和白求恩同志相处的日子》一文，追忆了在白求恩身边做助手的点滴生活："我是来工作的，你们要把我当成一挺机关枪使用"这是与白求恩共事时他对我说过最多也是对我影响最深的话，叶青山回忆道，在晋察冀抗战的岁月里，白求恩没有休息过一天，成天都在病房里穿梭，为伤病员们治疗，监督工人做牵引架，检查拆洗人员替伤员缝洗的衣被，就是不愿意让自己有一分钟的清闲。深夜，别人都休息了，白求恩一天的紧张工作还没

187

---

① 孙国林. 红都延安的神秘来客系列之五: 白求恩从加拿大医生到中国人学习的楷模[J]. 党史博采: 纪实, 2012 (9): 22-26.

有结束，伴着暗淡的油灯，他用极快的速度赶写适合前线医务人员需要的教科书，给毛主席、聂司令员和美国、加拿大的党组织写工作报告，稍有空闲，还要孜孜不倦地学习。他把自己的生命全部奉献给了中国人民的解放事业，在生命的最后一刻，握着我的手对我说，"请转告毛主席，感谢他和中国共产党给我的帮助。我相信，在毛主席的领导下，中国人民一定会获得解放！"[①]白求恩同志在生命的最后一刻仍然惦念着中国人民的疾苦，他始终相信中国人民在共产党的领导下一定会获得自由，一定会走向光明。

1989年《人民日报》刊载了《中国人民心头的丰碑——聂荣臻元帅回忆白求恩》一文，在纪念白求恩同志诞辰100周年、逝世50周年的日子里，90高龄的聂荣臻元帅向工作人员深情地回忆着往事：白求恩大夫总会和我们的医护人讲：一个医生、一个护士、一个医务人员的责任是什么？只有一个，那就是使你的病人快乐，帮助他们很快地恢复健康，恢复力量。在一切事情当中，都要把他们放在最前头。白求恩同志是一位伟大的共产主义战士。他以自己的模范行动赢得边区军民的尊敬和爱戴。在一次发言中他说："我们来中国，不仅是为了你们，也是为了我们……我决心和中国同志并肩战斗，直到抗战最后胜利。我们努力奋斗的共产主义事业，是不分民族、也没有国界的。"他就是用这样质朴的语言，表达了他的共产主义胸怀和国际主义精神。白求恩同志用自己的生命和光辉业绩树起的丰碑，将永远矗立在中国人民的心头。

1997年6月，中国白求恩精神研究会经国家民政卫生部核准正式成立，并先后在北京、无锡、长春、石家庄等地举办了六届全国白求恩精神研讨会，目的就是让社会各界认识白求恩的事迹、弘扬和传承白求恩精神。中国白求恩精神研究会的老先生有的年届耄耋，有的年逾百岁，仍坚守信仰，矢志奋斗，不辞辛劳，奔走呼号，目的就是要弘扬白求恩精神，让更多的中国人了解和认识这位伟大的国际共产主义战士。

老红军胡明祥在《白求恩大夫为他医治枪伤》一文中这样写道，在长达19年的战斗生活中，他先后12次负伤，但使他最难忘的是白求恩大夫为他医治枪伤。当年在与日军的一次战斗中，敌人的子弹从他的肺部和肩胛骨穿了出去，身上穿的棉袄的棉花丝被带进了伤口，造成了伤口的化脓感染，生命危在旦夕。正好赶上白求恩大夫的医疗队，白求恩大夫来不及休息，马上对他进行抢救，在当时缺医少药的情况下，白求恩大夫凭借高尚的医德和高超的医术，迅速对伤口进行了清创，挽救了胡老先生的生命。老红军哽咽着说道："白求恩是我们学习的榜样，白求恩的共产主义精神永不褪色，今天我们更应该弘扬白求恩精神，全心全意为人民服务。"[②]白求恩的助手林金亮在《白求恩的助手林金亮》一文中，曾这样回忆道，当白求恩大

① 叶青山. 永不熄灭的国际主义光辉——回忆和白求恩同志相处的日子[J]. 人民军医, 1964（12）: 3-4, 54.
② 王玉楼. 白求恩大夫为他医治枪伤——访老红军胡明祥[J]. 乡音, 1996（5）: 23-24.

夫看见我们艰苦的医疗条件和战士们自制的脱脂棉和纱布等医疗器材时，白求恩不禁感慨地说："中国共产党交给八路军的不是什么精良武器，而是经过两万五千里长征锻炼出来的革命战士，有了这样的革命精华，我们就有了一切。"在白求恩的心中，他坚信中国共产党能拯救新中国，共产主义能拯救全世界。[①]就像白求恩在模范医院落成典礼上所说的那样：他和中国抗战的军民都是国际主义者，没有任何种族、肤色、语言、国界能把他们分割。日本正在威胁世界和平，必须击败他们，必须击败阻碍人类前进的任何运动，白求恩充满国际主义精神和共产主义思想的讲话深深地感染了中国军民。

2008年11月11日，为纪念白求恩逝世69周年，我国将每年的11月12日确立为"纪念白求恩日"，时任中共中央政治局常委员、国务院副总理李克强在致信祝贺举办"纪念白求恩、柯棣华来华70周年大会暨首届白求恩精神论坛"时这样评价白求恩：70年前，伟大的国际主义战士、卓越的医学家白求恩、柯棣华不远万里来到中国，为中国抗日救国和医疗卫生事业殚精竭虑，直至献出宝贵的生命，他们的光辉业绩永远值得我们怀念。时任卫生部党组书记、中国卫生思想政治工作促进会会长高强在论坛中这样总结和评价白求恩："白求恩、柯棣华是全国卫生界的光辉榜样。他们的思想品德已经融入中华民族的血液中，成为中国和世界精神财富的重要组成部分。"

今天的我们作为白求恩精神的传人，也在国际人道主义救援方面发扬着中国式关怀。2004年，中国国际人道主义救援机制正式成立，作为白求恩精神的传承人，近5年来，中国国际人道主义行动共完成了200多次，成为亚洲、拉美，特别是非洲外援的重要来源。2005年12月26日，印度洋海啸爆发，中国在第一时间就向受灾地区伸出了援助之手，"中国速度"和"中国式关怀"成了国际传媒和当地百姓交口称赞的对象。印尼人民在遭遇天人悲剧的同时，也得到了中国人的热情。中国国际救援队抵达印尼灾区班达亚齐仅仅4天时间就抢救了3500多人次的灾民。队员们忘我的工作表现和白求恩式的无私奉献精神收到了国际的广泛赞扬。2011年3月11日，日本发生了里氏9级地震，死伤无数，中国接到消息后马上派出由15人组成的紧急救援队，并捐赠了大量物资，中国"白求恩式"的国际救援队的工作，获得了国际各界人士的高度赞扬。日本市长户田公明对中国国际救援队的辛勤工作表示深深感谢，并称中国的国际人道主义救援"令人终生难忘"。2013年3月，习近平主席访问刚果（布）期间，提出学习白求恩，践行和弘扬"不畏艰苦、甘于奉献、救死扶伤、大爱无疆"的白求恩精神。不畏艰苦、甘于奉献的优良传统，救死扶伤的人道主义精神以及大爱无疆的国际主义精神，在抗击印度洋海啸、尼泊尔地震等医疗卫生行动中得到了集中体现。2014年西非埃博拉出血热疫情发生以来，中国先后组织1000余名医务人员组成5批援非抗击埃博拉医疗队奔赴西非抗疫前线，累计进行病毒检

---

① 李海生.白求恩的助手林金亮[J].上海集邮，2000（11）：11.

测5000余份，留观收治患者上千余例，培训当地医疗人员、社区防控骨干等1.3万余人。中国援外医疗队的奉献精神、严谨态度和精湛医术让世界看到了中国的大国担当，感受到了中国白衣战士的国际主义精神和大爱情怀，是新时期白求恩精神的传承与弘扬。

2017年1月14日，吉林大学白求恩精神研究中心正式成立，旨在弘扬和传承白求恩精神。2018年6月30日，作为白求恩精神传人的吉林大学白求恩第一医院，派出了中国首批援助萨摩亚医疗队，代表中国完成对萨摩亚的国际援助，践行和弘扬"不畏艰苦、甘于奉献、救死扶伤、大爱无疆"的白求恩国际人道主义精神。首支医疗队由吉林大学第一医院神经外科洪新雨、泌尿外科王金国、创伤骨科祁宝昌、心内科张志国、眼科王乐和内分泌科刚晓坤6名医疗专家组成。援助期间，医疗队队员克服语言、饮食、环境等困难，为当地民众提供医疗服务，完成外科手术400余例，接诊门诊患者2500余人次，参与抢救危重患者50余例，为中国驻援外机构工作人员义诊10余次，完成萨摩亚历史上首例开颅手术。除此之外，医疗队还在当地医院医务人员当中开展临床交流和培训，并定期开设讲座和研讨会，为相关医学院校学生教授课程，协助萨方医院主要科室进行能力建设。

图5-4-1　2019年1月23日，中国（吉林）首批援萨医疗队凯旋　于姗姗 摄

医疗队一行6人不远万里援助萨摩亚国，发扬白求恩式的国际主义精神。"国虽有界，医者无疆"，秉承着"不畏艰苦、甘于奉献、救死扶伤、大爱无疆"的中国医疗队精神，他们为萨摩亚人民送上中国最优质的医疗服务，把白求恩精神、白医大精神传遍全世界。"我们将牢记援外医疗光荣使命，不辜负祖国人民重托，不畏艰苦，甘于奉献，救死扶伤，大爱无疆。为增进中国和受援国人民友谊、促进世界和平作出积极贡献。"这是援萨医疗队员庄严的宣誓。时光倒流，这不正是当年白

求恩在得知中国人民正在饱受日本法西斯的摧残时，组建加美医疗队，不远万里来到中国，帮助受苦受难的中国人民争取解放的剪影吗？

图5-4-2　中国（吉林）首批援萨医疗队由吉林大学第一医院6名队员组成　于姗姗 摄

二、世界人民的缅怀

正是崇高的人生信念，使白求恩不断克服重重阻力，放弃优越条件，毅然奔赴反法西斯战场，不惜冒着枪林弹雨抢救伤员，他坚信共产主义必将在全世界实现，并始终对共产主义事业无限忠诚，为伟大的理想信念而奋斗终生。白求恩在西班牙参加了人民反抗纳粹主义和法西斯主义的黑暗势力而进行的斗争；在中国，他不惜牺牲一切救治伤员，甚至献出了自己宝贵的生命。这正是国际主义在白求恩同志身上的集中体现，他的一生都在为无产阶级和全人类的解放而不懈奋斗着，他把毕生所学、全部热情都投入到了国际主义的伟大事业。他这种为人类和平正义献身的斗争精神、对全人类解放事业的执着态度和无私无畏的牺牲精神，为我们树立了一个伟大的国际主义战士的光辉形象，是全世界无产阶级国际主义者的典范。

今天，在白求恩加拿大故居的门口，世人是这样评价这位伟人：白求恩是一个著名的人道主义者，是国际著名的外科手术医生和革命者。每年都有上千的中国人来到这个不足十万人口的小城来看望"白求恩"，中国人民对他的崇敬，使加拿大人对白求恩有了新的认识。世界人民永远不会忘记白求恩，在世界人民的眼中，他是一位杰出的医生，一位英雄，一位忠于信仰的智者，更是一位伟大的共产主义先行者。

在麦吉尔大学纪念白求恩逝世40周年大会上，副校长H. 罗克·罗伯逊（H.

Rocke Robertson）博士在总结白求恩的成就时说，"白求恩的声望并非依据他作为胸科医生的能力。他操作和决断能力使他成为一位高超的军医，很可能正是由于一些杰出才能，使他受到同事对他工作的认可"。在西班牙马德里和中国抗日战场中，白求恩"杰出的才能"得以实现，为世界反法西斯战争贡献了不可磨灭的贡献。在《中国军事年鉴》中，白求恩被誉为伟大的军医、烈士，伟大的国际共产主义英雄。加拿大麦吉尔大学教授林达光这样评价白求恩这位伟大的医生，"白求恩是以医生为天职的，但他是一个最擅于以精湛严格的技术向人类自由、尊严、公正之敌作斗争，向人类生命之敌作斗争的医生"。就像白求恩在遗书中写到的，"人生很好，很值得为理想活上一回，也的确值得为了理想去死，在中国的两年，是我一生中最重要、最有意义的时光。让我把千百倍的热忱送给千万亲爱的同志"。白求恩就是这样一位对法西斯暴行极其仇恨的共产主义战士，他要用自己的行动来挑战自己的理想，以救死扶伤的人道主义、手术刀为武器，向一切阻碍人类解放事业的敌人宣战。

白求恩这位蜚声世界的名医，同时也是忠于自己信仰的智者，他相信共产主义能够拯救苦难的人民，共产主义能够帮助世界人民获得自由。"他是一个自立的人，按照一己的信念，毫不畏惧地行动，不管反对他的人势力多大。这是他在短促、艰险而成绩斐然的一生中所严格遵守的哲理。"（加拿大多伦多大学教授，罗德里克·斯图尔特）。白求恩更是一位国际共产主义先行者，他的思想和行为都闪烁着国际人道主义和共产主义的光辉。加拿大总督克拉克森这样评价白求恩，"从个人职业角度去看，他是一位极特殊的人物，以极特殊的生活方式度过了自己的一生。他的一生，从某种意义上讲，其真谛已超越了国界，已升华到了不仅仅代表着国际主义精神，而实际体现了一种宇宙般的宽阔胸襟。如今这宇宙般的胸怀已为世人所公认"。他的好友加拿大作家泰德·阿兰这样评价白求恩，"白求恩是我生平所认识的、最使我感奋的人物。他最喜欢为人富于个性、敏于机智，最讨厌那班只顾掇拾权威词语、从不独立思考之辈。同时，我们熟知他献身人道主义和勇于自我牺牲的精神"。新西兰作家路易·艾黎曾高度赞赏白求恩的共产主义精神，"诺尔曼·白求恩是一位新型国际主义事业的先行者，这种国际主义仍然是今天世界上所痛切渴望的"。

"我常爱把诺尔曼·白求恩的生平比作一株历劫偶存的树苗，在移植到了一个崭新的环境之后，终于长成为花果累累的参天大树，简直就像一曲神话。相熟的人总是把这树看作'美丽的象征——永恒的喜悦'而长留胸臆。"这是与白求恩共事30多年的老友温德尔·麦克劳德对白求恩的回忆和总结。在白求恩的心中有一种对未来世界的憧憬：人类都是弟兄，人剥削人的制度消灭了，自私和暴力遭到唾弃。白求恩认为，走向人类最后和最高的唯一道路就是马克思主义道路，他要让他的生活同他的信仰达成一致，所以他才会义无反顾地投身于世界反法西斯战争，即使后

来他在中国生活极度紧张，辛苦到常人无法忍受的程度，他也是快乐的，他达到了自己思想中想要的共产主义的和谐境界。这是白求恩在西班牙马德里前线的翻译对白求恩的评价。

在今天，世界人民永远没有停止对白求恩的纪念，1971年，加拿大多伦多市的一所全国规模最大的学府——约克大学在创办第七学院时采取了全民投票，最后白求恩从10名候选人当中胜出，学院最后以"诺尔曼·白求恩大夫"来命名。1972年，白求恩荣获"加拿大历史名人"的称号。1973年，加拿大政府收购并修葺了莫斯科卡湖边白求恩出生的房子，作为白求恩纪念馆对外开放，1996年这里还被列为加拿大国家历史遗址。2014年，多伦多市政府将白求恩在市区内的故居列为文化遗产予以保护，并将白求恩去世的11月12日确定为该市的"白求恩日"。 白求恩作为一个时代的英雄，一位伟大的共产主义战士，他的事迹被世界人民千千万万遍传唱，对白求恩精神的纪念，已经变成了联系世界人民的纽带，滋养着世界人民为了世界和平的共同信念。西班牙驻华大使马努埃尔·瓦伦西亚在纪念白求恩逝世75周年影发言中这样评价白求恩："白求恩不为金钱，而是为理想，为世界和平做贡献，在任何时代都很有价值。"

白求恩用自己史诗般的一生诠释了一种伟大的精神，一种毫不利己、专门利人的奉献精神，一种钻研医术、精益求精的创新精神，一种恪守医德、救死扶伤、极端负责的人道主义精神，一种为了世界反法西斯战争奉献自己生命的国际共产主义精神。白求恩虽然离开我们已经近80年了，但无论是广袤的神州大地，还是辽阔的枫叶之国，白求恩的故事仍然被千千万万的人传颂着。白求恩留给我们的不仅仅是一个名字，更是医务工作者救死扶伤的人道主义精神，一种为了世界人民的解放而不断奋斗的国际共产主义精神。

【本章结语】一个民族如果忘记了历史就意味着背叛。中华民族在经历血与火的洗礼之后，凤凰涅槃，屹立在世界的东方。中国人民、中华民族从没有忘却为民族解放事业献身的英烈。以缅怀英烈的情怀，继承他们的崇高而伟大的精神，为国家富强和民族振兴努力拼搏。几十年来，一代代的中国人，一代代的医学人，在追忆白求恩、追述白求恩、追思白求恩。纪念与缅怀，不仅仅是一种情愫和心意，更是一种责任和使命，是要切实地弘扬和践行他那崇高而伟大的白求恩精神。白求恩用热血和生命铸就的白求恩精神，早已融入中国医学人的精神内涵，成为推进医学教育和医疗卫生事业发展的精神支撑。在追忆中践行，在践行中弘扬，在弘扬中发展着白求恩精神。丛书中的《育人白求恩》《践行白求恩》《志愿白求恩》和《文化白求恩》等分册书写的就是这样的医学人对白求恩的这样的追忆。

第六章　白求恩精神及其影响

　　一个人能力有大小，但只要有这点精神，就是一个高尚的人，一个纯粹的人，一个有道德的人，一个脱离了低级趣味的人，一个有益于人民的人。

——《纪念白求恩》

白求恩医学部　张修航 绘

　　【本章导语】一位外国医生，一位国际共产主义战士，不远万里来到中国，在残酷的抗日战争前线，用他感人的热忱和情怀，用他忘我的工作和拼搏的干劲，用他的热血和生命谱写了一首人生的壮丽诗篇。他的人生之所以壮丽，是因为其人生呈现出一种永恒的精神、一种伟大的精神。为了缅怀和纪念白求恩，毛主席把这种精神称之为白求恩精神。几十年来的历史和实践证明了白求恩精神在推进我国医疗卫生事业不断前行的过程中，发挥着无可替代的引领作用，迄今依然有着强大的生命力和感召力。在我国医学界、医疗卫生领域、医学教育学界，白求恩精神一直是一面旗帜，一面引领医学人奋发向上、积极进取的精神旗帜。

第一节　白求恩精神的内涵及其演化

寻根白求恩，就是要通过追忆白求恩的事迹，继承和弘扬白求恩精神。时代呼唤白求恩精神，时代需要白求恩精神。在整个医学界，乃至全社会倡导和弘扬白求恩精神，有一个逻辑前提，那就是在思想意识层面、在理论层面上，明晰或知晓什么是白求恩精神，白求恩精神是如何得以形成和发展的，白求恩精神在新时代的意义和价值究竟是什么。

一、白求恩精神的内涵及其界定

犹如包括实验研究在内的科学研究活动要遵循一定的科学哲学理念和方法论原则、要通过一定的程序和环节一样，揭示、概括白求恩精神的内涵，即从理论层面予以界定，同样需要经过如下一系列的认知过程或环节：首先，是确立指导思想；其次，提出界定白求恩精神的原则；最后，形成对白求恩精神的理论表述，即界说其内涵。

1.指导思想及其确立

通过寻根白求恩的一系列认知活动，不仅使我们知晓了白求恩，寻到了我们心目中的白求恩精神，而且把我们引入更深层次的思索——如何认识和评价白求恩、如何理解和表述白求恩精神。后者，作为一种理论层面的认识，是经过了思维这一思想形成之认知过程的认识成果，可形成或成为指导我们进一步认知白求恩、思考白求恩精神，尤其是对凝练与概括白求恩精神具有指导意义的理论，即所谓的指导思想。理论指导实践，此中的"实践"二字具有广义性，不仅包括《哲学词典》所述"人类有目的地改造世界的感性物质活动"之行动，而且包括人类进一步认识世界的理性认知活动之行动。因为，在这个世界上不存在没有理论指导下的认识活动。在理论层面概括白求恩精神，本身就是一种认知活动，同样需要一种理论的指导，而这种以指导思想的形式呈现的理论认识，同样来源于我们寻根白求恩的认识与实践活动。至此，初步形成了如何凝练白求恩精神的指导思想：以习近平新时代中国特色社会主义思想为指导，以马克思历史唯物主义和辩证唯物主义思想为理论基础，坚持尊重历史、实事求是、论从史出的基本原则，以回应现实实践的挑战、解决时代学术命题为切入点，以把握历史主题、顺应历史主流，积极弘扬社会主义核心价值观为宗旨，以铸中国医学魂、育中国医学人，助推中国健康梦、助推民族复兴中国梦为目的。

195

2.界定白求恩精神的原则及其形成

白求恩精神，作为一个名称在毛泽东主席的《纪念白求恩》中首次出现，距今已有80年之久。之后，白求恩精神从何时起悄然成为一个概念，暂且不去考证。几十年来，在众多的文章中、在各种各样的报道里，人们频繁使用着的白求恩精神，或以一个名称、或以一个概念、或以一个常识性的称谓。似乎是因为众所周知，大家亦就自然而然地无须予以深究。寻根白求恩，在梳理了白求恩其人其事之后，自然要触及到形而上的精神层面。审视众多谈及白求恩精神的研究文献，发现一个现象，那就是表述者多，界定者少。之所以说界定者少，是指许多文章中没有清晰而明确地交待或阐明其界说白求恩精神的前提和原则。或许是受一篇文章的篇幅所限，对这样的内容有所隐匿吧。

白求恩精神，共产党的建设要谈、共产党员修养要谈、医学人文要谈、医患关系要谈、医院文化要谈、医学职业精神要谈、国际关系要谈，不同的学科、不同的领域、不同的时代、不同的职业之不同的人，在谈及白求恩精神的时候，各有各的领会、各有各的所指、各有各的用意。这非常符合近代词人谭献在《〈复堂词录〉序》中所说："作者之用心未必然，而读者之用心未必不然。"毛主席在那个特定年代阐述的白求恩精神，几十年来被各行各业的人们演绎着、使用着。演绎着的使用、使用中的演绎。按照西方接受美学的观点，一部作品被读者解读之前，创作并未最后完成。作品的意蕴是在读者能动性、历史性的接受实践中生成的。对文学作品的解读如此，对《纪念白求恩》的解读同样如此。

无论是对文学作品的解读，还是对白求恩精神的理解，都有一个前提，那就是原则。只是，这样的原则常常隐匿在人们的意识深处，不为人所意识到，即处于潜意识状态之下。而以"研究"态势推进的寻根白求恩，对白求恩精神自然要有自己的认知和解读，而要界说自己心目中的白求恩精神，其前提就是通过寻根白求恩所形成的对白求恩精神的界定原则，正如恩格斯所说："原则不是研究的出发点，而是它的最终结果；这些原则不是被应用于自然界和人类历史，而是从它们中抽象出来的；不是自然界和人类去适应原则，而是原则只有在适合于自然界和历史的情况下才是正确的。"[①]为此，笔者仍然以本书铸魂育人的宗旨为逻辑起点，提出界说白求恩精神的三个原则：

一是与最初的原生样态的一致性。毛主席在《纪念白求恩》一文中，明确提出了白求恩精神的内涵——如排在首位的是践行共产主义信仰；清晰呈现出评价一位历史人物及其精神品质的表述范式——做出了什么的一位什么样的人所展示着怎样的情怀和品质；充分展现了一位领袖对革命同志、对人民英雄的深切缅怀之情——文中的一个"只"和一个"仅"字，表达着无限的怅惜和遗憾。这一切为我们今天理解和界说我们心目中的白求恩精神奠定了基础——在政治方向、情感基调和表述

---

① 恩格斯. 反杜林论[M]. 北京: 人民出版社, 1971: 32.

方式等方面。伴随着社会环境和历史条件的变化，毛主席当年表述白求恩精神的一些具体表现形式确实已经不太适应新的时代要求了，但其核心思想依然闪烁着理性的光芒。

二是与时代精神的契合性。白求恩精神发端于抗日战争年代，毛主席的《纪念白求恩》以讴歌白求恩精神缅怀白求恩同志，以颂扬白求恩事迹、弘扬白求恩精神，激励全党奋发图强，投身于艰苦卓绝的民族解放事业。几十年来，中国共产党人始终坚持以人民利益为重的理念，在践行和弘扬白求恩精神的革命实践中丰富和延展着其内涵。因此，今天所要界定的白求恩精神，早已超越了当年由白求恩的其人其事所呈现出来的精神品质，更多的是融入了当今时代的特征——中国精神。中国精神，新时代的中国精神，是以爱国主义为核心的民族精神和以改革创新为核心的时代精神。这样的精神，同样是以坚定的信仰、崇高的情怀、拼搏的意志、奉献的理念、严谨的作风、科学的态度等与白求恩精神一脉相承的要素构建起来的精神内核。习近平指出："每个时代都有每个时代的精神。"[1]而每一个时代的时代精神之形成都是以继承和发展已有、原有优秀文化遗产为前提的。白求恩精神的核心内涵完全契合新时代之时代精神的价值取向。前面所说的毛主席对白求恩精神的表述依然闪烁着理性的光芒，其重要前提就是白求恩精神在今天，在今天这样的新时代，依然具有其精神力量之永恒的魅力。

三是与医学精神的吻合性。这既是基于白求恩的职业，更是考虑到本书"铸中国医学魂、育中国医学人"之宗旨。《纪念白求恩》的第三段，是从医生这个职业的角度赞颂白求恩的："白求恩同志是个医生，他以医疗为职业，对技术精益求精；在整个八路军医务系统中，他的医术是很高明的。"相比于长征精神、延安精神、大庆精神、红旗渠精神、雷锋精神、焦裕禄精神、两弹一星精神等革命精神，白求恩精神最具特征性的就是其体现出来的医学精神品质。学界述及较多的是医学的职业精神，而对医学精神鲜有论述，这是理论医学或医学哲学领域有待重视和亟待破解的理论命题。医学精神不能等同于医学职业精神，二者应该是一种属于上下位类的属分关系。医学精神之核心应该是融为一体的两个方面——科学品质与人文情怀。这充分体现在两幅题词之中——毛泽东同志1939年9月在白求恩同志的追悼大会上的亲笔题词："救死扶伤，实行革命的人道主义。"晋察冀边区白求恩卫生学校首任校长江一真同志在1989年7月10日的题词："学习白求恩的科学态度和高尚医德。"正因为如此，几十年来，白求恩精神才能成为中国医学精神的化身和代名词，成为激励医学人践行医学使命的精神力量。

3.白求恩精神的界说及其依据

在上述理论准备基础上，要对我们心目中的白求恩精神做出界定，以完成寻根白求恩的学术使命。面对学界的关注，面对社会上的疑惑，需要给予白求恩精神一

① 习近平. 在文艺工作座谈会上的讲话[J]. 新华文摘, 2015(23)：1-10.

个比较清晰而明确的概括，增强对白求恩精神的认同，增强继承和弘扬白求恩精神的理论自觉。习近平在哲学社会科学座谈会上说道："这是一个需要理论而且一定能够产生理论的时代，这是一个需要思想而且一定能够产生思想的时代。我们不能辜负了这个时代。"①按照毛主席在《纪念白求恩》中的表述范式，通过前面章节对白求恩其人其事的介绍基础上，本章尝试着对白求恩同志做一个概括性描述：

他是一位有着坚定理想信念的共产主义者，他有着强烈的社会责任感和使命意识，他有着明确的人生目标和追求，他的信仰完全是体现在以其坚强意志践行的行动之中。他的一生，完美地诠释了罗曼·罗兰所说的："信仰不是一种学问，信仰是一种行为，它只在被实践的时候，才有意义。"

他是一位勇敢的战士、一位斗士，有着一往无前大无畏精神的，为共产主义事业奋斗的英雄战士。无论是历尽坎坷来到抗日前线，还是克服难以想象之困难顽强拯救伤员的生命，他那凡人的身躯里蒸腾着非凡的无所畏惧的英雄主义气概。

他是一位优秀的医生，了不起的外科医生，胸外科医生。他有着良好的学养与精湛的医术，他有着对生命的珍重之心和对病人的关爱之情，他有着严谨的工作作风和炽热的人文情怀。他以医疗为职业，以手术刀为武器，在抗日前线与死神搏斗，以拯救生命的医学所特有的方式融入到反法西斯的战斗之中。他用自己的热情、自己的学识、自己的鲜血和生命践行着崇高的医学使命，他的生命以他的名字升华为医学精神的象征。

他是一位卓越的医学科学家。他不仅在国外的医学界取得了一系列颇有建设的学术成果，赢得了学术荣誉，更在中国的抗日前线因陋就简，创造、发明了一系列方法、技术、器械、设备，乃至管理的方法与策略。按照学界对科研人员科研能力、科学素养的要求来看，他有着敏锐的观察力、娴熟的动手操作能力、缜密的科学思维能力，以及由此综合而形成的高超的科学智慧。

他是一位功勋卓著的医学教育家。他根据八路军医疗状况及迫切需求，在极其恶劣的环境和极其简陋的条件下，亲自动手、亲力亲为，创建了卫生学校和模范医院以培养医学专业人员。这所学校的创建，在一定程度上解决了八路军医疗救护的燃眉之急。而从医学教育的角度来看，白求恩创建的这所学校，确立了我军乃至我国医学教育的一个鲜明的特质：注重培养医学生全心全意为人民服务的奉献精神，不畏艰难、艰苦奋斗的大无畏精神，专业技术上一丝不苟、精益求精的科学精神和关爱病人、体恤病人的人文情怀。他的医学教育理念、他的医学教育思想，尤其是他的医学教育教学的实践原则，为一代又一代的白医人所继承、弘扬和践行，以此培养出一批又一批的优秀医学人才。

他是一位颇具性情的才智之人。他有着热情而浪漫的情感、他有着多才多艺的天赋、他有着富有情趣的丰富的人生经历、他有着属于他自己的意义世界、他有

———
① 习近平. 在哲学社会科学工作座谈会上的讲话[J]. 新华文摘, 2016（12）: 1-10.

着属于他自己的生活意蕴、他有着属于他的喜怒哀乐和儿女情长、他更有着鲜明的个性和不羁的性情。他留下的写给亲人、朋友，乃至各种机构的书信；他留下的诗歌、散文、小说，乃至报告文学作品；他留下的绘画作品、摄影作品；还有他留下的许许多多的故事。这一切，使得以往常以"大写的人"描述的白求恩，更为丰满、更为鲜活。这有血有肉的、真实生活的一面，让人们在追忆他的时候，更多了一份温情的缅怀之意。位于加拿大多伦多市的格雷文赫斯特小镇上的白求恩故居纪念馆，一进门右侧展板上醒目的6个大字："一个热情的人。"

他是一位颇有见地的医学思想者。作为外科医生的白求恩，有一个非常突出的特征，就是对社会发展、大众命运和时代需求的关注。这种关注，超越医学专业和医生职业的社会责任感和使命意识，使得他的视域更宽阔，目光更敏锐，思想更深刻；使得他不仅以医学和医生的专业视角去看社会问题，更以社会和大众的角度审视医学的使命和医生的责任；使得他提出了许多关爱大众健康，推进社会发展的观点和见解，并以实际行动去积极实践。他对问题的思考，他通过思考提出的观点、见解，他在实践中丰富与发展着思想，有医疗社会化等医疗体制改革的设想，有医学人文精神的表述，有对于医者严谨科学态度的观念，有对生命之敬畏和对病患之尊重的表率，有对战地医院建设的管理理念等等。不同于对白求恩精神的凝练，对白求恩医学思想的梳理和抽象，更重要的是要从他留下的35万字的文章、书信等文字资料中寻根发掘。相比于对其事迹的展现和精神的弘扬，对白求恩医学思想的研究是一个薄弱或欠缺之处。笔者在此没有冠以"思想家"，一是基于本书编写过程中，并未能够从理论上清晰阐明什么是思想家，思想家的标注和特征是什么，什么是医学思想家等，即没有形成阐明白求恩作为一位医学思想家的理论基础和逻辑前提；二是基于本书编写的宗旨——以白求恩精神铸魂育人。希望医学生走近白求恩、亲近白求恩，去感受白求恩精神。若冠以"思想家"，似有高高在上的距离感。我们秉承一个基本理念——每一位医者，首先应该是一个思想者。

基于上述内容，笔者尝试着界说我们心目中的白求恩精神：坚定不移的共产主义信仰和爱国主义情怀，为人民谋利益的崇高品质和社会责任感，不怕任何艰难困苦的百折不挠的坚韧意志、求真务实和精益求精的医学科学品质、珍重生命和关爱病人的医学人文情怀，热爱生活和追求美好事物的热情和积极的心态，为践行崇高理想信念而一往无前、顽强拼搏的大无畏精神。

恩格斯曾经说过："我们只能在我们时代的条件下进行认识，而且这些条件达到什么程度，我们便认识到什么程度。"[①]自然科学的科学发现如此，人文社会科学之学术探讨同样如此。时代在发展、社会在进步，人们对白求恩精神的研究必然会随着这种发展和进步而不断深化、不断拓展。

---

① 恩格斯. 自然辩证法[M]. 北京：人民出版社，1971：219.

二、白求恩精神的形成和发展

世界上的任何事物，都有其形成与发展的过程。犹如临床医学的教材中，针对任何一种疾病，都会从病因、发病机制等角度去揭示疾病的发生与发展规律一样，人们也经常会对思想、意识、精神、信仰、理念等提出相同的追问，如红军的理想信念从何而来，长征精神是怎样形成的，雷锋精神的源泉是什么。寻根白求恩，不仅要追问白求恩精神是什么，更要追寻白求恩精神是如何形成与发展的。国内以往的相关研究，多谈及前者，而对后者鲜有深入的探究。

精神及其研究，属于哲学的范畴。一切精神，在其本质上都来源于实践，都是实践的产物。任何实践活动都是在特定的时代，在特定的时代背景下的主观能动性的活动。因此，精神既是实践的产物，更是时代的标志。诚如，"在哲学史上，一种哲学的称谓往往不是由创立者本人确定的，而是由后人加以提炼、概括出来的"①。对精神的研究与界定同样如此，白求恩精神是在他逝世之后，人们根据他的革命实践活动、他的先进事迹，提炼和概括出来的。因此，揭示白求恩精神的形成，唯有通过实践这一源流。这里所说的实践，是一个广义的概念，既包括白求恩的成长和生活经历，又包括他以参加中国抗战为主的医疗实践活动，也包括其人生经历即其实践的时代背景。

人是世界上最复杂的生命体，人的精神更是最奥妙的客观存在。影响一个人的成长与经历的因素甚多，同样，影响一个人精神世界的因素亦是甚多。遵循"把历史人物放在其所处时代和社会的历史条件下去分析评价的方法论原则。即不能离开对历史条件、历史过程的全面认识和对历史规律的科学把握……"②笔者尝试从如下几个维度探析白求恩精神的形成之源。

1.家庭教养和社会熏陶奠定其精神品质的精神底蕴

白求恩家族是16世纪中叶从法国北部迁居到苏格兰，18世纪又从苏格兰移居到加拿大的。他的父亲是长老会的牧师、母亲曾当过传教士。对于一个西方国家的基督教社会而言，基督教精神体现着这个社会的核心价值观。对于一个信奉基督教的家庭而言，基督教精神统摄着这个家庭生活的一切，以"爱"为核心的敬畏上帝、尊重平等、救赎原罪、追求奉献的基督教精神是每个家庭成员生命的组成部分。20世纪30年代曾与白求恩共过事的温德尔·麦克劳德在1979年的回忆文章中写道："白求恩的父母为家里三个孩子树立了高尚的道德标准。他们虔诚地信奉宗教的哲理，其中包括《圣经·新约》中的诫谕'像爱护你自己那样对待他人'……贯穿着

---

① 丰子义.中国道路的哲学自觉——实践唯物主义的当代意义[J].北京大学学报（哲学社会科学版），2015，52（4）：12-21.

② 胡占君，郭继武.学习习近平同志关于历史研究的方法论原则[J].红旗文稿，2017（24）：18-20.

他一生的这种自我牺牲精神，显然是承袭了他双亲舍己为人的传统。"①《不死鸟》一书也写道："他性格中有强烈的正义感，这是宗教家庭带给他们的品质。"②尽管白求恩不是一个如其父母那般虔诚的基督教徒，但是深受基督教精神的涵养与熏陶，他并不排斥教义。

为了生计，白求恩一家频繁搬家，不停地转换安家之所。为了减轻家庭负担，白求恩曾送过报纸、在食堂当过招待员、在客船上做过服务生、在建筑工地做过力工、在偏远的乡村小学教过书、在报社当过兼职记者。甚至为了实现其学习医学的梦想，他前后当过伐木工、餐馆服务员。这种坎坷的生活经历，使白求恩从年轻时就对社会底层的人们及其生活有了深刻的了解和切身的体验，并产生出深切的同情心，从而奠定他日后人生追求的生活基础，尤其是情感基础。影响他一生的另外一位家庭成员，是他的祖父——一位受人尊敬的杰出的外科医生。祖父在白求恩的心目中有极高的地位，是他一生努力学习与效仿的楷模。白求恩在儿时，就决心以祖父为榜样，做一名出色的外科医生，这个决心从来没有动摇过。白求恩充满着爱心、充满着同情心、充满着责任感；白求恩有志向、有抱负、有人生目标；白求恩有着自己的性情，有着自己的做事风格，这一切首先是其家庭、社会和那个时代对他的影响，这些影响滋生了白求恩精神最初的萌芽或胚芽，在他的内心深处埋下了爱与善的种子。

2.医学教育和医疗实践形成其精神品质的职业特征

白求恩从小立志学医，要成为像爷爷那样的外科医生。但是由于经济等原因，他的学医之路走的曲折而又艰辛。1909年10月，进入多伦多大学，但因为之前没有上过作为必修课的希腊语或德语，他没能进入医学院。他一边靠打工谋生计，一边时断时续地学习，终于在1912年10月进入医学院。《不死鸟》一书的第39页描述了他半工半读的生活和学习状况："白求恩在学校附近的饭馆找了一份工作，赚钱来贴补有限的积蓄并支付食宿。接下来的几个月，他花了大量时间在工作当中，经济上勉强收支平衡，但学习时间却大大缩水。1914年5月，他的平均成绩下滑到66%。但临床外科需要的果敢和决断力却深深地吸引了他，这门课获得了85分。" 他的学业，是伴随着做工谋生而艰难前行，伴随着医疗实践、伴随着对社会和时代的认知不断前行。从现有史料来看，对白求恩的医学学业、对白求恩在医学院校所接受的教育与训练、对白求恩就读医学院校时的医学教育的整体状况等，缺乏系统性的研究。所以，无法追寻其医学能力、医学素养之形成。

但从历史背景而言，白求恩就读多伦多大学医学院期间，恰逢北美医学教育改

---

① 温德尔·麦克劳德. 追念和思考[M]//陈玉恩,于维国主编. 诺尔曼·白求恩的故事. 北京:中国文史出版社, 2014: 537.

② 罗德里克·斯图尔特,莎朗·斯图尔特. 不死鸟——诺尔曼·白求恩的一生[M]. 柳青,译. 北京:中国青年出版社 2013: 24.

革的时期。受当时的卡内基基金会的委托，Abraham Flexner（以下简称弗氏）对北美155所医学院校做了实地考察，于1910年发表了调研报告《美国与加拿大的医学教育：呈给卡内基教育基金会的报告》（学界简称弗氏报告）。报告对医学教育的现状做了详细的描述，对存在的问题做了深入的分析，更对未来的改革提出了颇有见地的提示。弗氏报告奠定了以美国为代表的现代医学教育的基础，对美国乃至世界各国的医学教育产生了深刻而久远的影响。以弗氏报告为导引，美国和加拿大的医学教育进行了以强化医学的科学基础、强化医学的临床实践为主要特征的全面、系统的改革，形成了科学化的医学教育体系。[1]

虽然我们无从知晓，更无法清晰而具体地知晓白求恩所接受的医学教育给了他什么。但是，可以从白求恩在日后的工作经历，尤其是在抗战前线的工作中所呈现出来的优秀的医学品质、丰厚的医学知识、精湛的医学技术，乃至于卓越的医学成就（1934年6月，他当选为美国胸外科协会的五人执委之一）逆向推断其形成的来源，那就是白求恩曾经接受过的良好的医学教育，这是他医学素养形成的最主要，也是最重要的源泉。当年在加拿大、西班牙，乃至中国，曾经与白求恩共过事的医生和护士，尤其是加拿大和美国的同行，在回忆白求恩的时候，对他的性情和行事风格有着或多或少的微词。但是对于他的学识、他的能力、他的工作热情、他的严谨作风，乃至于他对待病人的态度都无一例外地给予充分的肯定和高度的赞扬。这些都成为白求恩精神感人至深的闪光之处。

3.共产主义思想和共产主义信仰构成其精神品质的内核

我们在寻根白求恩的过程中，在走进、亲近白求恩的过程中，在被白求恩其人其事深深感染与感动的过程中，不禁要问，而且是一次次地追问：是什么支撑着白求恩以其凡人之躯创造了如此非凡的人生。对于生活在今天的我们，对于没有经历过那个艰苦卓绝岁月的我们，如何理解，进而如何去阐释，或许是颇有难度的学术命题。德国古典哲学家康德说过："每当理智缺乏可靠论证的思路时，类比这个方法往往能够指导我们前进。"[2]与此最为相似的，就是几十年来国内外的许多政治家、军事家，乃至社会大众对红军长征所提出的同样的追问：是什么支撑着红军战士战胜了无数的艰难险阻，胜利到达陕北的延安。对此，邓小平等许许多多的老一辈革命家，在晚年追忆和评价长征时，几乎得出一个非常具有共识性的结论——信仰，对共产主义的坚定信仰，是信仰的力量支撑着红军战士，是信仰的力量支撑着中国革命事业走向胜利。邓小平概括道："对马克思主义的信仰，是中国革命胜利的一种精神动力。"[3]

① 于双成，金祥雷，于雅琴. 美国医学教育改革三次浪潮的文化背景及本质特征[J]. 医学与哲学，2011，27（12）：11-14.

② 康德. 宇宙发展史概论[M]. 上海：上海人民出版社，1972：147.

③ 邓小平文选（第3卷）[M]. 北京：人民出版社，2001：63.

由此，同样可以清晰而确切地看出，支撑白求恩的同样是他的信仰、他对共产主义的坚定信仰。这一点，同样是许许多多介绍、回忆白求恩的文献中几乎无一例外地予以阐述、强调的。国外学者撰写的《不死鸟》一书，对此有过多处叙述，例如，"加入共产党使得白求恩在不知不觉中有了核心信仰。……在他的眼中，马克思主义的创立者是'真正的宗教领袖之一'，可以亲切地与耶稣相提并论，他愿意为这个新的信仰付出任何代价。……在共产主义那里，白求恩感到自己已经找到了一个兴趣中心，一个成长和改变自己的机会。"（P151—153）"他兴高采烈地回到马德里，认为自己信仰共产主义是个正确的决定。他认为目前投身的这场运动会席卷全世界，彻底铲除贪婪和腐败，为大众谋得和平、正义和富裕。"（P191）"他在美国曾开诚布公地说：'我很荣幸自己是一名共产党员。'在他的眼中，这个身份就是信仰的印记，他为此骄傲，并渴望拿来炫耀，因为他已经把整个身心献给了这个信仰。"（P250）对共产主义的坚定的信仰构成白求恩精神品质的内核，成为影响其行动的最为核心的思想理念。

行文至此，对本节前面的疑问之解析至此，按照思想的逻辑，自然会生成第二个疑问——白求恩的共产主义信仰何以获得、何以形成。在上述内容中出现频率甚高的"信仰"二字，既作为一个名词，更是作为一个哲学概念。查阅汉语词典和哲学词典，发现"信仰"与"信念"虽有微妙差异，但基本上可以视为同义词或近义词。哲学词典中对"信念"一词的解释更为详尽："对理论的真理性和实践行为的正确性的内在确信。……信念往往以目的、动机的形式贯穿在人们的实践活动中，并与情感、意志相结合，形成一种稳固的观念意识支配人们的行动。理论对信念的形成具有决定的作用。但理论要通过影响人的信仰（信念）、意志的中间环节来影响人的实践活动……坚定的共产主义信念，是共产主义道德品质和共产主义觉悟的集中表现，它促使人们自觉地、积极地去履行共产主义的道德要求。"（《哲学大辞典》，上海辞书出版社，2007年，P61—62）这一解释为我们研究白求恩共产主义信仰之形成提供了精准而贴切的理论指导。信仰，不是人的大脑中与生俱来的自然之有的存在，是人后天形成的思想观念；作为统摄人之行动、人之行为，甚至是人之思想的信仰，是在人的成长过程中由一定的理论引发、诱发、启发而形成的。正如孙正聿教授所说："理想、信念不会自发产生，坚定的理想、信念必须有理论的支撑。"①共产主义信仰的形成，亦就唯有以马克思主义的共产主义思想作为启蒙、启发的思想的种子。

为此，《不死鸟》一书同样揭示了白求恩是如何接受马克思主义，乃至于形成共产主义信仰的。白求恩借助于参加1935年8月在苏联举办的第十五届国际生理学大会的机会，考察了苏联的医疗体制。"回国后，他认为苏联的确在医疗方面比加拿大进步……对苏联医疗制度的赞赏也激发了白求恩对马克思主义的好奇心，在

① 孙正聿.构建我们的精神家园（上）[N].吉林日报，2013年9月10日，第014版.

旅途中，他就迫不及待地倾听了一个青年研究组织关于马克思主义思想的讨论。"（P144）"他对马克思主义的理论基础深信不疑，其中很多价值观与父母传授的不谋而合。……从苏联的官员和蒙特利尔的共产党员身上，他看到了坚定的信念和无私的奉献精神，这与自己的父母以及儿时接触到的福音派基督徒极其相似。共产党员对社会现状表现出的强烈不满以及他们对变革的热切渴望正是从小就扎根于白求恩血液中的东西……把毕生奉献给马克思主义的世界与他内心的渴望是相一致的。"（P145—147）"白求恩对学习马克思主义哲学理论很感兴趣，尤其是辩证法思想，即矛盾是推动历史不断发展变化的因素。在他眼中，医学就是一个辩证科学。他主要的对立的平衡，不由得感叹道：'真是有趣，我的一生都在不自觉地使用辩证法。'"（P153）

4.中国的民族精神成为其精神升华的涅槃热焰

一种高尚的精神，一种可以引领时代发展的崇高的精神，其形成与发展不仅有其文化渊源和理论基础，更有其特定时代背景下的实践基础。人们常说，河北的唐县是白求恩精神的发祥地，是白求恩医科大学即现在的吉林大学白求恩医学部的发祥地，因为这里是白求恩与中国军民水乳交融、浴血战斗过的地方，是白求恩将自己的热情、才能、心血，乃至生命奉献给他所信仰的神圣事业的地方，是在践行其理想信念的革命实践活动中使中国军民深切感受到一种崇高精神品质的地方，这个地方成为了白医人，乃至中国的医学人心目中永恒的圣地。

曾创作了《斯巴达克思》的罗马著名作家乔万尼奥里说过："伟大的理想唯有经过忘我的斗争和牺牲才能实现。"白求恩对共产主义的信仰，对奉献社会的人生理念之追求，不是停留在内心的意向和精神上的向往，而是付诸充满忘我精神的奉献社会的行动。无论是西班牙内战时期，"白求恩的远见和毅力让他在短短几周内从无到有地建成了一支输血医疗队，他们克服了艰苦的条件，成功地为伤员送去了挽救生命的血液"，并致力于建立输血中心，还是在加拿大做外科医生的时候，以其强烈的社会责任感和使命意识，根据当时的社会需求所做的有关结核病症状和治疗知识的普及性宣传，以及围绕着结核病医疗与康复的医疗费用乃至于社会的卫生保健制度等所做的欧洲和北美不同社会制度国家的调研，乃至于在中国的抗日前线所做的一切，都是在践行他的理想信念，用实际行动践行着自己的理想信念，"他始终没有忘记自己的誓言——要为人类福祉做点事情，实现这一理想的途径就是做一名胸外科医生"。

可以明确地说，不同于白求恩之前在加拿大和西班牙的工作和社会实践活动，他在中国抗战前线的忘我工作和不畏艰险的坚强意志，是受到中华民族不屈不挠之民族精神和中国共产党为中华民族解放事业不懈奋斗的坚强意志所感染和激励。对此，白求恩书写的在延安、在晋察冀边区的经历中有着最为真实的记录。白求恩在写给朋友的信中对他在中国的感受做过这样的描述："对我而言，我的同志们就是

我最大的财富，他们把共产主义视作一种生活方式，而不是谈资或冥想。他们的这种共产主义理想质朴而深刻，就像膝跳反应一般成为本能，像肺部呼吸一般悄无声息，像心脏悸动一样自觉发生。"在离开延安前，白求恩和翻译黎雪谈起自己的感受："我来中国的四个月，来延安近一个月，结识了很多革命同志和朋友，在武汉我见到了周恩来同志，在西安我见到了朱德同志，在延安我见到了毛泽东同志，在医院里我见到了光荣负伤的八路军指战员…黄河之滨确实集合着一群中华民族的优秀子孙。我万分幸运，能够来到你们中间，和你们一起工作和生活。我要和中国同志并肩战斗，直到抗战胜利。"①白求恩后来说："我来延安前，听人称颂毛的伟大，但只有亲耳聆听了他的谈话后，我才真正理解了'伟大'的含义。从那天起，白求恩对毛泽东的战略思想、哲学思想产生浓厚兴趣，一有时间就和人讨论。他后来甚至请求聂荣臻司令员拿出半天时间回答他关于持久战的各种问题。"②

海德格尔在《形而上学导论》中说："所有伟大事物都只能从伟大发端，甚至可以说其开端总是伟大的。"③抗日战争中极端艰苦恶劣的环境、中国军民不惧牺牲的大无畏精神、中国共产党人坚定的共产主义信仰和为民族而战的坚强意志，就是一种伟大的开端——中华民族解放的开端，这伟大开端中生成一种伟大的发端——白求恩精神。抗日战争造就了中华民族的一代英豪，更生成了集民族精神与革命精神为一体的延安精神。抗日战争同样造就了一位伟大的国际共产主义战士，同样生成了具有国际共产主义和人道主义特质的白求恩精神。为此，可以明确地说，白求恩精神是中国革命精神的一个组成部分，确切地说，是延安精神的一个重要组成部分——毫不利己、专门利人的白求恩精神与全心全意为人民服务的张思德精神，都是在延安时期得到毛主席的高度评价和肯定，并由毛主席第一个以两位楷模人物的名字命名且影响了几代共产党人。从中国革命的土壤环境中生成的白求恩精神，不仅丰富了中华民族精神的内涵，更为中国革命精神增添了一抹亮丽的神韵。

至此，可以明确地阐述白求恩精神形成的逻辑脉络，参加血与火的抗日战争构成其实践逻辑，马克思主义和在延安形成的毛泽东思想构成其理论逻辑，以基督教精神为标志的西方文化和以"天行健，君子以自强不息"为特征的中国传统文化共同构成其文化逻辑。"黄河之滨集合着一群中华民族优秀的子孙，人类解放救国的责任全靠我们自己来担承……"这充满坚定、刚毅和果敢的"抗大校歌"，这涌动着中华民族大无畏精神的旋律，使白求恩热血沸腾，更促使白求恩以满腔热忱投入到这时代的洪流，这种与中国人民同生死共患难的思想情感的共鸣构成了白求恩精神的情感基础。正是因为有了这样的情感，才使上述三个"逻辑"成为逻辑。没有崇高的情怀，不会有崇高的精神。

205

① 冀国钧, 张业胜编.诺尔曼·白求恩在中国[M].北京: 中国协和医科大学出版社, 2007: 17.
② 马国庆.白求恩援华抗战的674个日夜[M]. 北京: 人民文学出版社, 2015: 97.
③ [德]海德格尔.形而上学导论[M]. 王庆节, 译.北京: 商务印书馆, 2015: 18.

任何一种精神样态都是时代的，都是历史的，更是随着时代的发展和历史的进程而发展与变化的。白求恩精神从其诞生之日起，就作为中国医学精神的代表，作为中国革命精神的代表，在中国社会几十年的发展进程中发挥着精神引领的作用。作为体现着时代精神、社会主义核心价值和医学职业追求的白求恩精神，几十年来同样在发展着、在演化着。因此，只有在中国的发展中、只有在医学的进步中、只有在社会的需求中，才能透视出、折射出白求恩精神的本质和推动医学乃至社会发展的力量。白求恩精神的发展和演化，呈现出如下三个维度：一是融入各行各业、各个领域之中，成为价值引领的旗帜；二是鲜活而具体地体现在各行各业、各个领域的模范人物、楷模的身上，体现在他们的事迹中，体现在他们事迹所显现、折射出的精神品质之中；三是将白求恩精神研究与时代精神同行、与党所倡导的政治方向同向的理论研究的不断深入。正是这种发展和演化，才会有记录和阐述这一发展与演化的《文化白求恩》《育人白求恩》《践行白求恩》《志愿白求恩》和《凝练白求恩》——《白求恩精神研究丛书》的其他5个分册。

三、白求恩精神的现实意义

研究历史，是为了把握当下，更是为了更好地创造未来。寻根白求恩、凝练白求恩精神，就是要挖掘白求恩精神的现实意义，以其精神力量助力中国医学梦、助力中华民族伟大复兴的中国梦。此中，"挖掘"的对象，是作为一种理论形态的白求恩精神，一是过去的、已有的、客观的、历史的存在；二是这种存在是由在那个时代、那个环境下的其人其事所形成的，即具有彼时性的客观存在。"挖掘"的目的，是应对现实的需求，即具有此时性的特征。因此，挖掘白求恩精神之现实意义是以其理论形态——白求恩精神的概念及其界说为理论基础，以对新时代的社会需求之深刻认识为逻辑前提，这就是马克思主义实践原则的具体体现。对于前者，已在前面做过阐述。下面着重讨论后者。

2015年12月30日，中共中央政治局就中华民族爱国主义精神的历史形成和发展进行第二十九次集体学习。习主席在主持学习时强调，伟大的事业需要伟大的精神。实现中华民族伟大复兴的中国梦，是当代中国爱国主义的鲜明主题。要大力弘扬伟大爱国主义精神，大力弘扬以改革创新为核心的时代精神，为实现中华民族伟大复兴的中国梦提供共同精神支柱和强大精神动力。习主席所说的"伟大精神"是一个广义的概念，包括所有可以促进、可以引领我们伟大事业积极向前的精神力量。由此而言，白求恩精神理所当然地属于此范畴。中华民族伟大复兴，需要全党、全国人民的奋斗与拼搏，奉献与付出。而这样的奋斗，势必要具体落实在全社会的各行各业、各个领域的人们那平凡的日常工作之中。因此，可以从如下几个层面或维度揭示白求恩精神的现实意义。

1.白求恩精神是社会主义核心价值观的载体

我们已经进入新时代，进入新时代的中国社会，在奔向民族复兴的伟大征程中最需要什么。"随着30多年经济的迅速发展，众多的社会问题也显现出来，如环境污染持续、社会腐败严重、两极分化凸显、理想信念缺失等。这其中最重要的，还是随着市场经济的发展，社会主义核心价值观受到严重侵蚀，全社会的理想信念出现了严重的问题。"①

为此，在2012年11月8日召开的党的十八大，胡锦涛同志在报告中对新形势下社会主义核心价值观做了新的明确阐述："倡导富强、民主、文明、和谐，倡导自由、平等、公正、法治，倡导爱国、敬业、诚信、友善，积极培育社会主义核心价值观。"2013年12月，中共中央办公厅印发《关于培育和践行社会主义核心价值观的意见》，明确提出，以"三个倡导"为基本内容的社会主义核心价值观，与中国特色社会主义发展要求相契合，与中华优秀传统文化和人类文明优秀成果相承接，是我们党凝聚全党全社会价值共识做出的重要论断。无论是面对世界范围思想文化交流、交融、交锋形势下价值观较量的新态势，还是面对改革开放和发展社会主义市场经济条件下思想意识多元、多样、多变的新特点，都迫切需要积极培育和践行社会主义核心价值观，以奠定全党全国人民的思想基础。2017年10月18日，习近平同志在党的十九大报告中，再一次强调要培育和践行社会主义核心价值观。要以培养担当民族复兴大任的时代新人为着眼点，强化教育引导、实践养成、制度保障，发挥社会主义核心价值观对国民教育、精神文明创建、精神文化产品创作生产传播的引领作用，把社会主义核心价值观融入社会发展各方面，转化为人们的情感认同和行为习惯。

蕴含在社会主义核心价值观之中的，最为核心的仍然是理想信念或信仰追求，即价值观。包括白求恩精神、张思德精神、雷锋精神、焦裕禄精神、红旗渠精神、大庆精神、两弹一星精神、航天精神等在内的，所有这些继承了红色基因和中华民族优秀文化的，体现各行各业特征的，由楷模人物创立的精神样态，最为核心的同样是信仰与追求，是与社会主义核心价值观完全一致的信仰与追求。因此，包括白求恩精神在内的这些精神样态，就成为培育和践行社会主义核心价值观的最佳载体。至此，再一次深究前面所提及的"挖掘"之意蕴，不是牵强附会的硬贴，不是穿凿附会的添加，不是无限引申的升华，而是对其原有、固有和已有的现代意义上的抽取和解析。

2.白求恩精神是崇高医学精神的体现

医学是人类历史上最古老的学科之一，医生是人类社会最悠久的职业之一。千百年来，若没有医学的进步，没有医生的护佑，人类怎会繁衍生息至今天。正因为如此，医学和医生，是人类社会，是社会大众最为依赖的学科和职业之一，更是

① 关海庭. 当代中国的政治信仰与政治发展[J]. 新华文摘, 2016（22）: 1-5.

期望值最高的学科和职业之一。中世纪伟大的阿拉伯医学家阿维森纳在其名著《医典》中给医学所下的定义是："医学是科学，我们从中学到在健康和非健康时人体的各种状态，为什么健康容易丧失，并用什么方法使失去的健康得到恢复。换言之，医学就是如何维护健康的技艺和健康丧失后恢复健康的技艺。"16世纪英国哲学家弗朗西斯·培根，进一步阐明医学的使命："保持健康，治疗疾病和延长寿命。"现代学者以更为清晰的语言予以概括："医学具有双重目的，一是将已有知识运用于实践，惠及患者的医疗和公众的健康；二是发现新知识并将其转化，进一步服务于社会。"①医学科学和医疗实践构成的医学活动最根本的目的是增进人类的健康，呵护人类的生命。

医学这个学科，医生这种职业，都是直接为人服务的，而且不是一般意义上的服务，是为救死扶伤、呵护生命、增进健康提供的科学而人道的救护和帮助。因此，医学这个学科是世界上众多学科中最为复杂的，这个复杂性源于人的特殊性。我国著名理论家于光远老先生曾在《关于科学分类的一点看法》中提出："很明显，医学也不是纯粹的自然科学，而是两大科学门类（自然科学和社会科学）相结合的科学。因为医学对象一方面是作为自然界物质的人，另一方面这个人又是在一定的社会中生活的，他的健康和疾病受到社会环境的严重影响，有些疾病甚至完全是由于社会原因引起的。"②医生这个职业是人类社会最神圣而崇高的，其神圣与崇高同样源于对人、对生命的尊重，甚至是敬畏。《荀子·非相篇》中说："水火有气而无生，草木有生而无知，禽兽有知而无义。人有气、有生、有知，亦且有义，最为天下贵也。"《孝经》："天地之性，惟人为贵。"莎士比亚在《哈姆雷特》中如此盛赞人："人是多么了不起的一件作品！多么像天神！宇宙的精华！万物的灵长！"可以这样理解，人有多么的伟大，生命有多么的可贵，医学这个学科和医生这个职业就有多么的崇高与神圣。

对于这样的学科、这样的职业，社会和大众自然会给予无限的期盼和期待，甚至是看似过分的祈求。对医学的厚望，主要体现在医学的学术使命之中。对医生的期望，则主要凝结在医生的职业精神（常被称为医学职业精神）之中。医学职业精神的核心是科学品质和人文情怀，这是有别于其他学科、其他职业最为本质的区别。犹如呈双股螺旋状的人的DNA决定着人之生长、发育和性状一样，医学的科学品质与人文情怀恰似形成医学职业精神的DNA双股螺旋结构，相互缠绕、相互渗透、相互促进，成为医学这个学科、医生这个职业的精神支柱。这个世界上，有两个职业是最为人所敬重的，都在职业之后添个"德"字——医德和师德。这一字之"添"，尽显其职业之崇高与神圣。因此，医学职业精神中，由具有人类共同价值意义的人文情怀升华为医德境界。自古希腊哲学家希波克拉底的《希波克拉底誓

---

① Calman K C. Medical Education: Past, Present and future [M]. Edinburgh: Elsevier Publication 2006:339.

② 于光远. 关于科学分类的一点看法[J]. 百科知识, 1980（6）: 9-16.

言》和我国唐朝孙思邈的《大医精诚》，至现代的医师誓言等，无一不将医德视为医者之首要。

改革开放以来，医疗卫生体制改革以来，充斥于各种媒体的有关医疗卫生领域的许多揭露该领域问题的报道，几乎都会聚焦到、都会提到"医德"二字。与此同时，又几乎无一例外地呼唤着白求恩精神，呼唤着白求恩精神的回归。因此，当前和今后一个历史时期，重塑以医德为核心的医学职业精神，是医疗卫生领域的重要工作，重中之重。医学职业精神的涵养，医学道德品质的形成，需要有榜样的引领、需要有先进精神的感召。集人生信仰、科学品质与人文情怀于一身的白求恩精神是医学精神最为完美的体现，几十年来一直作为医学界的一面精神旗帜，一直是广大医务工作者和医学生心目中的楷模。进入新时代，白求恩精神依然会在此领域发挥其无可替代的引领作用。

3.白求恩精神是医学教育的价值追求

社会大众的生命和健康，有赖于医学人的呵护。那么，社会需要什么样的医学人，这样的医学人又会从哪里来。由此，自然进入到医学教育领域。不同于普通教育，包括医学教育在内的高等教育从某种意义上说，是一种职业定向教育。按照以往的观念，师范教育培养教师、工程教育培养工程师、医学教育培养医生早已成为世人的共识。医学教育培养医学工作者，表面上看似简单、简洁、简明的一个陈述语句，实则包含着极为丰富的内容，因为这是一项育人的系统工程。孙正聿教授在谈及人生信仰时说过，"人的一生，说到底就是两件事：一是'想'，二是'做'。人们想什么和怎么想，做什么和怎么做"[①]。人生如此，事业亦然。包括医学教育在内的所有的教育，面对的根本性问题就是两个：培养什么人，如何培养人。社会需要什么样的医学工作者，医学教育想培养什么样的医学生，这是针对同一个问题来自不同领域的两个视角的不同表达。

"大学教育是通过一种伟大而平凡的手段去实现一个伟大而平凡的目的。"[②]医学教育的目的、医学教育的价值追求，集中体现在各个医学院校在培养方案中明确阐述的医学生培养目标及培养要求之中。前者简要阐述培养的医学生具备怎样的能力素质，进而可以从事或承担什么工作。例如，五年制临床医学专业的培养目标可以表述为：本专业培养掌握生物医学和临床医学的基本理论、基本知识和基本技能；具有广泛人文社会科学知识、良好职业道德和敬业精神，富有创新精神和社会责任感；具备对一般常见病、多发病和急重症的诊断处理能力；具备初步临床科学研究能力和国际交流能力；能够在医疗卫生领域从事临床医疗和科学研究工作的优秀医学专门人才。而对于培养要求，或按照"思想道德与职业素质要求、知识要求、技能要求"，或按照"态度要求、知识要求、技能要求"，或按照"基本要

---

① 孙正聿.理想信念的理论支撑[M].长春:吉林人民出版社,2014:1.

② [英]约翰·亨利·纽曼.大学的理想[M].徐辉,顾建新,何曙荣,译.杭州:浙江教育出版社,2001:97.

求、业务要求"，或仅以"基本培养要求"等不同形式，将知识、技能、态度、情感等能力素养的构成要素分解开来，予以阐释。

德国的教育学家洪堡，以其现代大学的新理念创建了具有现代大学意蕴的柏林大学，他认为："大学应兼有两项任务，一个就是对纯科学的提倡与追求，一个是个性与道德的修养，大学是客观的学问和主观的教养相结合，将二者联系起来就是由科学而达至修养。发展科学的根本目标在于发展和谐的人性，而和谐的人性的发展过程本身就是促进学生个性和道德修养的过程。"①以此来审视医学教育和医学生的培养，核心目标一是科学能力，二是道德品质。长期以来，医学界、医学教育学界，乃至于社会，一直在呼吁加强医学人文教育，一直在呼吁医患沟通能力的训练、一直在呼吁加强医学生医德品质的涵养等。道德修养的提升，不仅限于医学教育，也不仅限于中国社会，已经成为世界上一个普遍性的社会问题。正因为如此，2018年8月在北京举行的第24届世界哲学大会的主题确定为"学以成人"。对医学生而言，通过系统的学习和训练，将外在的包括人文社会科学知识成分在内的医学知识体系转化为个体内在的医学知识结构，并在医学实践中内化形成医学的能力结构；在知识结构和能力结构的构建中，尤其是在医疗实践过程中，形成医学特有的人格品质，其核心内涵，一是体现古希腊哲人亚里士多德倡导的"求知"与"爱知"的献身于医学科学的崇高科学精神；二是体现"救死扶伤""维系健康"的服务于人类生命和健康的神圣的人道主义精神。②

犹如社会对医疗卫生领域呼唤白求恩精神一样，在医学教育领域同样需要一种体现医学教育价值追求的先进精神的引领，非常具有契合性的同样是白求恩精神——融入了无数白求恩式好医生之优秀精神品质的白求恩精神。白求恩式好医生，短短7个字，不仅是社会大众用以称赞其心目中好医生的一个表述，而且浓缩了社会大众对医学、对医生、对医疗卫生事业的期望，这种表述和期望自然会形成医学教育应有的价值追求。笔者曾经在四所不同院校，对临床医学专业的学生做过问卷调查，请同学们写出其心目中的医学楷模人物，同学们有的写了自己的父母、有的写了自己的老师、有的写了大家熟悉的名医，但是四所学校的学生几乎都将白求恩列在首位。③

人们熟知的培根的名言"知识就是力量"，其实隐含着一个前提——对知识的运用。同理，前人创立的任何先进的精神，只有为后人所继承，所认同，在后人的思想观念中形成价值共识，进而在实践中成为引领自己行为的精神支撑，那种先进精神才能成为一种精神力量。依托、借助于白求恩精神以形成新时代社会价值共识，发挥其铸魂育人的精神引领作用，以充分体现其现实意义。

① 张斌贤，刘慧珍.西方高等教育哲学[M].北京：北京师范大学出版社，2007：37.
② 于双成，张晓一，徐丽梅.临床医生医学素养结构的哲学解析[J].医学与哲学，2008，29（3）：50-51.
③ 石嫣，申宁宁，张意，等.医学生心目中的医学楷模调查与分析[J].中国高等医学教育，2018（7）：33-34.

第二节　白求恩精神与中国特色社会主义建设

在历史的长河中，人的存在是有限的，其生命历程只不过是白驹过隙，但历史是无限的。千年流光，万年转轮，芸芸众生都在凭借着自己的信仰与坚强，书写着不朽的篇章，点亮整个世界，历史不会忘记，英杰不会沉沦。抗战时期，我们的革命前辈征服了寒冷的雪山、荒芜的草地，战胜了自然的险恶，正是他们用自己的血肉拼搏，改变了时代、创造了新的世界、迎来了新的中国和新的生活。《旧唐书·魏徵传》："夫以铜为镜，可以正衣冠；以史为镜，可以知兴替；以人为镜，可以明得失。"白求恩精神就是新时代中国特色社会主义建设的一面镜子，一面旗帜，一部给人教益、催人奋进的生动教科书，是我们学习的光辉典范，新时代我们将继续弘扬和学习白求恩精神，将榜样的精神和力量化为中国特色社会主义事业前行的道德滋养和精神动力。

恩格斯说过，每一个时代的理论思维，包括我们时代的理论思维，都是一种历史的产物，它在不同的时代具有完全不同的形式，同时具有完全不同的内容。每一个精神、每一个主义都有其鲜明的时代烙印和服务宗旨。自从白求恩决定援助中国人民抗日战争开始，白求恩便与中国、中国共产党结下了不解之缘，在他的身上，闪耀着人性的光辉，释放着人性的温暖，毛泽东、周恩来、朱德、聂荣臻等领导人物对其赞赏有加。在白求恩病逝后，毛泽东为其写下光辉篇章《纪念白求恩》，从此，一个伟大的名字响彻神州，一种伟大的精神光耀千秋。在党和国家历代领导人一以贯之的倡导下，白求恩精神早已融入中华民族血脉，成为中华民族伟大精神的重要组成部分[①]。时光流转，岁月穿梭，白求恩精神也在不断升华和丰富，白求恩这个名字，依然发出清亮而柔和的光芒。

白求恩精神作为我党我军我国人民的一笔宝贵的精神财富，与中国特色社会主义理论体系一脉相承、相映生辉，在构筑中国特色社会主义理论体系，实现中华民族伟大复兴的征程中，在塑造中国故事、中国精神、中国价值、中国文化中展现出强大感召力、公信力和生命力，凝聚出强大精神动力。白求恩精神必将成为中国特色社会主义建设历程上的一架"助推器"，推动我国社会主义事业持续健康发展，引领承载着中国人民伟大梦想的航船乘风破浪、勇往直前，顺利抵达光辉的彼岸。

一、白求恩精神与社会主义政治建设

党的十八大确立了中国特色社会主义事业"五位一体"的总体布局，其中对政治建设的要求是：坚持走中国特色社会主义政治发展道路，坚持党的领导、人民当家作主、依法治国有机统一，加快建设社会主义法治国家。政治建设是实现社会主义的重要保证，中国共产党作为马克思主义政党，是有着崇高政治理想和政治追求的现代信仰型政党、理念型政党。中国共产党的理想信念和价值追求是中国特色社会主义的逻辑起点，因此它对党员在政治上有着不同于一般政党的要求，要求党员一定要有政治觉悟，要有坚定的政治立场，坚持正确的政治信仰、政治方向、政治原则和政治道路，党员对组织要有高度的认同和绝对的遵从。

1. 社会主义政治建设需要学习白求恩坚定的共产主义信仰

习近平总书记强调，"理想信念就是共产党人精神上的'钙'，没有理想信念，理想信念不坚定，精神上就会'缺钙'，就会得'软骨病'"。马克思在1835年写下《青年在选择职业时的考虑》一文，其中有一段话是这样描述的："如果我们选择了最能为人类幸福而劳动的职业，那么，重担就不能把我们所限制，因为这是为人类而献身。那时，我们所感到的就不是可怜的、有限的、自私的乐趣，我们的幸福将属于千百万人。"①毛泽东同志曾在《纪念白求恩》中讲了白求恩精神，即"国际主义精神""真正的共产主义精神""毫无自私之心的精神"，而这种精神正是共产主义者的最崇高精神境界。②

白求恩同志是一位外国医生，更是一位国际共产主义战士，一位对共产主义有着坚定信仰的战士。他信仰马克思、恩格斯在《共产党宣言》中倡导的共产主义，认为这是真正意义上没有阶级压迫和阶级差别的人类最美好社会。为了实现这一崇高理想，白求恩放弃优越的生活环境，全身心地投入到国际共产主义运动和反法西斯侵略的斗争当中。他突破重重阻挠，以共产国际的名义，参加了西班牙人民反抗德意法西斯侵略的斗争，接着又受加拿大共产党和美国共产党的派遣，不远万里来到极度贫困、战火纷飞的中国，同中国人民一起战斗。他不畏惧牺牲，敢于冒着生命危险到抗日战争的前线，体现了一个共产党员为人民服务、为共产主义信仰而奋斗的人生价值观③。

他把中国人民的解放事业当作自己的事业，即使在生命最后时刻仍感到"十分快乐"，唯一的遗憾是"没有亲眼看到新中国的诞生"。他曾经《在晋察冀军区模范医院开幕典礼上的讲话》这样说，"你们不要以为奇怪，为什么在三万里以外地

① 马克思.青年在选择职业时的考虑[M]//马克思恩格斯全集（第一卷）.北京：人民出版社，1986：200-201.
② 李微铭，刘晓刚.白求恩精神研究文献综述[J].吉林医药学院学报，2011，32（6）：349-350.
③ 王京跃.白求恩精神的现代意义——写在毛泽东《纪念白求恩》一文发表70周年之际[J].马克思主义研究，2009（12）：102-106.

球那一边和你们一样的人正在帮助你们。你们和我们都是国际主义者；没有任何种族、肤色、语言、国界能把我们分开。日本和战争贩子（叫嚣者）们在威胁世界和平。我们必须击败他们。他们正在阻碍一个伟大的、向着有组织的人类社会发展的进步的历史运动。"他虽然只活到了49岁，但他实现了作为一个国际主义者和共产主义者的思想升华，达到了他人生的最高精神境界。

2.社会主义政治建设需要践行白求恩全心全意为人民服务的宗旨

1939年2月20日，毛泽东在写给张闻天的信中，提出对孔子的道德范畴须用历史的唯物论给予批判，并首次提出了"为人民服务"的概念。[①]中国古代文学家司马迁说过："人固有一死，或重于泰山，或轻于鸿毛。"

白求恩长期生活在资本主义社会环境中，看到了资本主义社会人们争名逐利的弊端，他发现了"最需要医疗的人，正是最出不起医疗费的人"，他说"保护健康的最好方式就是改变产生不健康的状况的经济制度，以及消灭愚昧、贫穷和失业"，"所有健康都是公众的"，"政府应该把保护人民健康看作是它对公民应尽的主要义务和责任"。[②]"晋察冀边区的军民，凡亲身受过白求恩医生的治疗和亲眼看过白求恩医生的工作的，无不为之感动。"这种感动，就是对白求恩把伤员当作亲人的感动，更是对白求恩尽职尽责的感动和跨越国界的无私奉献的感动。正是如此，老白校的教育方针：根据白氏的遗教"让一切理论服从于实际的明亮清透的光辉吧！"我们尽一切力量，保证学员"学一点，会一点，用一点"，以培养为抗战服务、为人民服务的"白求恩式的工作者"。树立马克思主义群众观，树立服务理念，在任何时候任何情况下，与人民同呼吸共命运的立场不能变，全心全意为人民服务的宗旨不能忘，像白求恩同志一样，时刻牢记"为谁服务、为谁救治"。

责任和情感是密不可分、相辅相成的统一体，有高度的责任感才能促进感情的升华，有深厚的情感才能产生高度的责任感。无论是八路军指战员还是贫苦农民，凡是受伤需要救治的人，白求恩都以深厚的感情和负责的态度，尽其所能给予帮助。他认为医务人员最重要的职责就是把病人的利益置于自己之上。在晋察冀边区行军过程中，他总会边走边停下来给受伤的村民治病。白求恩对伤病员态度非常和蔼，亲切地称呼病人为"我的孩子"，把自己的衣物送给伤病员御寒，亲自为伤员输血。晋察冀边区的战士大都是20岁以下的小伙子，49岁的白求恩是前线最老的战士，"我唯一的希望是多做贡献……"这是白求恩遗嘱中的一句名言，也是白求恩在中国抗日战争最前线战斗和生活中，临终时向中国共产党、中国人民的唯一要求，体现了一个共产党人在为共产主义事业奋斗的崇高思想道德和风貌。白求恩同志以满腔的热忱和自己的生命，谱写了全心全意为人民服务的壮丽诗篇。

① 毛泽东.毛泽东文集（第2卷）[M].北京：人民出版社，1996：163-164.
② [加]泰德·阿兰，赛德奈·戈登.手术刀就是武器：白求恩传[M].巫宁坤，译.上海：上海文艺出版社，2005.

二、白求恩精神与社会主义文化建设

文化是一个国家、一个民族的灵魂。正所谓"国无德不兴，人无德不立"。中国特色社会主义文化，源自中华民族5000多年文明历史所孕育的中华民族优秀传统文化，熔铸于党领导人民在革命、建设、改革中创造的革命文化和社会主义先进文化，它积淀着中华民族最深层的精神追求，代表着中华民族独特的精神标识。白求恩精神是革命前辈传承下来的精神文化遗产，是全民族共有的精神财富。

国家卫生计生委宣传司司长毛群安曾经谈到，新的历史条件下，《纪念白求恩》并没有因为时光远去而失去光芒，反而因为党的文化强国战略而彰显其时代价值。在新时代下白求恩精神依然显现出其先进性，并在与中华民族的民族精神和时代精神相结合的过程中，给白求恩精神增添了新的元素，赋予其更强盛的生命力。

1.白求恩精神是社会主义核心价值观的具体体现

社会主义核心价值观，是中国特色社会主义的价值表达，是我国社会共同的思想道德基础。培育和践行社会主义核心价值观，需要将价值观融入文学、榜样等各种文化形式和文化产品中，使其落地生根，需要积极发掘有效载体。从一定意义上说，白求恩就是社会主义、共产主义思想道德价值的载体，而白求恩的行为就是社会主义、共产主义思想道德价值的物态呈现。白求恩曾在临终前自豪地说："我拒绝生活在一个充满杀戮和腐败的世界里，我拒绝以默认或忽视的态度面对那些贪得无厌之徒。"毛泽东同志认为白求恩堪称共产党员模范，其行为是真正的共产主义者、纯粹的共产党员的典型行为。在河北省唐县白求恩墓前的挽联"精神长留国际，功德永垂中华"是白求恩精神的真实写照。

我们党几代领导人都号召全国人民学习白求恩精神。新中国成立后的一段时期里，为了在全社会培育和践行共产主义思想、道德和价值观，白求恩精神、雷锋精神、焦裕禄精神一直是宣传学习的重要内容和生动典范。白求恩精神不仅蕴含着社会主义核心价值观的基本元素，契合中华民族传统的价值观念，而且伴随着毛主席专门为白求恩撰写了《纪念白求恩》文章[①]，使得白求恩精神在中国大地上有了很高的共识度，具有了广泛的群众基础，诚如社会学家哈布瓦赫所说："社会思想本质上必然是一种记忆，它的全部内容仅由集体记忆或记忆构成，只要每个人物、每一个历史事实渗透进了这种记忆，就会被转译成一种教义、一种观念，或一个符号，并获得一种意义，成为社会观念系统中的一个要素。"[②]白求恩成为中国人民耳熟能详的名字，成为中华民族的一段共同记忆，白求恩精神与社会主义核心价值观一脉相承，高度契合。

白求恩身体力行的是一名纯粹共产党员的责任和义务，表现的是一名真正的共

---

① 中共中央文献编辑委员会.毛泽东著作选读（上册）[M].北京：人民出版社，1986：345-347.

② [法]莫里斯·哈布瓦赫.论集体记忆[M].毕然，郭金华译.上海：上海人民出版社，2002：313-314.

产党员的品格和操守。白求恩同志是有着坚定共产主义信仰的无产阶级战士，他用自己的实际行为践行着共产主义理想，白求恩精神成为弘扬社会主义核心价值观的宝贵"养料"。白求恩精神首先体现着"纯粹的共产党员"的价值观念，这正是我国社会主义文化建设和发展的主导价值追求。白求恩精神内涵的价值意蕴在我国当代具有大众普适性，代表着我国社会主义事业发展的价值导向。无论是共产党员还是普通群众都佩服白求恩，无论共产党还是普通群众都能够学习白求恩，无论共产党员还是普通群众都受益于白求恩。

大力倡导白求恩精神，有助于对社会主义核心价值观的内涵做准确、通俗的解读，使不同知识、不同背景层面的人都能准确理解价值观的含义，使群众将价值观所蕴含的意义通过社会共识的方式标识出来，作为人们学习和践行的榜样。在培育和践行社会主义核心价值观中，大力倡导宣传白求恩精神，有助于以典型示范、通俗易懂的案例阐述出来，使我们的宣教更加生动具体。践行社会主义核心价值观，以行动筑牢精神的地基，形成一种昂扬向上的社会风气，形成良好的社会道德氛围。

2.白求恩精神是以改革创新为核心的时代精神的组成部分

时代精神是每一个时代特有的普遍精神实质，是一种超脱个人的共同的集体意识。时代精神的表现形式必须是生动而具体的。以改革创新为核心的时代精神是在改革开放的过程中形成和发展起来的，它包括锐意进取、敢为人先的创新精神。改革创新是时代最强音，是中华民族繁荣发展的灵魂，是我们国家兴旺发达的不竭动力。白求恩精神永远是时代精神的底蕴，弘扬白求恩精神与弘扬时代精神在根本上是完全吻合的。它不仅在民主革命阶段有指导意义，或只是在社会主义初级阶段起作用，它将在建设社会主义的漫长历史过程中永放光芒，经得起历史的长期考验。

改革创新是马克思主义与时俱进的理论品格要求。传承让创新文化拥有根系，传承让创新精神发展汲取"原本历史"中的"营养"，让后面的历史有了"可模仿的榜样"，正所谓没有传承就没有"链接点"；缺少了传承，创新就会成为无源之水、无本之木。白求恩精神是改革创新精神的经典代表，是改革创新精神的生动体现，是改革创新精神的重要传承点。我国正在积极打造创新型国家，持续提高综合国力，这离不开改革、创新。

三、白求恩精神与社会主义经济建设

习近平总书记在党的十九大报告中指出，中国特色社会主义进入新时代，我国社会主要矛盾已经转化为人民日益增长的美好生活需要和不平衡不充分的发展之间的矛盾。虽然我国经济发展已经取得巨大成就，落后面貌彻底改变，但发展仍然不平衡、不充分，我们要在继续推动发展的基础上，着力解决好发展不平衡不充分问题，大力提升发展质量和效益，更好满足人民在经济、政治、文化、社会、生态等方面日益增长的需要，更好推动人的全面发展、社会全面进步。在发展社会主义经

济的过程中，仍然需要弘扬白求恩精神，白求恩精神应该成为解放生产力、发展生产力的重要动力源泉。

1. 经济建设需要弘扬白求恩对工作极端负责的敬业精神

在《弘扬白求恩精神，争做白求恩传人》的书中记载，白求恩每到一个地方，总是第一时间去当地后方医院巡诊，检查伤病员病情，检查医生的手术规范，检查包扎、消毒这些基本程序和卫生设施，甚至放茶杯盖时口要朝上之类防菌的小事也一一吩咐。[①]他特别不能容忍因为医护人员的疏忽大意而造成的后果，所以对医护人员要求非常严格、苛刻。白求恩常说："一个医生、一个看护、一个招呼员的责任是什么？只有一个责任。那责任是什么？那责任就是使你的病人快乐，帮助他们恢复健康，恢复力量。你必须把每一个病人看作是你的兄弟，你的父亲。因为实在的说，他们比兄弟、父亲还要亲切些——他们是你的同志。在一切的事情当中，要把他们放在最前头。你不把他们看的重于自己，那么，他就不配从事卫生行业，也简直就不配在八路军工作。"

最能体现他对工作极端负责任的，就是当看到伤员因为未及时救治以及在后运过程中的不当护理操作，导致伤病员感染、截肢甚至死亡的病例后，非常心痛和恼火。为此他曾经一次连续工作69个小时，及时为115名伤员施行了外科手术。他的手术台，曾经安在离前线五里地的村中小庙里，大炮和机关枪在平原上呵哮着，敌人的炮弹落在手术室后面，爆炸开来，震得小庙上的瓦片格格地响。白求恩大夫却在小庙里紧张地给伤员做手术。他不肯转移，他说："离火线远了，伤员到达的时间会延长，死亡率就会增高。战士在火线上都不怕危险，我们怕什么危险？"两天两夜，他一直在手术台上工作着，直到战斗结束。他说："对抢救重伤员来说，时间就是生命。将士们在前方不怕流血牺牲，英勇杀敌。我们在后方工作，三五个晚上不睡觉，又有什么关系呢？能抢救一个伤员，能为伤员减轻一份痛苦，就是我们医务工作者的最大愉快。" 对工作极端的负责任贯穿于白求恩的每一个行动，甚至他的每一句话。

哪里有伤员，白求恩大夫就在哪里，他曾在一周内集中精力为分散在老乡家的520名伤员检查伤情，"不知疲倦，以极大的热情工作，每天行路几十里，工作十七八个小时"。白求恩一切以救治伤员为宗旨，追求医疗效率和质量的行为，大大减少了伤病员的死亡，挽救了许多战士的宝贵生命，提高了八路军医护人员的医疗水平。白求恩同志对待工作极端热情、负责的精神，正被一代又一代白医人贯彻落实在实践中，融会贯通在我们"以病人为中心"的医疗管理理念中，深刻体现在我们医德建设当中。只有对工作极端热情、极端负责才能正确、高质量地发展社会主义经济，才能不断解放和发展生产力，创造更多的经济成就，为保障人民健康，构建和谐社会，推动我国社会主义现代化建设的快速发展做出积极的贡献。

---

① 史桂生，梅清海.弘扬白求恩精神，争做白求恩传人[M].北京：军事医学科学出版社，2000.

2.经济建设需要弘扬白求恩对技术精益求精的工匠精神

毛主席在《纪念白求恩》一文中明确指出：学习白求恩同志"技术精益求精，全心全意为人民服务"的精神。在党的中心工作转移到经济工作上来的改革开放时代，在社会主义市场经济体制日臻完善和知识经济初见端倪的新时期，要求"技术精益求精"是非常正确的，"没有精湛的技术是人生的悲哀"。白求恩同志以医疗为职业，对技术精益求精。讲课时他常说："上药、动手术、给病人洗澡，每一件工作都有正确的和错误的两种做法，正确的做法叫做好的技术，不正确的做法叫做不好的技术，你们必须学会好的技术。"

白求恩同志在其30多岁的时候已经是国际著名的胸外科医生，但他从没有停止过对医学领域的探索和追求。在艰苦的战争环境中，特别是在中国抗日战场上，从组织战地医院到培训医护人员，从提高医疗技术到充实医学理论，白求恩都有独到的见解。[①]他积极研究在游击战争环境下如何进行医疗工作，着力进行创新，无论是从手术方法、器械发明到医疗体系等方面，白求恩总是善于发现问题并认真思考产生问题的原因，探索解决问题的办法，并积极地付诸实施。[②]他总是保持精益求精、开拓创新的精神，他发明了"铁的实习医生"肩胛骨推拉器、"人工气胸法"、胸膈涂粉法等，并通过创新战救理念、创新医疗技术、创新救治模式、创新医院管理，证明了落后贫困地区的伤员可以得到现代化医院的治疗，力求把技术提得更高，工作做得更好，真正地为人民服务。[③]他说："一个战地的外科医生，同时要是木匠、缝纫匠、铁匠和理发匠。"他自己用木匠工具几下子把木板锯断、刨平，做成靠背架，让手术后的伤员靠在上面使呼吸畅通。他一有空闲，就指挥木匠做大腿骨折牵引架、病人木床，铁匠做妥马式夹板和洋铁桶盆，锡匠打探针、镊子、钳子，分配裁缝做床单、褥子、枕头……

党的十九大报告指出，中华民族伟大复兴，绝不是轻轻松松、敲锣打鼓就能实现的。全党必须准备付出更为艰巨、更为艰苦的努力，当前，我国正处在从工业大国向工业强国迈进的关键时期，弘扬白求恩精神，培育严谨认真、精益求精、追求完美的工匠精神，激发市场创新创造的活力，对于建设制造强国具有重要意义。[④]精益求精是工匠精神的核心要素，白求恩同志对工作极端负责任、一丝不苟、追求卓越的精神，是工匠精神的深刻体现。尊重科学、严谨求实，钻研医术、精益求精的开拓创新精神是白求恩精神最突出的标志，我们要大力弘扬工匠精神，厚植工匠文化，崇尚精益求精，推动我国社会主义市场经济建设的快速发展。

---

① 闫玉凯.浅论弘扬白求恩精神的现实意义[J].学理论,2010(10):109-110.

② 魏晓玲.白求恩精神与培育和践行社会主义核心价值观[J].河北软件职业技术学院学报,2014,16(04):65-68.

③ 章爱先,李坤,郝东升.弘扬白求恩精神 牢记党的全心全意为人民服务宗旨[J].科教导刊·电子版(上旬),2014,(10):160-160. DOI:10.3969/j.issn.1674-6813(s).2014.10.125.

④ 王利中,魏顺庆.大力弘扬工匠精神[N].人民日报,2017-08-07(07).

3.经济建设需要弘扬白求恩无私奉献的忘我精神

有人说爱是最自私的，而白求恩告诉我们，爱是无私的，崇高的，他将自己纯洁而无私的爱给了战火中拼搏的中国抗日战士，给了苦难中的中国人民。没有丁点一己之利的白求恩一到延安就向毛泽东提出请求："我请求到前线去，到晋察冀根据地去，一个军医的战斗岗位应该是离火线最近的地方。在那里，我将使75%的伤员恢复健康。我带的医疗器具，足够战地医疗的需要。"八路军卫生部顾问马海德医生希望他能留在延安，白求恩发火了，他以与众不同的方式——愤怒地从窑洞中掷出了一把椅子，表达了他的不同意见。他说："我不是为生活享受而来的。什么热咖啡、嫩牛肉、软绵的钢丝床，这些东西我早就有了！但为了理想，我都抛弃了！需要特别照顾的是伤员，而不是我。我是来工作的，不是来休息的，你们要拿我当一挺机关枪使用。"面对倔强的白求恩，卫生部只好同意他去晋察冀前线。

在艰苦的战争环境下，白求恩无私地奉献着自己的一切。他从不考虑自己，在生活上毫无所求。当毛泽东特意给晋察冀军区负责同志拍电报，指示每月发给白求恩100元津贴时，白求恩拒绝了。他在给毛泽东的复电说："我谢绝每月100元津贴。我自己不需要钱，因为衣食一切均已供给。"他说："能和这样一些共产主义生活方式的同志工作在一起，是我毕生最大的幸福。"从各种史料记载中，我们看到了一个有血有肉的白求恩，其实，他的个人生活非常坎坷，并不幸福，但是他能够将自己的爱毫无保留地给予万里之外的中国人民，这是多么伟大而高尚的胸襟啊！

军报记者张春雨记载，只要有病人，白求恩就不顾一切疲劳，有时忘记了吃饭、洗脸、睡觉。在前线经常是走了很远的路，每到一地，第一件事就是布置手术室、搭建手术台，为伤员做手术。他牺牲前，还拖着发高烧的身体给伤员动手术，直到晕倒被强行抬走后，仍念念不忘嘱咐说"遇有头部、腹部伤员一定叫我，即使睡觉也要叫醒我。"听到这些，周围的人都不禁潸然泪下[1]。白求恩在到任的第一周内检查了500多名伤员，一个月内使147名（包括负伤已有八九月的）伤员重上前线。"他的工作，极其深入细微，而效率高得惊人。"[2]他身为"资产阶级社会中的医界名流"却放弃了原有的声望、地位，甘愿抛却优越的物质生活条件，来到战火纷飞的大洋彼岸，和中国人民并肩战斗，并以此为荣；他"睡的不够，吃的也不够，一个人做着10个人的工作"，而且"好像以为日本人的枪弹炮弹绝不可能打中他似的。他坚持地认为只有消灭法西斯才有可靠的安全。白求恩精神可以认为是"无私奉献"的代名词，真正彰显了共产党人的公仆情怀与党性光辉，是共产党员

① 张春雨.白求恩精神的本质内涵[EB/OL]. http://jz.81.cn/zhuanti/content/2017-08/12/content_7715743_3.htm. 2017-8-12/2018-10-18.

② 肖银成.抗日烽火中白求恩感人至深的往事——纪念国际主义战士诺尔曼·白求恩逝世70周年[J].党史博采（纪实），2009（9）：20-23.

的学习楷模。

伟大的事业需要具有无私奉献精神的人。"计利当计天下利""俯首甘为孺子牛"的奉献精神体现了我们的民族文化和民族凝聚力。社会主义经济建设需要弘扬大无畏的会干、肯干、实干的奉献精神。毛泽东主席说："大公无私、积极努力、克己奉公、埋头苦干的精神，才是可尊敬的。"[①]2019年，习近平总书记在回答意大利众议长菲科提问关于当选为中国国家主席的感受时，说"我将无我，不负人民。我愿意做到一个'无我'的状态，为中国的发展奉献自己。""我将无我"是一种大境界，不计得失、不谋私利，恪尽职守、无私奉献。有了这种大境界，才能以身许党许国、报党报国，才能全心全意为人民服务、为人民担当。

今天，在实现中华民族伟大复兴的新长征路上，我们还有许多"雪山""草地"需要跨越，还有许多"娄山关""腊子口"需要征服，我们必须学习白求恩同志吃苦耐劳的奋斗精神和敢于向困难挑战和无私奉献的精神，以及强烈的责任心和忘我工作的热忱，让改革发展成果更多更公平惠及全体人民，朝着实现全体人民共同富裕的目标稳步迈进，白求恩精神是我们弥足珍贵的精神财富，是我们学习的楷模。

中国共产党自建立98年以来，作为社会主义精神领域的一面旗帜，白求恩精神一直都是激励我们共产党人和广大人民群众的力量源泉，推动着我国革命和现代化事业的发展进程，培育了一代代时代精英、英雄模范和行业楷模。在新时期学习和弘扬白求恩精神更具有现实性和必要性，白求恩精神永远是时代精神的底蕴，弘扬白求恩精神与弘扬时代精神在根本上是一致的。在任何时间、任何单位、任何岗位，为人民群众热忱服务的宗旨是永恒不变的，白求恩精神应该融入到中国特色社会主义建设中去，以提升社会主义文化的凝聚力、影响力和竞争力，更好地阐释中国精神，彰显中国价值，凝聚中国力量。

第三节　白求恩精神与中国医学魂的重铸

从字面上理解，寻根白求恩之"寻根"二字，就是要挖掘白求恩精神产生之根基和来源，即解决"从何处来"的问题。而从辩证唯物主义的观点出发，作为一种第二性的精神意识，白求恩精神一定是源于第一性的物质存在，即白求恩其人、其人生经历，以及其所处社会历史条件等。"寻根"不仅要解析"从何处来"的问题，更要阐明"是什么"的问题，即回答白求恩精神在中国医学人文精神体系中的地位是什么、反映的是怎样的精神意识的问题，这是寻根的目的之所在，是对白求恩精神的升华，也是本书有别于人物传记或史实记录的关键所在。

---

① 毛泽东. 毛泽东选集(第2卷)[M]. 北京: 人民出版社, 1991: 522-523.

在当代中国，讨论医学精神，最常被提及的就是白求恩精神。自从1939年12月21日毛泽东同志撰写《纪念白求恩》一文之后，白求恩已经成为具有中国革命特色的国际主义战士和优秀医学工作者的楷模，白求恩精神也成为了与"雷锋精神""焦裕禄精神"等拥有同等地位的社会主义职业精神典型，影响抗战时期以来的各个时代的医学工作者并塑造着他们的医学观。在当代的发展过程中，白求恩精神又逐渐融入了人道主义理想、医学职业道德信念、医学理性精神、公益精神、公共卫生理念等医学人文元素。[①]然而，在我们所见的关于白求恩精神的研究多数是"下行"或是"平行"方向的研究，即要么是以继承和弘扬白求恩精神为主要内容的实践研究，要么是仅针对白求恩精神的内涵挖掘研究，研究思路多是将白求恩精神作为一种孤立的医学人文精神去进行看待。笔者认为，这种研究视野有待于进一步拓展，白求恩精神研究迫切需要"上行"方向的研究，即将白求恩精神作为一种典范化表现，来追溯其在更高层面理论研究中的价值，这就必须从更高的理论高度、更完整的理论体系、更思辨的理论观点来审视白求恩精神，将其置于时代使命的大背景之中，研究其在当今社会现实中的理论和实践意义。基于是上述考虑，笔者尝试性地提出"重铸中国医学魂"的概念并探讨深化白求恩精神研究与重铸中国医学魂之必然联系。

从本质上说，中国医学魂包括了具有鲜明中国特征的医学精神、医学道德、医学准则、医学理念、医学素养，而且这种医学魂具有不可违背的原则约束性，即"金属的刚性"，所以形象化使用了"重铸"二字来突出这一属性。在当今的医学实践中，对本土化"医魂"的重新凝练、概括和升华已成为医学界有识之士的共同心声和医学人文研究中的迫切需求。采用"中国医学魂"的提法在于突出其在医学活动中的核心地位。

一、以白求恩精神为核心重铸中国医学魂的必要性和适时性

1.重铸中国医学魂是深化白求恩精神研究的必由之路

笔者认为，在白求恩精神的研究中应明确以下几个观点：第一，新时代下的白求恩精神不应局限于"白求恩的精神"。白求恩精神是医学人文精神的典范，它来源于具体的人物事迹，但本质上却是超越个体事迹而普遍存在的一种医学精神，不应将其作为塑造个人形象的工具，而应将其作为教育广大医学工作者、指导医学实践的精神航标。因此，不宜局限于研究白求恩个人生平事迹之中。第二，要用发展的观点研究白求恩精神。白求恩精神的产生和提出是在抗日战争时期，毛泽东同志在《纪念白求恩》一文中已经对当时的白求恩精神的内涵进行了准确且极具高度的概括，这也成为白求恩精神研究的指导性文本，后来的研究者也多以此为基础。

① 李治国,郁冰心,吴运涛,等.白求恩精神引领医学生职业素养教育的研究[J/CD].高校医学教学研究(电子版),2017,7(2):55-57.

然而，世界反法西斯战争的胜利距今已有七十多年，在这七十年中，世界格局、政府生态、科技水平、人文环境等都发生了深刻的变化，白求恩精神的内涵也必然随着时代的发展而演化。因此，不能将白求恩精神僵硬化、固定化，应及时丰富新的内容。第三，要将白求恩精神置于医学人文整体研究体系中开展相关研究。在一些针对白求恩精神的研究中，需要进一步明确白求恩精神的理论层次，需要确定其体系归属，需要确立其为医学人文的存在，以促使白求恩精神的理论研究真正融入整体的医学人文体系。因此，要针对白求恩精神进行深入的研究，必须先要明确白求恩精神的理论体系地位，将其置于医学人文整体研究体系中开展相关研究。在明确白求恩精神的理论层次、深化白求恩精神研究之前，必须有效重铸一个立足本土文化、适应社会主义生产关系和市场经济体制、契合社会发展时期和国家战略目标的中国医学人文内核——中国医学魂。

2.实现中国梦的伟大实践为重铸中国医学魂提供了社会历史机遇

实现中国梦是中国共产党召开第十八次全国代表大会以来习近平总书记所提出的重要指导思想和重要执政理念。民族兴旺、国家富强，是以广大人民群众的健康为前提。医学这个学科，医生这种职业，承担着救死扶伤、呵护生命、维系健康的神圣使命。医学使命一定是由一个个具体的医者在鲜活而具体的医学活动中得以践行。中国医学魂具有在医学人文精神领域的核心性、在医学道德观念领域的本源性和在医学行为准则领域的指导性，无论在中国文化还是西方文化中，灵魂都是任何生命体最核心、最本质的东西，躯体的所有行动几乎都是在灵魂指引下完成的，医学魂就是指导所有医学行为的医学人文内核，具有核心地位。

（1）实现民族健康战略目标是实现中国梦的应有之意

中国梦是国家富强、民族振兴和人民幸福三个组成部分的辩证统一，三者相辅相成、缺一不可、不可偏废。国家富强是民族振兴和人民幸福的根本保障，民族振兴是国家幸福和人民幸福的精神动力，而人民幸福是国家富强和民族振兴的最终目的。人民幸福包括物质和精神两个层面，在物质层面要提高人们经济收入、丰富人们的物质生活、完善基础设施和社会保障体系，增加就业机会，缩小贫富差距，减少社会不公平现象，最终实现共同富裕。在精神层面要不断完善教育、文化和医疗事业，使人们的思想道德素质、文化素质和身体素质等不断加强，实现人的全面发展，要改善生态环境，营造舒适、健康的生活居住环境。可见，切实提高民众的身心健康水平是中国梦的应有之意和重要组成部分，使整个民族具有较高的健康水平和生活质量是中国梦所追求的重要目标之一。

作为国民健康促进的中长期发展规划，健康中国2030主要包含健康水平提升、健康生活改善、健康服务与保障体系完善、健康环境营造及健康产业发展等五个基本维度，是一项需要统筹卫生及非卫生资源，发动个人、家庭、社区、各类健康促进和照顾机构及政府部门力量来实现的国民健康目标。健康中国2030的实现需要兼顾双重任务，一方面是以人的健康需求为出发点，确定影响健康的核心因素并采取有效的干预，以实现全人群健康水平的提升；另一方面是构建以健康生活、健康服务与保障体系建设、健康环境、健康产业为支柱的大健康维护与促进体系。^①在《"健康中国2030"规划纲要》中突出了将健康融入到所有政策、从影响健康的因素入手、关注健康而非关注治疗、政府多部门深度参与等几个重大理念的转变^②，这需要卫生政策决策者、医疗事业管理者、医务工作者、医学研究者与政府、企业、民众等多方面力量进行深入的沟通、整合与协作，推进《"健康中国2030"规划纲要》的实施将成为广泛参与的实现中国梦过程中的重要任务之一。

（2）中国医学魂是实现中国梦过程中需要重拾的文化自信

民族文化是深深扎根于民族记忆之中的民族灵魂，文化自信是习近平总书记继道路自信、制度自信、理论自信之后提出的第四个自信，中国历史上，曾经有过令世界其他国家赞誉和向往的时代，除了当时的经济繁荣、国家富庶之外，更重要的是中华民族文化的博大精深所呈现出了独有的中国魅力。中国曾经之所以是世界各国向往的国家，与中国当时的富庶有关，但更重要的是中华民族文化的博大精深所呈现出的独有的中国魅力。鸦片战争，西方列强用坚船利炮打开了中国的国门，在那个被侵略者轻视与欺辱的悲哀与悲愤的时代，使得军人开始怀疑自己民族的文化，甚至有脱离中国实际而盲目学习西方文化的思潮。党的十一届三中全会，开启了改革和社会主义现代化建设的历史新时期，尊重与弘扬传统文化，从中华文化中汲取奋发向上的精神动力，逐渐成为社会共识。随着改革开放以及世界一体化和互联网的发展，大量外来文化观念的涌入又极大地冲击了新一代青年人的头脑，使得中国社会陷入了一种空前的"文化缺失"状态。在此背景下，中国的医学界和医疗卫生领域如果丧失文化自信，势必会呈现出忽视中国医学人文精神的倾向、呈现出技术至上而忽略医学情怀的倾向。实现健康中国，乃至中华民族伟大复兴的中国梦，就必须采用历史思维方法来设计实现路径，既要继承中国文化传统，树立文化自信，又要由封闭僵化的旧思维、旧文化向具有整体性、系统性、协调性、创新性的新思维、新文化进行脱胎换骨的模式转换^③，使中国医学文化渗透、浸入医学事业的职业道德、文化精神和理论思维等各个方面，并与社会主义核心价值观相契合，通过对医学工作者和医学生的培养和灌输，使之内化于心、外化于行，为实现中国梦服务^④。

（3）中国医学魂是面对实现中国梦过程中诸多医学人文问题中亟需建立的共识

实现中国梦是中华民族的伟大目标，也是中国社会历史变革的伟大机遇，其间

① 肖月，赵琨，薛明，等."健康中国2030"综合目标及指标体系研究[J].卫生经济研究，2017，（4）：3-7.
② 张永光，王晓锋."健康中国2030"规划纲要的几个理念转变[J].卫生软科学，2017，31（2）：3-5.
③ 徐奉臻."中国梦"思想中的历史思维方法[J].哈尔滨工业大学学报（社会科学版），2017，19（5）：1-4.
④ 魏晓波."中国梦"与医学院校学生践行社会主义核心价值观探析[J].中国中医药现代远程教育，2015，13（5）：157-158.

必然伴随着生产力、社会生活、文化习惯、思想理念的变革、冲突、碰撞和更新。在当今医学发展过程中，存在着技术主义与人文主义的碰撞，这也反映出了医学技术与医学人文精神的冲突，目前医疗卫生领域，乃至于医学教育界呈现的诸多问题或现象，其实质就是医学人文精神的缺失。在这种实现中国梦的社会历史背景下，面对前所未有的医疗技术发展、日新月异的医学观念、纷繁复杂的医学教育问题、被边缘化的医学人文精神，医学人文精神不应该再成为医学技术的"附属品"，而应该作为灵魂指引医学实践[1]，重新建立一种医学人文核心共识已经成为一项迫在眉睫的历史任务，这就是重铸中国医学人文精神之魂，只有这样，才能使医疗卫生决策更加科学合理、更人性化、更符合广大人民利益，才能使社会舆论向正能量导向转变，才能使医学事业管理更加高效、服务于大众，才能使医学教育更加深刻而富有成效，使一代又一代的医学生始终如一地向着救死扶伤、防病治病、为人类健康服务的"医学梦"而努力，才能使医学技术向着正确的方向与时俱进地发展，推动其协调发展，确保不偏离医学的宗旨和正确的发展方向[2]。

二、新时代中国医学魂内涵之解析

1.新时代中国医学魂包含了根植在中华传统文化的医学素养

所有人类的意识形态都是由特定社会历史条件孕育而生，因此，其内容也不可避免地带有一定的社会历史特征。疾病和健康、生存和死亡是人类最早认识的生命事件之一，而医学也是伴随着这种认识而产生，因此，医学的历史几乎总是与人类的历史相伴而行、从未背离，医学人文共识也正是在长期的医学实践中萌芽而形成的。中国有着悠久的医学实践史，中医学在现代医学中仍然占有一席之地并逐渐显示着其特有的优势，中国医学魂也一直在薪火相传。

新时代中国医学魂包涵了根植在中华传统文化的医学素养。第一，中华传统文化中的儒家、墨家、佛家思想的"仁爱""兼爱""博爱"观念是中国医学魂的道德基因。对患者生命和健康的关注和呵护、对病痛的感同身受、对去除疾病的不懈追求是其突出表现。第二，中华传统医学观念中的"上医治未病""顺四时而适寒暑""五脏表里"理念是中国医学魂的观念基因。以《黄帝内经》为代表的中医学著作中突出了预防为主、顺应自然变化、整体论治等中医传统的预防治疗理念，作为西方医学理念的有益补充，这些理念已经被广泛认可。第三，中华传统医学观念中的"辨证论治""加减配伍""验方脉案"观念是中国医学魂的方法论基因。在传统医学观念中的"辨证论治""加减配伍"理论本质上是根据患者的病情给予个性化治疗，而"验方脉案"观念则是强调了实证主义精神，这与现代医学中的个性化治疗模式和循证医学模式具有高度的契合性。值得提出的是，在强调继承中华传

---

① 文钰, 王磊, 宋开艳, 等.让医学人文精神之光照亮健康中国之路[J].中国医学人文, 2016, (12): 16-18.
② 尹庄, 医学人文精神重塑与健康中国之路[J].医学与法学, 2017, 9 (1): 58-60.

统医学观念优秀基因重铸中国医学魂的同时，也要摒弃一些历史遗留的糟粕，特别是在古代社会医学实践中残留下来的反科学、反自然规律的中医神秘化观念、教条化观念和形而上学观念。

2.新时代中国医学魂包含了浸染了社会主义思想的医学道德

虽然中国医学魂承载了优秀的传统文化基因，但它并不是一成不变、固步自封于时代的意识形态，仍然是要适合社会生产关系变革的上层建筑。新时代的中国医学魂是适应社会主义生产关系的医学人文核心共识。社会主义是以生产资料公有制和按劳分配制度为主要特征的社会制度，广大人民群众共同享有社会资源，共同行使社会权力。所以，适应社会主义生产关系的中国医学魂必然是浸染了社会主义思想的医学道德，是一种追求普惠于大众的医学观念。

重铸中国医学魂也需要具有如下的价值导向和思想内容。第一，重铸中国医学魂必须要坚持中国共产党的领导和马克思主义理论的指导。共产党的领导、社会主义制度、人民民主专政是重铸中国医学魂的制度保障，马克思主义理论和共产主义思想是重铸中国医学魂的理论依据。第二，重铸中国医学魂必须以全心全意为人民服务、造福大众为根本宗旨。一切以最广大人民的切身利益为出发点和着眼点，重视对不同社会阶层和弱势群体的关怀、救助和扶持，努力使最广大的群众共同享有医学事业发展的成果。第三，重铸中国医学魂必须以解放和发展生产力、提高医学技术为首要任务。重视医学技术和医学科研与现实应用的对接，重视医学成果转化为生产力，通过科技革新来提高医学科技水平和人民健康水平。

3.新时代中国医学魂包含了适应时代科技变革的医学观念

科技变革的加速是当今社会的一大特征，人类在过去一百年中的科技发展超过了以往几千年的水平，这导致了目前的科技更新速率已经以十年甚至是若干年来计算，在这种形势下，医学科技的变革速度也是前所未有的。作为新时代的中国医学魂，要能够适应这种变革并为我所用。

重铸中国医学魂中要融入对时代科技变革的关注和思考、对医学科技发展方向的研判和预测。第一，重铸中国医学魂要融入科技信息意识。收集、获取科技信息、数据资源已成为医学工作者的一种基本素养，也是紧跟医学科技发展步伐、瞄准医学科技前沿的关键手段，新时代的中国医学魂一定要融入关注和利用科技信息和数据的意识，提高对科技信息的利用速度和广度。第二，重铸中国医学魂要融入科技战略思维。科技战略是科技发展的长期规划方向，也是反映科研能力的高级思维，新时代的中国医学魂一定要具有关注和适应医学科技战略的高度并符合科技战略思维，使医学科技符合服务于整体的医学科技战略。第三，重铸中国医学魂要具有科技创新意识。由于我国近代以来科技水平的落后，以往我国的医学科技研究都是跟随西方发达国家亦步亦趋，缺乏自主创新，因此，新时代的中国医学魂需要依托我国日益发展的科技水平提高科技创新意识，以先进的科技成果来引导医学技术

创新方向。

4.新时代中国医学魂包含了服务于国家发展梦想的医学准则

重铸中国医学魂的目标是致力于提高中华民族的健康程度、实现国家梦想，这是新时代中国医学魂的历史使命。如果不能完成这一使命，那么中国医学魂的重铸就没有现实意义。因此，重铸中国医学魂要以实现中国梦、完成健康中国2030发展纲要为目标，指导和规范医学工作者的思想和行为，使之统一于实现中国梦这一大局，凝聚力量、务实勤勉，共同为实现中华民族的伟大复兴而努力。

新时代中国医学魂要包含服务于国家发展梦想的医学准则。第一，重铸中国医学魂要坚定对实现中国梦的信心。要认识到目前中国和中华民族面临的历史机遇和挑战，坚决拥护党的领导和决策，坚信通过全国各族人民的共同努力能够实现中华民族的伟大复兴。第二，重铸中国医学魂要宏扬爱国主义精神、增强集体荣誉感、提升民族自豪感。以作为中华民族一员而感到自豪，要为生活在社会主义中国而感到幸福，为祖国的综合国力和国际地位的提升而感到骄傲。第三，重铸中国医学魂要遵守法纪法规、严守职业操守、约束个人行为、恪守社会道德。社会的安定和国家的发展得益于个人行为的规范，从个人做起，在工作、学习和生活等中优化自己行为是实现国家战略的最基本保障。

归纳起来，新时代的中国医学魂是一种适应了中国的传统文化、社会特征、国家战略和民族梦想的医学人文核心共识，包含了仁爱病患、重视个性、预防为主、顺应自然、整体论治、实证为主的医学素养，坚持共产党领导和马克思主义思想、全心全意服务于人民、使医学科技成果造福于大众的医学道德，重视科技信息资源、关注科技发展战略、强化科技创新意识的医学观念，致力于实现国家梦想、忠实于民族集体荣誉、恪守个人行为操守的医学准则。

三、弘扬白求恩精神是重铸中国医学魂的最佳切入点

要提升白求恩精神研究水平，就要将其置于重铸中国医学魂的大框架之中，而重铸中国医学魂的实践要取得成功，就必须借助一系列具体的医学人文研究和实践活动，而白求恩精神恰恰是重铸中国医学魂的最佳切入点。

1.白求恩精神是与新时代中国医学魂内涵高度契合的医学精神

通过比较白求恩精神和新时代的中国医学魂的内涵，我们不难发现，二者存在着本质的契合性。首先，马克思主义思想和共产主义精神是二者共同的理念基础。从本质上说二者都属于服务于社会主义生产关系、关注最广大民众健康福祉的医学道德，这一根本出发点的契合使二者具有相同的价值取向，能够同向而行、共同发展。其次，坚持和拥护共产党的领导、服务于国家民族利益是二者共同的宗旨立场。新时代中国医学魂和白求恩精神的根本政治立场都是在共产党的领导下为实现国家富强、民族复兴而努力，它们都肩负着民族自豪感和责任心。第三，对医学事

业一丝不苟、精益求精的态度是二者共同的理想追求。"对工作的极端的负责任，对同志对人民的极端的热忱"是白求恩精神的重要内涵，对发展医学事业、提高医学科技水平的不懈追求是新时代中国医学魂的重要内容，强烈的敬业心、高尚的职业道德和敬畏生命的责任意识是二者共同追求的医者素养。但是，这里需要指出的是，白求恩精神与新时代中国医学魂仍然是居于不同层次的概念，白求恩精神是由具体人物典型抽象总结而成的医学道德，虽然内容丰富但不可避免地带着片面性和局限性，而新时代中国医学魂则是新时代医学人文的核心和总括，具有显著的综合性和整体性特征，应将白求恩精神作为新时代中国医学魂的一个组成部分、分支内容或表现形式来看待。

2.白求恩精神为重铸中国医学魂树立了人格化典范

白求恩精神的鲜明特点是产生于典型模范人物事迹，这也成为其具有较强感染力和号召力的重要缘由。从纵向来看，华佗、扁鹊、李时针、孙思邈等中国医学偶像的树立为医学精神的传承做出了巨大的贡献，中国传统医学道德就是通过一代又一代的名医典型的感召而形成于后来医者的灵魂之中。从横向来看，白求恩精神产生的抗日战争年代，相继还涌现出了马海德、柯棣华等一系列投身中国抗战的国际主义医学工作者楷模，他们都是中国医学事业的新时代偶像，也为新时代医学人文精神的塑造提供了丰富的素材。重铸中国医学魂的目的是将适应社会发展的新型医学人文核心共识内化为人们的观念从而影响其行为、产生整体凝聚力。在这一过程中，抽象的内涵需要形象的表达，需要让受众真正认知而信服。此时，人物事迹和人格化典范的作用就突显出来，通过树立让人景仰的偶像丰碑能够让广大医者深切地感受到中国医学魂的存在和传承，认识到重铸中国医学魂的现实必要性和重大意义。

3.白求恩精神的影响力和传承史为重铸中国医学魂提供了动力

八十年来，白求恩精神一直在中国的土地上传承并发展着。在中国，提到优秀医学工作者，就要想到白求恩，提到医学道德教育，就要学习白求恩。白求恩精神具有强大的社会影响力和广泛的民众认知度，这是一种在中国特有的医学文化现象，这与中国共产党对白求恩精神的倡导和长期的传承历史密切相关。在当今崇拜偶像之风盛行的社会，多元化的价值观让广大民众陷入一种文化困惑和价值观焦虑，对于民众普遍认可价值体系的呼唤和重建已成为民众的呼声。白求恩精神作为一种影响力强、传承历史悠久、适应社会变革的医学精神，对包括医者和医学生在内的社会大众具有较强的感召力和凝聚力，通过实践和发扬白求恩精神，能够让大众获得更加一致的价值观，为重铸中国医学魂工作奠定良好的民众和社会基础。

4.白求恩精神的升华和凝练是重铸中国医学魂的研究视野突破口

我们谈及中国医学魂的重铸，目的并不是要强行将其与白求恩精神捏合在一起，而是要为白求恩精神寻找继续升华和凝练的研究视野。不可否认，在以往针对白求恩精神的研究中，广大学者已经进行了颇具深度和广度的理论和实践研究，已经确立了白求恩精神的重要地位，所缺乏的只是将其与适应时代使命、国家信念、民族精神的医学人文内核进行系统性融合，这使得针对白求恩精神的有些研究出现了"为了研究而研究""为了升华而升华"的局面，未能充分实现白求恩精神的理论价值。通过对实现中国梦、重铸中国医学魂等理论框架和逻辑关系的梳理，能够更加明确白求恩精神的定位和价值，能够针对白求恩精神进行更加深入的理论和实践研究，使白求恩精神得以凝练，并逐渐从具体的人格精神升华，为中国医学魂的重铸提供有益实践和研究视野突破口，从而从整体上提升白求恩精神研究的理论高度。

第四节　吉林大学对白求恩精神的传承与弘扬

在绿树成荫、风景秀丽的长春市新民大街两侧，矗立着一幢幢建筑风格别致是大楼，吉林大学白求恩医学部就坐落在这优美的环境中。这些高楼大厦曾经是伪满洲国的国务院、军事部、经济部、司法部、交通部等所在地，是统治东北人民的大本营。如今，"换了人间"成为了为人民服务的吉林大学白求恩医学部所在地，是培养医疗卫生人才的摇篮。

如今的吉林大学白求恩医学部，源头是抗战时期的晋察冀军区卫生学校。历经白求恩学校、解放战争时期的白求恩医科大学、新中国成立后的第一军医大学、吉林医科大学，再次恢复校名的白求恩医科大学，到2000年合校后的吉林大学白求恩医学部。校址先后由石家庄市、天津市而迁到吉林省的长春市。八十年来，虽然屡迁校址、几易其名，但办校的宗旨和总方针，始终如一——传承和发扬白求恩精神，培养白求恩式的医务工作者。

一、改革开放前对白求恩精神的传承和发扬（1939—1978年）

在巍峨的太行山下，有一所看起来毫不起眼但却朝气蓬勃的卫生学校，这就是吉林大学白求恩医学部（原白求恩医科大学）的前身——晋察冀军区白求恩卫生学校，晋察冀老区人民亲切地称之为"白校"。白校是1939年9月在河北唐县牛眼沟正式成立，由伟大的国际主义战士，加拿大胸外科医生诺尔曼·白求恩亲手参与创建，并亲自拟定教学方针、教学计划，亲自编写教学讲义，亲自登台讲课，还亲自创办了"模范医院""特种外科周"等。白求恩强调教学内容要适合边区战争环境的需要，反对照搬大学教本，强调教学方法要理论与实际相结合，在他的帮助指导下，白校教育更加明确了"实事求是"的精神。1939年11月12日，白求恩因感染脓毒败血症而光荣牺牲，毛主席亲笔为白求恩写了挽联，发表了不朽著作《纪念白求恩》，文中高度赞扬了白求恩崇高的国际主义和共产主义精神，号召人民学习白求恩那种毫不利己、专门利人，对工作极端负责任，对同志对人民极端热忱，对技术精益求精的革命精神。白求恩的这种精神影响着一代又一代的白医人，这也成为白校培养一代又一代医学人才的根本和优良传统。宋庆龄曾在《继续白求恩的事业》中写道："任何时代的英雄都是这样的一种人：他们以惊人的忠诚、决心、勇气和技能完成了那个时代放在人人面前的重要任务。白求恩就是这样英雄。"

白求恩，这一光辉的名字，在这艰苦的岁月里，鼓舞了多少医务工作者，白求恩精神铭刻在每一个人的心中。以白求恩为榜样，做白求恩式的医务工作者，成为白校师生的共同心声。1940年2月，为了学习和纪念白求恩同志，军区决定将晋察冀军区卫生学校改称为白求恩卫生学校，简称"白求恩学校"，将模范医院改称为白求恩国际和平医院。1941年2月，学校增设妇产班、高级军医班（从刚毕业的军医一期、二期、三期三个军医班中抽调学员组成的，是白校历史上一个比较特殊的班次。从1941年1月开学，到1943年3月毕业，共学习两年零两个月），共分九个期，教、学员达451名。在教学上，为适合部队卫生工作的迫切需要，设置了期主任制度、督促检查制度和会议汇报制度。学校在培养学员中，有了实际的准绳，提出了"基础服从临床，临床服从战争需要，培养为抗战服务，为人民服务的白求恩式的医务工作者"的教育方针。"白求恩式的医务工作者"这一名词也是首次提出。学校附属白求恩国际和平医院，建立了内科、外科、眼科、耳鼻喉科、妇产科和化验室等科室，初步形成了综合性医院，成为晋察冀边区的医疗中心，仅1941年，经和平医院治疗者达33262人次，施行各种手术1655次。此外，有资料记载，白校师生在1943年8—11月，三个月中，给3500多名群众治病，为保护部队战斗力和边区人民的健康做出了贡献。

就是在这烽火连天的抗日战争年代，学校的师生们无论是在前方、在后方医院还是在日常的教学生活中，都以白求恩为榜样，不怕困苦、不惧危难。在培养政治坚定、技术优良白求恩医务工作者的办学宗旨的激励下，师生员工为边区卫生建设、为保障边区军民的健康、为及时救治前方伤员，为夺取抗战胜利作出了卓越贡献，截止到1946年2月，共培养了医生、护士、药剂人员1500多名。江一真老校长曾回忆道，白求恩学校作为晋察冀边区唯一的医学教育中心、医疗保健中心和技术指导中心，为边区的卫生建设做出了重要贡献。1946年9月，白校奉军区命令迁到张家口，强调继承抗战时期的优良传统，坚持用白求恩精神教育全体师生，从此也揭开了白校历史崭新的一页。

新中国成立以后，白校虽几经搬迁，但始终强调要继承和发扬白求恩精神，经常用白求恩伟大的事迹教育学生，在白求恩同志逝世周年纪念日，开展纪念活动，开展学习白求恩立功创模运动等。如1949年11月12日，为纪念白求恩逝世10周年，号召发扬白求恩优良的工作作风，举行了隆重纪念（见图6-4-1）。除此之外，鼓励全体师生深入学习毛主席《纪念白求恩》这篇光辉著作，要求每一个共产党员，一定要学习贯彻白求恩同志的这种真正共产主义者的精神。广大师生以白求恩为榜样，全心全意为人民服务，为社会主义革命和建设培养了一批又一批德才兼并的医务人员，为使白校全面发展，陈淇园校长在1952年度教学工作总结上强调，学校建设发展工作要注重教学、医疗、科研的相互协调，这也为白校建成正规化的医科大学奠定了基础、提供了保障。

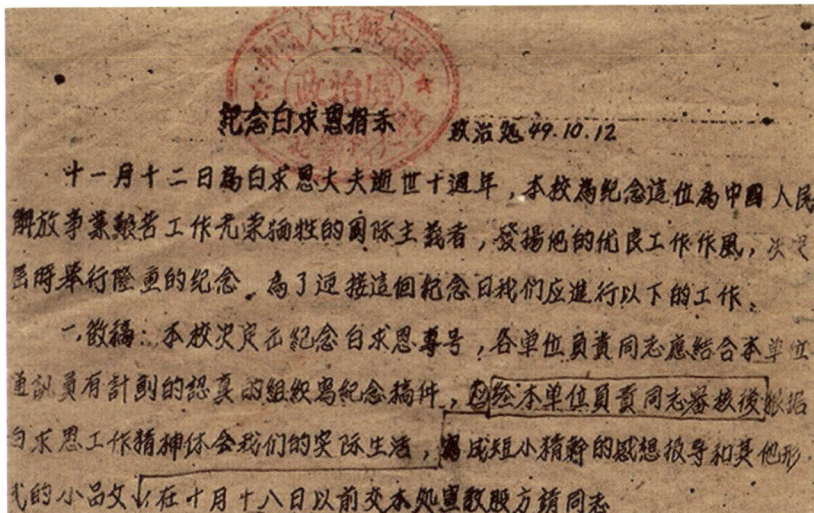

图6-4-1　关于纪念白求恩的指示（资料来自吉林大学档案馆）　尚祖光 摄

　　白求恩的事迹和精神激励、鼓舞着多少医务人员，为民族解放战争立下了不朽的功勋，也涌现出无数白求恩式的医务工作者。如白校毕业的模范医生梁克融，战斗英雄邢竹林医生，以及闻名边区的模范女护士苏景芳等。白校15期学员赵欣回忆道，我期同学自觉服从组织分配，虽所在地区、岗位不同，但政治素养好，服从命令听指挥，不怕困难，艰苦奋斗，干一行、爱一行、钻一行，全心全意为人民服务，胜利完成任务，则是共同的。我们不辱革命医务工作者的光荣称号，无愧为白校哺育成长的学员。

　　当你的名字第一次与白求恩连在一起，那就是至上的荣光。在查阅原白求恩医科大学一卷又一卷的校刊等档案资料时，呈现出几十年来老白校的师生，始终以白求恩为榜样，弘扬和践行白求恩精神，使白求恩精神作为传家宝而薪火相传。如1949年，在察北鼠疫防治工作中，学校服从党中央决定，迅速组织300余人参加中央防疫大队，师生们不怕脏、不怕累，历时40天胜利完成防治任务。1950年8月，白校一行32人，前往抗美援朝的战场，在28个月的枪林弹雨中，先后参加了朝鲜战场的第2次直到第5次战役的野战外科以及开城保卫战和上甘岭战役的部分伤战救护任务。1959年，吉林省东部山区流行克山病，学校从11月到次年5月，组织34个教研室、200余名师生深入到舒兰、抚松县抢救病人800多名，其中有300多名是急重型的病人，100多名是重瘠型病人，使死亡率由过去60.0%以上降低到3.3%。师生们在抢救治疗工作中，以白求恩为榜样，充分发扬了救死扶伤的革命人道主义精神，阴毓璋教授、朱育惠教授在这项工作中做出了显著的成绩。

上述点点滴滴的事迹，都是老白校师生继承、发扬、践行白求恩精神的真实写照。四十年来，白校先后为部队和地方培养了16000余名卫生干部和医务人才。尽管在办学过程中历经曲折，但学校的精神传统一直"屹立不倒"，老白校师生一直以白求恩精神为动力源泉，为学校建设成正规化医科大学而努力。

二、改革开放时期对白求恩精神的传承和发扬（1978—2000年）

1978年3月，经国务院卫生部和中共吉林省委批准，吉林医科大学恢复原校名——白求恩医科大学。全国人大常委会副委员长、抗日战争时期晋察冀军区司令员聂荣臻亲笔题写了校名。学校于11月12日伟大的国际共产主义战士白求恩大夫逝世39周年纪念日，举行了隆重的恢复校名大会。加拿大驻我国大使明明德发来贺电，代表加拿大政府和人民对学校恢复白求恩医科大学校名表示诚挚的祝贺。国务院卫生部部长、学校第一任校长江一真和卫生部副部长、解放战争时期学校校长钱信忠发来了贺词。中国人民解放军总后勤部卫生部等单位及在全国各地校友发来了贺电。这些贺词刊载在白求恩医科大学学报特刊上（见图6-4-2、6-4-3）。

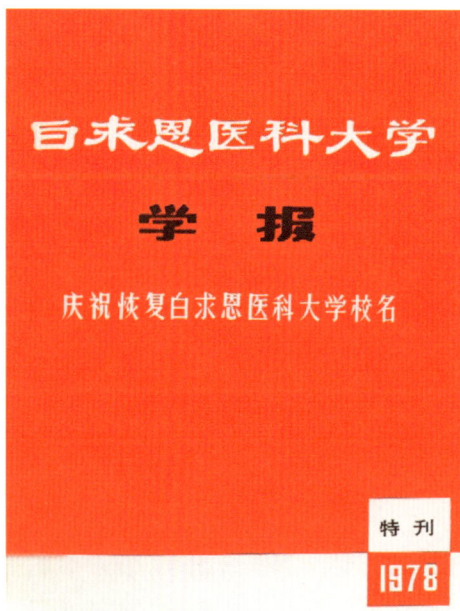

图6-4-2　白求恩医科大学学报1978年特刊
（资料来自吉林大学档案馆）　尚祖光 摄

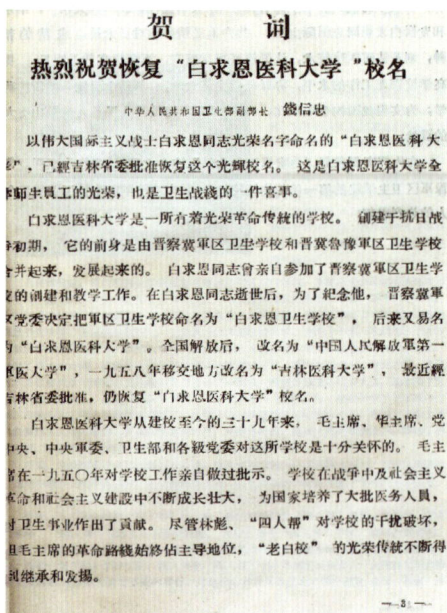

图6-4-3　卫生部副部长钱信忠祝贺白校
恢复校名贺词1978年特刊
（资料来自吉林大学档案馆）　尚祖光 摄

白求恩医科大学培养的学生就应该具有白求恩精神，应该是白求恩式的医学人才。白求恩精神是白校的一块瑰宝，是白校师生思想建设的根本和传家宝，这一

作风应不断继承和发扬。而校风就是指一个学校的作风，它是在共同目标指引下在一定时期内的精神、文化生活的某种共同性，表现为学校成员的思想认识、价值判断行为意向在形式上趋于相近的情形，是人民工作或生活上一贯表现的态度和言行，是集体形成的一种稳定的精神状态，一种无形的力量。从根本来说，它又是一所学校办学指导思想和培养目标的集中反映，使师生员工的主动性、积极性和创造性能得到充分的调动。为一以贯之地传承白求恩精神，继承和发扬老白校的校风，白校在建校四十周年时，提出四点要求：第一，要学习白求恩的革命精神，搞好工作着重转移，努力提高教学、医疗、科研工作质量，多出成果，早出人才。第二，要学习白求恩对工作极端负责任，对同志对人民极端热忱的崇高思想，继承和发扬"老白校"团结战斗，勤奋工作的优良传统，加强对工作的责任心，不断改进服务态度，提高医疗质量。鼓足干劲，同心同德，做白求恩式的医务工作者，做白求恩式的科学家。第三，学习白求恩对技术精益求精的科学态度和工作作风。第四，要学习白求恩克己奉公、艰苦奋斗的作风，继承和发扬"老白校"勤俭办学的优良传统。

康克老校长曾说过：学习白求恩就是最好的纪念白求恩。为让老白校的光荣传统代代相传，学校历届领导班子都把弘扬白求恩精神作为学校工作的主线。学校始终不渝地把培养"政治坚定、技术优良的白求恩式医务工作者"作为办学宗旨，白求恩精神一直铭刻在全体师生员工的心中，以白求恩为榜样，做白求恩的传人已成为老白校代代师生的目标追求，弘扬白求恩精神已与学校的医研、党建、德育及各项事业融为一体。

唐代名医孙思邈著《千金要方》中提出的"医者不避艰险、尽心竭力，救治病人，不怕脏臭，不分贵贱贫富，长幼妍蚩，一视同仁。"一直被奉为医务人员的道德箴言，对于促进社会主义精神文明建设，提高医德境界具有十分重要的意义。因此，为把白校建设成现代化的社会主义医科大学，提高全校师生思想政治工作，1986年5月5日，白校召开首届思想政治工作理论研讨会，明确高校思想政治工作在新时期的地位和作用，并在1987年校刊上刊登的《白求恩精神不容质疑》一文中提到，白求恩精神是我们学校的传统，是我们的精神财富和优势所在，要把弘扬和学习白求恩精神作为提高白校思想政治工作的着手点，把学习和宣传白求恩精神作为高校思想政治工作的重要内容。白校在每学期新生入学时都要向学生宣讲白求恩的事迹，参观白求恩事迹展览馆，广泛开展以弘扬白求恩精神为主题的校园文化活动，号召学生走白求恩的路，做白求恩式的好医生，如白校大学生沿白求恩足迹继续前进社会实践考察团，1990年7月来到河北省唐县葛公村考查访问、巡回医疗，葛公村人并写信表达感谢，这封信件于1990年9月10日刊登在《白医大校报》上，见图6-4-4。

图6-4-4　葛公村人写给老校长康克的一份信

早在白求恩精神研究会成立时，白校原党委副书记兼任副校长尤红同志便当选为白求恩精神研究会副会长，白校老领导、原副校长康克同志被聘为研究会顾问。为进一步加强师生的德育工作，还聘请了包括王惠岩、孙正聿、陈秉公教授在内的校内外兼职德育教师，并于1997年11月25日召开了德育工作会议，原卫生部副部长彭玉到会讲话。为宣传学习白求恩式人物的先进事迹，总结交流研究和弘扬白求恩精神的有益经验，大力弘扬白求恩精神，全国第四届白求恩精神研讨会在白校举行（见下图6-4-5），此次会议也是中国白求恩精神研究会正式成立以来举办的首次研讨会，这不仅仅是因为白校是白医大的"长子长孙"，更是对白校传承和弘扬白求恩精神的肯定。1999年10月，原党委书记范洪学同志在白校思想政治工作研究会第八届年会指出，市场经济条件下如何搞好学校的精神文明建设，如何弘扬白求恩精神，是未来一段时间思考的着重点。此外，在这一阶段，白校科研工作也取得了巨大的成绩，有资料记载1988—1997年10年时间，白校从各渠道共获准项目876项，争取科研经费2872万元，其中，承担国家自然科学基金项目98项，获得经费593万元。

图6-4-5　全国第四届白求恩精神研讨会在白校召开的报道

学校附属医院是医学专业教学和实习的重要场所，是培养学生的重要阵地。白校除了在医学生德育工作方面一以贯之地继承、弘扬践行白求恩精神之外，在附属医院建设方面亦是如此。医风是指社会的风气风尚在医疗卫生行业的具体体现，是在整个医疗卫生行业的实践活动中产生的，是整个医疗卫生行业的文化传统、价值取向、精神面貌等的总称。白求恩医科大学第一医院的医护人员在1979年9月，抢救过因心脏病病危的加拿大安大略省医学研究中心高级技术员陈世德先生。陈先生在多伦多商报刊登了一则感谢信，高度赞扬了白校医务人员精湛的技艺，全心全意为病人服务的精神。这是白校附属医院传承、践行白求恩精神的具体表现，也是弘扬以"白求恩精神"为核心的医德医风的典型案例。医德医风的好坏，不仅关系到患者，而且直接关系到能否培养合格的医务工作者。原白求恩医科大学党委书记齐世凯也曾指出，加强思想建设，树立良好的医德医风，是培养白求恩式医务工作者的需要，是培养合格人才的需要，是建设文明医院、发展社会主义卫生事业的需要。因此，为营造良好医德医风环境，1986年5月15日，在各附属医院开展纠正医疗领域内不正之风活动，对广大医务工作者进行医德教育，让白求恩精神重新回到我们中间。

各附属医院也坚持把弘扬白求恩精神作为各项工作的主旋律，建立了常态运行机制，使白求恩精神的学习和实践制度化，把学习白求恩同强化职工的理想、信念、服务宗旨教育结合起来；把学习白求恩同志同提高医疗服务质量结合起来；发挥身边榜样的示范作用，使白求恩精神形象化。表率作用是一种最有影响的力量，我们提倡教书育人是因为教师的言行对学生潜移默化的影响极其深远。正如乌申斯所说的，教师个人对青年人心灵的影响所产生的教育力量，无论什么样的教科书，无论什么样的思潮，无论什么样的奖励制度都是替代不了的，教育领域强调表率的作用，医疗卫生领域、医学教育领域更是如此。白校强调在学习白求恩精神的同时，也注意培育自己的典型，发挥典型的示范引导作用，如白求恩医科大学第一医院神经内科专家刘多三把毕生精力和全部心血献给了祖国的医疗事业、优秀共产党员易永林同志几十年如一日廉洁行医、热忱的为患者服务，还有白求恩式的医务工作者饶明俐、谭毓铨、吕美德、易咏林、迟宝荣……正是像上述这些平凡的医师，他们以白求恩对病人的满腔热忱，对工作极端负责，对技术精益求精的精神鞭策自己，他们用实际行动在践行白求恩精神，白求恩精神已成为他们行医的准则，他们真正尽到了白衣战士的职责，这就是老白校的作风，白求恩精神已在白校师生心目中形成一种无形的力量。

白求恩精神不会随着时代的变化而发生变迁，在中国特色社会建设新形势下，我们更应旗帜鲜明地继承和发扬白求恩精神，为中国特色社会主义建设培养更多德才兼并的医务工作者。随着社会主义市场经济的建立，科教兴国战略的实施，社会主义初级阶段理论的提出和《执业医师法》的审议通过，为弘扬和实践白求恩精神提供了新的机遇，使其获得了深远的永恒的发展空间。江泽民同志号召重学《纪念白求恩》，争做一个高尚的人、一个纯粹的人、一个有道德的人、一个脱离了低级趣味的人、一个有益于人民的人。这充分说明，过去艰苦的战争岁月需要白求恩精神，现在同样也需要白求恩精神，弘扬白求恩精神应该是卫生界永恒的主题。白校从1978—2000年几十年的实践证明，纪念白求恩最实际的行动，就是学习白求恩，要用白求恩精神推进学校的现代化建设，这个传家宝在任何时候都不能丢。白求恩精神过去是、今天是而且今后仍然是我们的光辉旗帜，我们应继续高擎白求恩的旗帜阔步前进。

三、新世纪对白求恩精神的传承和发扬（2000年至今）

自2000年6月合校以来，吉林大学仍以继承和弘扬白求恩精神作为学校建设和发展的重点，以白求恩精神育人，培养白求恩式的医学人才，是学校医学教育的办学理念和培养目标。尤其是杨振斌同志担任吉林大学党委书记以后，将弘扬白求恩精神提升到融入新时代的时代精神以引领时代前行的战略高度，使白求恩成为吉林大学乃至全体医疗卫生行业人员参照的坐标和学习的楷模。

2012年11月，习近平总书记就明确提出，"坚定理想信念，坚守共产党人精神追求，始终是共产党人安身立命的根本。对马克思主义的信仰，对社会主义和共产主义的信念，是共产党人的政治灵魂，是共产党人经受住任何考验的精神支柱。"习近平总书记还把理想信念比喻成共产党人精神上的"钙"，如果没有坚定的理想信念，那么我们精神上就会"缺钙"，就会得"软骨病"，而吉林大学的传家宝——白求恩精神，就是全校师生所追求的理想信念。杨振斌书记说，"要坚持以德为先，牢牢把握思想政治教育的目标导向，解决好'培养什么人、如何培养人'的问题；坚持以人为本，牢牢把握思想政治教育的价值取向，解决好'为了谁、服务谁'的问题，解决这两个问题的前提，就是要将白求恩精神发扬光大，而吉林大学将白求恩精神发扬光大体现在方方面面"。

在教学工作中，学校始终坚持"政治坚定、技术优良"的人才培养标准，对学生思想文化素质教育进行深入的研究，突出"两课"的作用，深化"两课"改革，在低年级医学生开设的"两课"中渗透白求恩精神的教育，在高年级医学生开设的《医院人际关系》《医学伦理学》等医学人文课程中，以白求恩精神为重要内容对学生进行职业理想教育。充分利用第二课堂开展思想文化素食教育轰动，积极开展医学人文大讲堂，邀请海内外知名校友、专家和学者，进行专题讲座和医德教育；编辑出版了《白求恩精神在吉林大学》，得到学生认可并积极传阅，极大提高了医学生的人文素养。坚持开展以白求恩精神为核心的主题教育活动，每年新生入学之际，我们用白求恩精神对新生进行人生观、世界观、价值观教育，聘请与对白求恩精神有深入研究的老同志宣讲白求恩事迹；安排学生参观校史展览，开学典礼全体学生齐诵《纪念白求恩》《大医精诚》；组织学生观看《白求恩大夫》《医者仁心》《大医精诚》等故事片，将学习白求恩精神贯穿其中。由学生自编、自导、自演的话剧《离开白求恩的日子》《白求恩》，在校内外进行多次展演并得到好评。将医学部、四个附属医院以"白求恩"的名字冠名，将临床医学七年制试验班命名为"白求恩医学班"，我们多年坚持评选和表彰"白求恩十大名师""白求恩十大名医""白求恩十大青年标兵""白求恩青年文明号""白求恩十佳大学生""白求恩十佳班级""白求恩医学奖学金"，使"白求恩"的身影无处不在，激励着医学人努力前行。此外，学校还成立了白求恩志愿者协会、阳光志愿者协会、天使心志愿者协会等多个社团，每年深入社区、乡镇，开展以送医送药、支教支农、助贫扶困为主要内容的社会实践活动，并且"白求恩志愿者协会"于2014年获第十届中国青年志愿者优秀组织奖。李克强总理高度赞扬白求恩志愿者协会的行动，在回复信件时写道，"20年来，白求恩志愿者们用热情活力和医学专长身体力行白求恩精神！"。

在医疗卫生工作中，吉林大学不断发扬精益求精的精神，推动医疗技术不断进步，取得了瞩目的成绩，有一大批临床科室和技术处于全国前列。如第一医院完成东三省地区首例儿童活体肝移植及劈离式肝移植，获批创建骨科手术机器人应用中心，脑血管病中心被国家卫计委评为"国家卒中中心培训基地"。在医疗服务提升上，第一医院积极传承、践行白求恩精神——以极端负责之心，铸医疗质量、医疗服务提升之魂，如持续实施改善医疗服务行动计划，以急诊为依托，不断完善卒中中心、胸痛中心、急危重症创伤救助平台、心力衰竭中心、中毒中心等绿色通道的建设，建立多学科诊疗模式，提升急危重症救治能力；加强医联体建设，继续开展精准扶贫和对口支援工作；护理工作在"微笑暖心"基础上，以精实管理、精细服务、精专人才、精湛专业为框架的"四精护理"为导向，全面推进优质护理。

榜样是看得见的哲理，好的榜样是最好的引导，好的楷模是最好的说服。习近平总书记强调，"在活动中注意总结典型，及时起示范推动作用"。吉林大学结合工作实际，以白求恩为榜样，继承和发扬白求恩精神的活动中，涌现出一批又一批甘于奉献的白求恩式的好医生，诠释着作为一名医务工作者救死扶伤的责任，用白求恩精神感染人、鼓舞人、激励人。如2008年5月20日，吉林大学第一医院普外科主治医师魏锋，率领吉林省青年志愿者医疗服务队奔赴四川重灾区北川县桂溪乡参加抗震救灾，并荣获"四川省抗震救灾模范"称号。灾区人民称魏锋和他的队友是英雄，但魏锋却说："我们只是为病人治病的医生，只是一名还称得上是称职的白求恩医务工作者。"青年志愿者医疗服务队队长邬巍（现吉林大学第一医院院办主任）说："我们要努力做白求恩精神的传承者。"他们以一名白衣天使的形象，在大灾面前，用行动诠释了责任的含义，用生命书写了大爱的篇章！2018年6月，历经6个多月207天，由第一医院神经外科洪新雨、泌尿外科王金国、创伤骨科祁宝昌、心内科张志国、眼科王乐和内分泌科刚晓坤6名医生组成的中国（吉林）首批援萨摩亚医疗队圆满完成任务，平安归国。他们在缺医少药的萨摩亚，克服语言、饮食、环境等困难，为当地民众提供医疗服务，完成外科手术400余例，接诊门诊患者2500余人次，参与抢救危重患者50余例，为中国驻援外机构工作人员义诊10余次。医疗队还在当地医院医务人员当中开展临床交流和培训，并定期开设讲座和研讨会，为相关医学院校学生教授课程，协助萨方医院主要科室进行能力建设，并自制手术器械，完成了萨摩亚史上首例开颅手术。

　　研究白求恩精神的集大成者——吉林大学校友张业胜，通过身体力行，把弘扬白求恩精神当成了自己一生的职责。张老曾说："23年来，我为什么始终热情不退、毅力不减呢？为什么会投入大量精力和三十多万元的财力而无怨无悔呢？靠的是对白求恩的无限崇敬，靠的是对白求恩精神的无比信仰，靠的是对用白求恩精神改善医德医风、改善社会风气的信心。用今天的话说，就是用自己的努力为社会进步提供正能量！"简单、纯粹的话语，真诚、实在的行动，就是对白求恩精神的最好诠释，就是对白求恩精神的最好传承！正是像魏锋、洪新雨、王金国等"白求恩式好医生"鲜活而具体的事迹，对吉林大学师生更具有感染性、更具有教育价值、更具有引导作用。也正是如他们一样千千万万的平凡的人们构成了中华民族的脊梁，顶起了中华民族精神的大厦。谁说今天没有白求恩？白求恩就活在我们身边，他们就是活着的白求恩。

　　白求恩精神不但是吉林大学白求恩医学部的精神起源，也是吉林大学宝贵的精神遗产，不但是吉林大学医学稳步发展的不竭动力，也是每一个吉大医学人执着坚守的信念。吉林大学除了在教学、医疗方面积极传承、弘扬白求恩精神，以白求恩为榜样，以白求恩精神为职业准则外，在社会实践、德育工作中亦是如此。杨振斌书记在2015年8月参加吉林大学医学"筑梦白医，寻根之旅"活动时就指出，一要坚持开展白求恩志愿服务活动，丰富活动形式、扩大服务范围，让更多的学生到革命老区、到吉大医学的发源地"受教育、做贡献、长才干"，继续做好对牛眼沟村白求恩希望小学的帮扶工作；二要做好对医学生的教育和引导工作，让广大同学了解老白校校史、了解白求恩同志的先进事迹，继承和发扬白求恩精神；三要积极沟通、协调，总结前期工作成果，牵头成立白求恩精神研究会吉林省分会并在更大范围组建白求恩志愿者协会。吉林大学白求恩医学部学部长李凡教授，也一直努力践行着严以律己、无私奉献、锲而不舍、勇往直前的白求恩精神。于2017年9月5日应邀参加北京卫视《我要当医生》专题节目"培养白求恩式好医生"，并畅谈了"医学教育如何改变人类生活"，介绍了吉林大学在继承弘扬白求恩精神方面取得的成绩，并强调应把弘扬白求恩精神作为医学教育的重要一环。

　　2017年7月，吉林大学举行了"庆祝建校70周年，重走白求恩路"主题活动启动仪式。这次主题活动是学校近年来在长春以外组织的规模最大的纪念白求恩同志的活动，也是学校传承和弘扬白求恩精神的新起点。这一活动期间，由吉林大学捐资修缮的"吉林大学白求恩医学纪念馆"开馆仪式在牛眼沟村晋察冀军区卫生学校遗址举行，这成为了吉林大学师生接受爱国主义教育、学习白求恩精神的重要场所。同时，白求恩希望小学重修竣工仪式在河北唐县牛眼沟村举行。这一活动鼓励了更多的师生到革命老区、到吉林大学医学的发源地"受教育、找初心、做贡献、长才干"的使命感。2018年7月，吉林大学再次组织开展"重走白求恩路"主题活动。从7月中旬起，分别在河北省唐县、顺平县晋察冀革命老区，陆续开展主题为"贯彻落实十九大精神，重走白求恩路"活动。吉林大学的5个学院组织成白求恩志愿者小分队，分别在唐县、顺平县6个乡镇开展村小学支教、健康普查等社会实践活动。学校附属医院组成由博士生导师、知名专家、教授、研究生和护理人员参加的3支白求恩志愿者医疗队，赴牛眼沟等5个村屯开展义诊和送药活动，累计接诊800余人次，发放药品价值20余万元。

此外，为进一步学习贯彻落实党的十九大精神和习近平总书记在全国高校思想政治工作会议上的讲话精神，2018年8月28—29日，在吉林大学举办了"第八届全国思想政治教育高端论坛——新时代思想政治教育创新与发展研讨会"，对新时代思想政治教育的创新与发展，加强师生的政治引领和思想激励，实现铸魂育人的教育工程起到了推进作用。国家卫健委领导也希望吉林大学以白求恩精神研究中心成立为契机，充分发挥"老白校"的优良传统，借助哲学社会科学的平台优势，系统总结凝练白求恩精神内核，形成高水平理论研究成果，并将之在全国范围内推广，再一次在全国医疗卫生战线掀起学习、传承、弘扬白求恩精神的高潮，在新时期承担起"铸魂"的历史重任。

合校至今，从历经曲折走向辉煌的时候，从跨进新时代的时候，白求恩精神一直是吉林大学的传家宝。在医、教、研各项事业都蓬勃发展的时候，总结过去的经验，其中最重要的一条就是始终坚持以弘扬白求恩精神为己任，白医大的"长子长孙"一直高擎白求恩精神旗帜，白求恩精神已成为全校师生的一种典范、一种追求，白医人永远做白求恩精神的追随者、传承者、践行者。

曾在石家庄举行的"传承白求恩精神 同根同源座谈会"上，吉林大学杨振斌书记、白求恩精神研究会会长袁永林、白求恩医务士官学校政委于维国、白求恩国际和平医院副院长张巨波、白求恩医科大学北京校友会会长金永成等领导、专家一致倡议共同承担起弘扬传承白求恩精神的伟大历史使命。因此，本书编写组在追寻、追忆和记述吉林大学传承和弘扬白求恩精神的点滴事件的过程中得到了各兄弟单位的大力支持，如白求恩精神研究会常务副会长兼秘书长栗龙池主编的《这就是白求恩》，这是首次对白求恩在医学教育教学和医学著述等方面做专门的阐述；原白求恩柯棣华纪念馆馆长陈玉恩，带领编写组成员深入学习体会了白求恩精神和革命先烈的英雄事迹，接受了一次鲜活而深刻的革命传统教育；与白校作为一个整体，在革命战争年代一同战斗过的兄弟单位——白求恩医务士官学校和白求恩国际和平医院，也为支持编写组寻根调研提供了大量的一手素材。为进一步深入挖掘白求恩精神的内涵，丰富史料，充实内容，编写组最后一站，远赴重洋抵达加拿大，得到当代白求恩行动促进会——马楠会长（白校77级校友）的大力帮助，顺利完成从白求恩纪念馆、多伦多大学、麦吉尔大学、维多利亚医院，重走白求恩大夫求医工作之路。

从1939年至2019年，白求恩精神的旗帜经历80载仍然高高飘扬。回顾白校乃至其他兄弟单位践行白求恩精神的点滴事迹，充分展示了白求恩精神传人爱岗敬业、奉献医学、守护生命的崇高精神风貌，也充分显示了白求恩精神的强大凝聚力和长久魅力。习近平总书记说："一个国家、一个民族不能没有灵魂"，医疗卫生领域也不能缺少魂魄，带有医学专业特征的白求恩精神就是典型代表。白求恩精神已镌刻在我们为之骄傲的医学发展的光辉历史之中，白求恩精神已成为吉林大学乃至卫生领域的一种风范、一种楷模、一种准则、一种追求。

白求恩精神永不过时！

【本章结语】白求恩的一生诠释这样的真谛：人生的价值，在于努力奋斗，在于积极创造，在于全身心地奉献社会。这样的奋斗、创造和奉献，自然会放大生命的意义，使个体的生命成为社会的生命，使生命的价值超越生命本身，成为一种精神，一种闪烁生命意义和价值的精神。毛主席在《纪念白求恩》一文中写道："从前线回来的人说到白求恩，没有一个不佩服，没有一个不为他的精神所感动。晋察冀边区的军民，凡亲身受过白求恩医生的治疗和亲眼看过白求恩医生的工作的，无不为之感动。每一个共产党员，一定要学习白求恩同志的这种真正共产主义者的精神。"在那样的战争岁月，白求恩的事迹、白求恩的精神，作为那个时代的精神象征，曾经激励着无数共产党人、抗日军民为民族解放事业前赴后继、奋勇向前。几十年来，白求恩用热血和生命，用践行理想信念的医学职业生涯和共产主义革命实践，所创立的白求恩精神，几十年来激励着中国的医学人，助力着中国的医疗卫生事业。无数个白求恩式好医生，同样用他们的实践践行着白求恩精神，丰富着白求恩精神的内涵，延展着白求恩精神的生命力，使白求恩精神成为我们这个时代医学精神的标志。具有鲜明医学学科特征和医学职业特色的白求恩精神，是社会主义核心价值观在医学、医学教育、医疗卫生事业等领域最为鲜活而具体的体现，在推进健康中国、实现中华民族伟大复兴的新时代依然散发出永恒的光芒。

后　记

2019年，是白求恩医科大学（现吉林大学白求恩医学部）建校80周年、白求恩逝世80周年和毛泽东主席发表《纪念白求恩》文章80周年，也是吉林大学第一医院建院70周年。

2017年，新成立的吉林大学白求恩精神研究中心以更好地传承和弘扬白求恩精神，挖掘和深化白求恩精神时代内涵为宗旨，组织开展白求恩精神研究丛书编撰工作。吉林大学党委副书记李忠军教授多次召集阶段工作汇报会，对书稿的编撰工作给予理论指导和科学部署。

图7-1　吉林大学党委副书记、纪委书记李忠军教授主持召开《白求恩精神研究丛书》
编撰工作会议现场　周庆天 摄

其中，吉林大学第一医院承担的是具有筑基意蕴的第一本《寻根白求恩》的编写任务。在学校党委的领导下，在李忠军书记的指导下，医院成立了以院长华树成和党委书记佟成涛为主任的编委会，聘请吉林大学公共卫生学院于双成教授为特聘专家并担任编写组长。由党委办公室覃明辉、于姗姗负责具体协调工作。在院内外征集志愿者，组成40余名的研究与编写团队。

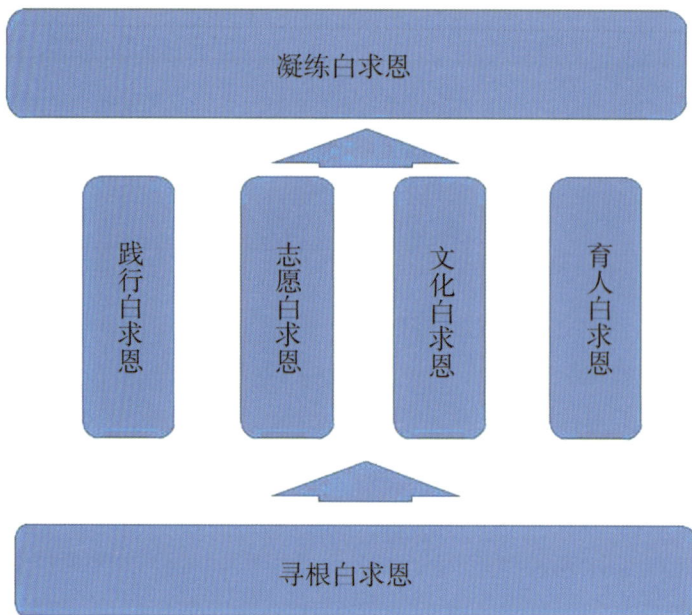

凝练白求恩

践行白求恩　志愿白求恩　文化白求恩　育人白求恩

寻根白求恩

图7-2　白求恩精神研究系列丛书

编写组成立后，按照于双成教授拟定的编写大纲，展开文献调研、理论研究和实地调研等一系列研究工作。全体编写人员在工作之余投入大量宝贵时间和精力，于2018年2月初步完成约22万余字的书稿雏形，包括绪论在内，共有七个部分。

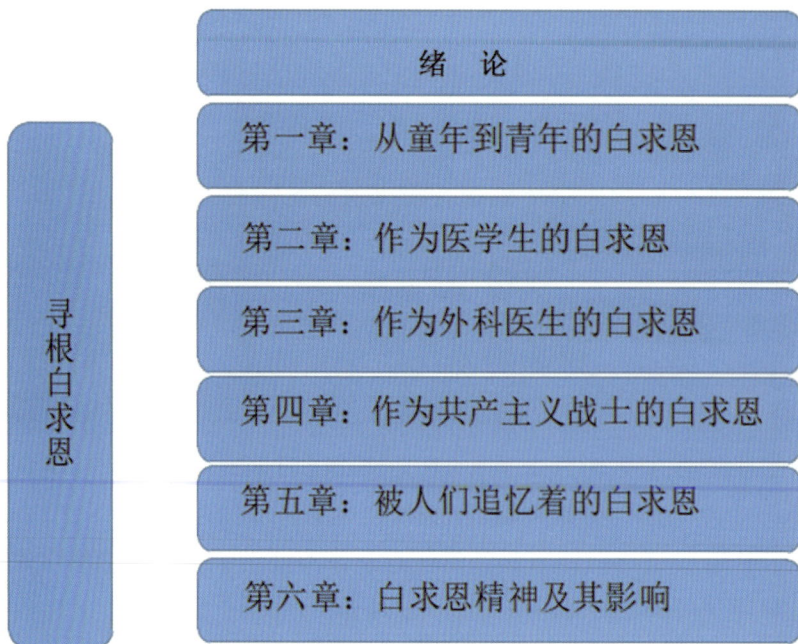

寻根白求恩

绪　论

第一章：从童年到青年的白求恩

第二章：作为医学生的白求恩

第三章：作为外科医生的白求恩

第四章：作为共产主义战士的白求恩

第五章：被人们追忆着的白求恩

第六章：白求恩精神及其影响

图7-3　《寻根白求恩》各章节内容

其中，绪论由于双成教授负责，旨在简介包括本书在内的整个丛书的背景，研究的思路与编写的原则等。

第一章由党委书记佟成涛亲自牵头，图书馆馆长伦志军统筹协调，陈灵、杨洋、段好阳等临床医生具体参与各个章节的编撰工作，结合国外调研搜集到的鲜活素材，再现了白求恩从童年到青年的社会、文化和生活情况。

第二章由肿瘤科主任崔久嵬教授牵头，组建书稿编写微信群，悉心指导和全程带领钱磊、汪振宇、白玲、於宇、孟莹、王文君、刘雨婷、李岩、杜娜雯、白日兰等青年医生、医学生，结合国内外调研经历及搜集来的宝贵历史资料，开展了卓有成效的研究工作，展示了白求恩作为医学生时期的课程内容、深入研讨了医学生教育有关的问题，并提出了独到见解。

第三章由党委副书记于家傲牵头，带领谢春晖、陈欣欣、杨黎黎、张修航、吴巍巍、朴美花等青年医生，结合自身的职业理想、职业特点和职业思考，通过国内外多次实地调研，对身为外科医生的白求恩进行了理论研究和系统剖析。其中，张修航医生专门为本书各个章节绘制了素描配图，把对白求恩精神的理解具体化，也增添了本书特色。

第四章由副院长杨弋负责，带领颜秀丽、洪东旭、邓方、孙烨、郭喜红等青年医生、工作人员，对白求恩来到中国之后的大量素材进行了重新的整理、深入的挖掘和系统的解读，从一个更加细腻的视角诠释了"共产主义战士"白求恩的鲜活故事和宝贵精神财富。

第五章由原纪委书记、党委副书记牛跃祥负责，由覃明辉、赵莹、刘芳、于姗姗、李日、刘妍好、翟月、徐逸婷、徐晨具体完成各节的撰写工作。对于后世纪念白求恩的相关内容进行了梳理、补充和完善。

第六章由于双成教授负责，组织张子骐、刘冬、安文秀、吴昊、刘婷、石嫣、周晴、张意、李忠彦等同志完成编写任务。作为本书的点睛之作，本章深入挖掘了白求恩精神的新时代内涵，具有理论性、创新性和时代性等特点，填补了国内白求恩精神研究领域的空白。

为优质高效完成《寻根白求恩》一书的编撰工作，在院长华树成、党委书记佟成涛领导和支持下，在于双成教授的指导和引领下，编写组全体成员两次购买相关书籍，广泛搜集文献资料，积极开展研究讨论，先后召开8次编撰会议，赴北京、河北唐县、河北石家庄、湖北武汉、陕西西安、陕西延安、山西五台县、加拿大格雷文赫斯特镇、多伦多、蒙特利尔等白求恩出生、成长、求学、工作、战斗、牺牲的地方开展了实地调研。

图7-4　编写组赴北京白求恩精神研究会调研　尚祖光 摄

图7-5　唐县白求恩纪念馆与陈玉恩馆长留念　尚祖光 摄

图7-6　白求恩和平医院白求恩纪念馆　尚祖光 摄

图7-7　白求恩士官卫生学校领导与调研组一行同志合影留念　尚祖光 摄

图7-8　延安革命纪念馆寻根白求恩　于姗姗 摄

图7-9　武汉市第五医院白求恩纪念馆调研　尚祖光 摄

图7-10　山西省五台县松岩口村白求恩模范病室旧址调研　尚祖光 摄

图7-11　加拿大格雷文赫斯特镇白求恩故居纪念馆与馆长
斯科特·戴维森（Scott Davidson）座谈　钱磊 摄

图7-12　多伦多大学刘明耀教授、戴彪教授与调研组交流　高新亮 摄

图7-13　与白求恩医科大学1977级校友、加拿大当代白求恩行动促进会会长马楠交流　钱磊 摄

图7-14　麦吉尔大学图书馆馆长玛丽·海格（Mary Hague Yearl）分享所有资料　钱磊 摄

图7-15　与麦吉尔大学霍华德·伯格曼（Howard Bergman）教授交流当代白求恩精神　钱磊 摄

图7-16 与当代加拿大白求恩行动促进会会长马楠教授，副会长、麦吉尔大学陈展强教授
参观维多利亚医院纪念白求恩展区

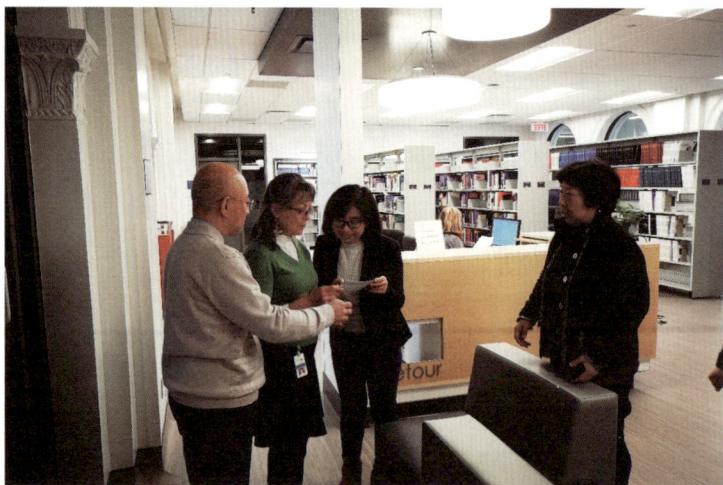

图7-17 与圣心医院白求恩图书馆馆长弗朗辛·雅克（Francine ST-Jacques）
交流白求恩有关情况

　　调研期间，共邀请顾问12位，获赠图书56本，获赠图片、视频和电子文档2GB，拍摄图片、视频50GB，录制音频300MB，形成调研体会5万余字，完成调研报告4万余字。为书稿的最终完成提供了详实、丰富的素材和依据。

　　在此，特别鸣谢白求恩精神研究会，感谢常务副会长兼秘书长栗龙池老先生，感谢他在"寻根"之处为编写组打下的夯实的基础、指引了正确的方向、提供了珍贵的素材，感谢他在百忙之中不辞辛苦地为书稿提出了诸多宝贵的建议，感谢他始终关注和支持书稿的编撰过程，并且受邀为书稿作序。

　　感谢河北唐县白求恩柯棣华纪念馆陈玉恩老馆长，不仅在实地调研中全程陪伴、讲解，并赠送大量等书籍、文献、图片等资料，在书稿的编撰过程中也不断给予无私帮助和支持，对本书稿提出详细、准确的修改建议，与编写组结下了深厚的友谊。

感谢白求恩医务士官学校周东浩政委及校领导班子对调研组给予的大力支持与鼓励，作为同宗同源的兄弟院校，对调研组的调研工作给予了最高规格的礼遇和最大程度的帮助。在调研组赴国外调研时，该校齐明教授给予了极大帮助，在书稿完成时，对书稿进行了详细的阅读，尤其是对国外白求恩事迹及精神研究部分有关内容，提出了很多珍贵的修改建议。

感谢白求恩和平医院政治部陈江文主任、医院白求恩纪念馆闫玉凯馆长对调研组给予的无私帮助和资料赠予。

感谢武汉市第五医院党委办公室魏笑琛主任对调研组给予的大力支持和热情帮助，填补了书稿中缺失的部分细节。

感谢山西省五台县松岩口白求恩纪念馆杨俊彪馆长"从被窝里爬起"接待半夜才抵达的调研组一行，这份热情深深地感染和温暖着每一个人。

感谢多伦多大学医学院院长刘明耀教授推掉重要会议，特邀加拿大白求恩医学发展协会副会长戴彪教授一同会见调研组。为调研组提供了大量丰富而鲜活的素材。

247

感谢加拿大白求恩故居纪念馆斯科特·戴维森（Scott Davidson）馆长的无私付出和热情帮助。每年的11月至次年5月，是白求恩故居纪念馆的闭馆期。2019年2月，时任白求恩故居纪念馆馆长斯科特·戴维森，得知来自中国的当年白求恩曾亲自参与创建的医学院的传承人要来"寻根"，放弃了一年一度的"家庭日"（Family Day）与家人团聚的时光，利用自己的私人时间，详细介绍了白求恩故居纪念馆的情况，全景再现了白求恩儿时在此生活、受到家庭教育的画面。这对书稿的编撰具有非常重要的意义。

感谢白求恩医科大学1977级校友、加拿大当代白求恩行动促进会会长马楠教授对调研组国外调研工作的无私帮助和鼎力支持，感谢周到、细致的行程安排和建议，以及百忙之中挤出时间全程陪伴。在她的帮助下，调研组一行得以参观了白求恩大夫曾经工作的维多利亚医院及其新建的维多利亚医院中特设的白求恩纪念展区，了解了白求恩大夫的工作细节。原麦吉尔大学图书馆保存了大量的白求恩资料，但调研组去的前一个星期，一场大火毁了这座木质结构的图书馆。马楠教授克服困难，多方协调，最后在玛丽·海格馆长的帮助下，从其他地方将这些资料调度回来，供调研组查阅研究。在前往白求恩曾工作过的圣心医院，参观该院新建的以白求恩名字命名的图书馆时，马楠教授亲自陪同前往，帮助调研组解决语言沟通难题，使调研组顺利获得宝贵资料。

"寻根"路上遇到的每一个人，都用实际行动感染和感动着调研组的编者们。与书稿的每一个文字、每一个句子一同走过的这段日子，让每个人的心魂都得到了洗礼和升华。于双成教授总结道：笔下风起云涌涌动历史长卷，纸上龙腾虎跃跃出华彩篇章。书稿付梓出版，但"寻根"的征途，仍在脚下。

《寻根白求恩》编委会
吉林大学第一医院
2019年5月

参考文献

[1]习近平:在哲学社会科学工作座谈会上的讲话[J].新华文摘,2016(12):1-11.

[2]毛泽东.关心群众生活,注意工作方法[M]//毛泽东选集(第一卷) 1991:138、140-141.

[3]马克思.《资本论》第一卷第二版跋[M]//马克思恩格斯选集(第二卷).北京:人民出版社,1972:217.

[4]恩格斯.自然辩证法[M].北京:人民出版社,1971:27.

[5]孙正聿."靶子"·"灵魂"·"血肉":《哲学笔记》和《回到列宁》[J].哲学分析,2014,5(3):19-25.

[6]马国庆.白求恩——援华抗战的674个日夜[M].北京:人民文学出版社,2015:339.

[7]恩格斯.路德维希·费尔巴哈和德国古典哲学的终结[M]//马克思恩格斯选集(四卷).北京:人民出版社,1972:243.

[8]李忠军.当代中国铸魂育人问题论析[J].社会科学战线,2016(6):1-8.

[9]宋强.白求恩精神研究会为社会奉献了一本好书[J].学习白求恩,2017(1):26.

[10]列宁.黑格尔《逻辑学》一书摘要[M].北京:人民出版社,1971:6.

[11]陈答才.关于延安精神的几点思考[J].社会科学战线,2015(6):93-96.

[12]爱因斯坦.爱因斯坦文集(第一卷)[M].许良英,等译.北京:商务印书馆,1983:37.

[13]Abraham F. Medical education in the United States and Canada[M]. Carnegie Foundation for the Advancement of Teaching, 1910: 41-50.

[14]刘虹.论医学生知识结构的合理类型[J].医学教育.1995(3):8-10.

[15]梁莉,曹励之,李清香,等.开展教学活动加强医学生核心知识与核心能力的培养[J].中国现代医学杂志,2003,13(18):157-158.

[16]孙竞翰,沈小尉.多伦多大学及医疗卫生信息资源简介[J].医学信息,2010,5(12):3817-3818.

[17]岳金莲.艺术文化素质教育与医学生新型知识结构的构建[J].艺术教育,2008(8):142.

[18]杜治政.生物-心理-社会医学模式的实践与医学整合[J].医学与哲学,2009,30

（17）: 1-5.

[19]张勤, 李立明. 国外医学教育课程设置及改革趋势的比较[J]. 基础医学与临床, 2015, 35(9): 1281-1284.

[20]傅义强. 医学、艺术教育与医学生人文素质[J]. 医学与社会, 2008(1): 52-54.

[21]王海平, 林常清. 加强医学生临床思维能力的培养[J]. 医学教育检索. 2006, 5(9): 869-870.

[22]张锦英, 金鑫, 沈途. 临床思维与决策能力是医学教育的重要组成部分[J]. 医学与哲学. 2013, 7(34): 1-6

[23]Frenk J, Chen L, Bhutta Z A, et al. Health professionals for a new century: transforming education to strengthen health systems in an interdependent world. Lancet. 2010, 376(9756): 1923-58.

[24]罗德里克·斯图尔特. 不死鸟: 诺尔曼·白求恩的一生[M]. 北京: 中国青年出版社, 2013.

[25]刘小兵.《纪念白求恩》发表75周年座谈会在京举行[N]. 光明日报, 2014.12.22(03).

[26]李羿. 中国人民心头的丰碑——聂荣臻元帅回忆白求恩[N]. 人民日报, 1989.11.11(03).

[27]李彦. 尺素天涯——白求恩最后的情书[J]. 人民文学, 2015(3): 122-139.

[28]金姬, 胡慧婷. 还原白求恩[J]. 领导文萃, 2007(2): 73.

[29]王海印. 白求恩助手辛育龄采访记[J]. 炎黄春秋, 2006(7): 50-54.

[30]袁国祥. 回忆和白求恩大夫在一起的日子[J]. 延安文学, 2014(2): 215.

[31]张业胜. 白求恩和他的助手林金亮[J]. 红土地, 2016(11): 22-24.

[32]吕晓明. 鲜为人知的"白求恩大夫"[N]. 解放日报, 2010.12.17(19).

[33]李瑞环. 在首都纪念伟大的国际主义战士白求恩大会上的讲话[N]. 河南日报, 1989.11.12(1-4).

[34]顾炳枢. 我与白求恩共事——燕真老人述说鲜为人知的往事[J]. 学问, 2003(10): 27-28.

[35]朱鸿召. 白求恩, 在志愿服务中完善自己[J]. 档案春秋, 2013(6): 4-9.

[36]赵拓. 马海德与白求恩[J]. 人物春秋, 2000(3): 38-40.

[37]陈玉恩, 于维国. 国际友人在中国: 诺尔曼·白求恩的故事[M]. 北京: 中国文史出版社, 2014.

[38]马国庆. 白求恩援华抗战的674个日夜[M]. 北京: 人民文学出版社, 2015.

[39]拉瑞·汉纳特. 一位富有激情的政治活动家——国际主义战士白求恩作品选[M]. 济南: 齐鲁书社, 2005.

[40]王京跃. 白求恩精神的现代意义——写在毛泽东《纪念白求恩》一文发表70周年之际[J]. 马克思主义研究, 2009(12): 102-106.

[41]陈邦贤. 中国医学教育之史的检讨[J]. 医育, 1939, 3(4): 16.

[42] 汪元臣. 实行公医制度 [J]. 医育, 1940, 3 (4): 1.

[43] 刘志军. 教育学 [M]. 北京: 高等教育出版社, 2011: 8.

[44] 凌宗伟. 雅斯贝尔斯: 呼唤人的回归 [J]. 教师博览, 2017 (3): 68-70.

[45] 魏宏聚. 教育家核心价值: 超越世俗的教育情怀 [J]. 中国教育学刊, 2013 (1): 8-10.

[46] 屈英和, 周同梅, 田鹏, 等. 白求恩医学人文思想研究 [J]. 医学与哲学, 2016, 37 (4): 59-61.

[47] 史桂生, 梅清海. 弘扬白求恩精神　争做白求恩传人 (第一版) [M]. 北京: 军事医学科学出版, 2000: 1.

[48] 孙国林. 红都延安的神秘来客系列之五: 白求恩从加拿大医生到中国人学习的楷模 [J]. 党史博采: 纪实, 2012 (9): 22-26.

[49] 叶青山. 永不熄灭的国际主义光辉——回忆和白求恩同志相处的日子 [J]. 人民军医, 1964 (12): 3-4, 54.

[50] 王玉楼. 白求恩大夫为他医治枪伤——访老红军胡明祥 [J]. 乡音, 1996 (5): 23-24.

[51] 李海生. 白求恩的助手林金亮 [J]. 上海集邮, 2000 (11): 11.

[52] 恩格斯. 反杜林论 [M]. 北京: 人民出版社, 1971: 32.

[53] 习近平. 在文艺工作座谈会上的讲话 [J]. 新华文摘, 2015 (23): 1-10.

[54] 习近平. 在哲学社会科学工作座谈会上的讲话 [J]. 新华文摘, 2016 (12): 1-11.

[55] 恩格斯. 自然辩证法 [M]. 北京: 人民出版社, 1971: 219.

[56] 丰子义. 中国道路的哲学自觉——实践唯物主义的当代意义 [J]. 北京大学学报 (哲学社会科学版), 2015, 52 (4): 12-21.

[57] 胡占君, 郭继武. 学习习近平同志关于历史研究的方法论原则 [J]. 红旗文稿, 2017 (24): 18-20.

[58] 温德尔·麦克劳德. 追念和思考 [M] // 陈玉恩, 于维国主编. 诺尔曼·白求恩的故事. 北京: 中国文史出版社, 2014: 537.

[59] 罗德里克·斯图尔特, 莎朗·斯图尔特. 不死鸟——诺尔曼·白求恩的一生 [M]. 柳青, 译. 北京: 中国青年出版社, 2013: 24.

[60] 于双成, 金祥雷, 于雅琴. 美国医学教育改革三次浪潮的文化背景及本质特征 [J]. 医学与哲学, 2011, 27 (12): 11-14.

[61] 康德. 宇宙发展史概论 [M]. 上海: 上海人民出版社, 1972: 147.

[62] 邓小平文选 (第3卷) [M]. 北京: 人民出版社, 2001: 63.

[63] 孙正聿. 构建我们的精神家园 (上) [N]. 吉林日报, 2013年9月10日, 第014 版.

[64] 冀国钧, 张业胜编. 诺尔曼·白求恩在中国 [M]. 北京: 中国协和医科大学出版社, 2007: 17.

[65] [德] 海德格尔. 形而上学导论 [M]. 王庆节, 译. 北京: 商务印书馆, 2015: 18.

[66] 关海庭. 当代中国的政治信仰与政治发展 [J]. 新华文摘, 2016 (22): 1-5.

[67] Calman K C. Medical Education: Past, Present and future ［M］. Edinburgh: Elsevier Publication 2006: 339.

[68] 于光远. 关于科学分类的一点看法[J]. 百科知识, 1980(6): 9-16.

[69] 孙正聿. 理想信念的理论支撑[M]. 长春: 吉林人民出版社 2014: 1.

[70] [英]约翰·亨利·纽曼. 大学的理想[M]. 徐辉, 顾建新, 何曙荣, 译. 杭州: 浙江教育出版社, 2001: 97.

[71] 张斌贤, 刘慧珍主编. 西方高等教育哲学[M]. 北京: 北京师范大学出版社, 2007: 37.

[72] 于双成, 张晓一, 徐丽梅. 临床医生医学素养结构的哲学解析[J]. 医学与哲学 2008, 29(3): 50-51.

[73] 石嫣, 申宁宁, 张意, 等. 医学生心目中的医学楷模调查与分析[J]. 中国高等医学教育, 2018(7): 33-34.

[74] 于维国, 尹威华. 重温红色经典《纪念白求恩》: 革命精神历久弥新[EB/OL].

[75] 马克思. 青年在选择职业时的考虑[M]//马克思恩格斯全集(第一卷). 北京: 人民出版社, 1986: 200-201.

[76] 李微铭, 刘晓刚. 白求恩精神研究文献综述[J]. 吉林医药学院学报, 2011, 32(6): 349-350.

[77] 王京跃. 白求恩精神的现代意义——写在毛泽东《纪念白求恩》一文发表70周年之际[J]. 马克思主义研究, 2009(12): 102-106.

[78] 毛泽东. 毛泽东文集(第2卷)[M]. 北京: 人民出版社, 1996: 163-164.

[79] [加]泰德·阿兰, 赛德奈·戈登. 手术刀就是武器: 白求恩传[M]. 巫宁坤, 译. 上海: 上海文艺出版社, 2005.

[80] 中共中央文献编辑委员会. 毛泽东著作选读(上册)[M]. 北京: 人民出版社, 1986: 345-347.

[81] [法]莫里斯·哈布瓦赫. 论集体记忆[M]. 毕然, 郭金华译. 上海: 上海人民出版社, 2002: 313-314.

[82] 闫玉凯. 浅论弘扬白求恩精神的现实意义[J]. 学理论, 2010(10): 109-110.

[83] 魏晓玲. 白求恩精神与培育和践行社会主义核心价值观[J]. 河北软件职业技术学院报, 2014, 16(04): 65-68.

[84] 章爱先, 李坤, 郝东升. 弘扬白求恩精神牢记党的全心全意为人民服务宗旨[J]. 科教导刊(电子版)(上旬), 2014, (10): 160-160. DOI: 10. 3969/j.issn.1674-6813(s). 2014.10.125.

[85] 王利中, 魏顺庆. 大力弘扬工匠精神[N]. 人民日报, 2017-08-07(07).

[86] 张春雨. 白求恩精神的本质内涵[EB/OL], http://jz.81.cn/zhuanti/content/2017-08/12/content_7715743_3.thm. 2017-8-12/2018-10-18.

[87] 肖银成. 抗日烽火中白求恩感人至深的往事——纪念国际主义战士诺尔曼·白求恩逝世70周年[J]. 党史博采(纪实), 2009(9): 20-23.

[88] 李治国, 郁冰心, 吴运涛, 等. 白求恩精神引领医学生职业素养教育的研究[J/CD]. 高校医学教学研究(电子版), 2017, 7(2): 55-57.

[89] 肖月, 赵琨, 薛明, 等. "健康中国2030"综合目标及指标体系研究[J]. 卫生经济研究, 2017, (4): 3-7.

[90] 张永光, 王晓锋. "健康中国2030"规划纲要的几个理念转变[J]. 卫生软科学, 2017, 31(2): 3-5.

[91] 徐奉臻. "中国梦"思想中的历史思维方法[J]. 哈尔滨工业大学学报(社会科学版), 2017, 19(5): 1-4.

[92] 魏晓波. "中国梦"与医学院校学生践行社会主义核心价值观探析[J]. 中国中医药现代远程教育, 2015, 13(5): 157-158.

[93] 文钰, 王磊, 宋开艳, 等. 让医学人文精神之光照亮健康中国之路[J]. 中国医学人文, 2016, (12): 16-18.

[94] 尹庄, 医学人文精神重塑与健康中国之路[J]. 医学与法学, 2017, 9(1): 58-60.